Christa Thomassen

Der lange Weg zu uns selbst

Monographien
Literaturwissenschaften 39

Christa Thomassen

Der lange Weg zu uns selbst

Christa Wolfs Roman „Nachdenken über Christa T."
als Erfahrungs- und Handlungsmuster

Scriptor Verlag Kronberg/Ts.
1977

CIP-Kurztitelaufnahme der Deutschen Bibliothek

Thomassen, Christa
Der lange Weg zu uns selbst: Crista Wolfs
Roman „Nachdenken über Christa T." als Erfah-
rungs- u. Handlungsmuster. – 1. Aufl. –
Kronberg/Ts.: Scriptor-Verlag, 1977.
    (Monographien: Literaturwiss.; Bd. 39)
    ISBN 3-589-20621-7

© 1977 Scriptor Verlag GmbH & Co KG
Wissenschaftliche Veröffentlichungen
Kronberg/Ts.
Alle Rechte vorbehalten
Gesamtherstellung: Hain-Druck KG, Meisenheim/Glan
Printed in Germany
ISBN 3-589-20621-7

"Seid Realisten, verlangt das Unmögliche!"

(Der Satz stand an einer Mauer in Paris
während der Ereignisse im Mai 1968.)

Vorwort

An dieser Stelle möchte ich all denen danken, die zum Zustandekommen dieser Arbeit beigetragen haben.
Herrn Professor Dr. Bruno Hillebrand, Mainz, danke ich, daß er die
Arbeit mit Rat und Hilfe begleitet hat. Herrn Wolfgang Nethöfel,
Paris, danke ich für instruktive Gespräche über den Strukturalismus als interpretatives Verfahren. Ich danke auch Herrn Jörg B.
Bilke, Lüneburg (Archiv für DDR-Literatur), der mir schwer zu-
gängliches Material zur Verfügung stellte. Nicht zuletzt gilt
mein Dank der Studienstiftung des deutschen Volkes, Bonn-Bad Godes-
berg, die mir durch ein Promotionsstipendium die Anfertigung der
Arbeit ermöglichte.

Mainz, Oktober 1976

Lic. theol. Christa Thomassen

Inhaltsverzeichnis

Seite

Einleitung: Die Ausgangssituation   13

A. Der Roman als dynamisches Strukturmodell (Literarische Analyse)   20

   I. Das Identitätsproblem als Hinweis auf Thema und Struktur des Werkes   20

      1. Das Problem der 'Historizität' der 'Christa T.'   21

      2. Das Verhältnis der Ich-Erzählerin und des Ichs des 'Selbstinterviews' zur Autorin   25

      3. Das Verhältnis der Christa T. zur Ich-Erzählerin   28

      4. Das Verhältnis der Autorin zu Christa T.   29

      5. Noch einmal: Das Verhältnis der Ich-Erzählerin zur Autorin   32

      6. Erinnern als Grundstruktur   33

      7. Zusammenfassung und Ausblick   38

   II. 'Inhalt' und Fabel des Werkes   41

      1. Darstellung der Ereignisse in der chronologischen Abfolge   41

      2. Anordnung der Handlung im Erzählvorgang   43

      3. Erste Beobachtungen zum Aufbau des Werkes   45

  III. Strukturgefüge und einzelne Gestaltungselemente   47

      1. Der Wechsel der Zeitebenen   47

      2. Der Wechsel der Perspektive zwischen verschiedenen Handlungs- und Reflexionsebenen   52

      3. Der Wechsel der Perspektive zwischen verschiedenen Personen   55

      4. Differenzierung der grammatischen Personen   56

      5. 'Schwebende Aussagen'   64

      6. Die 'authentischen Zitate' der Christa T.   68

      7. Andere Formen sprachlicher Relativierung   71

      8. Das Stilelement der Leitmotive   75

      9. Die 'fiktive Fiktion'   80

  IV. Zusammenfassung und weiterführende Fragen   86

Seite

B. Der Roman als Erfahrungsmodell (Inhaltliche Deutung) 95

I. Der 'Charakter' der Christa T. 95

   1. Funktion der Charakteranalyse 95

   2. Die Fremdheit der Person 96

   3. Die offenkundigen Widersprüche im Charakter 98

   4. Präsentmachen der Zukunft als verborgene Einheit der Widersprüche 102

   5. Der Charakter als Modell der Werkstruktur 104

II. Die Bedeutung von Christa T.s Charakter für die Grundlegung des Erinnerungsvorgangs 107

   1. Christa T. im Erinnerungsvorgang der Erzählerin 107

   2. Die Bedeutung Christa T.s für den Nachdenkensprozeß der Autorin und des Lesers 115

III. Christa T.s 'Rückzug' als Moment ihrer Selbstverwirklichung 118

   1. Positive Aspekte des Rückzugs 118

   2. Zur Problematik des Rückzugs 120

   3. Christa T.s Erkenntnis der Problematik und ihre Überwindungsversuche 125

   4. Selbstverwirklichungsversuch im Hausbau 128

IV. Selbstverwirklichungsversuch im Schreiben 135

   1. Schwierigkeiten im Umgang mit der Sprache 135

   2. Schreiben als Therapie 138

   3. Schreiben als Versuch der Identitätsfindung 140

   4. Schreiben als 'utopisches Handeln' 144

V. Christa T. und das Schon-und-Noch-Nicht des Sozialismus 149

   1. Die Abwendung von der Vergangenheit 149

   2. Erwartungen und Enttäuschungen angesichts der neuen Gesellschaft 154

   3. Eine Konfliktsituation und ihre Wirkungen 167

   4. Die 'moralische Existenz des Menschen' 174

VI. Konkrete Utopie 184

Seite

VII. Konsequenzen   202
  1. Gescheitertes oder erfülltes Leben?   202
  2. Das Zu-sich-selber-Kommen des Menschen   206

C. Der Roman als Handlungsmuster   211

  I. Die politische Dimension als Konsequenz des Werkmodells   211

  II. Rezeption als politische Aktion   220
    1. Das Bemühen um den Gegenstand   220
    2. Verschiedene Typen defizienter Verständnismodi   221
    3. Der Einfluß der 'ideologischen Voraussetzungen'   230
    4. Weitere Faktoren der Rezeptionssituation   239

  III. Zu den politischen Intentionen der Autorin   251

Bemerkungen zur Zitierweise   263

Literaturverzeichnis   264

Einleitung: Die Ausgangssituation

1. Etwa seit dem Jahre 1961 werden in verschiedenen literarischen Werken der DDR Probleme und Spannungen sichtbar, in denen die seit jener Zeit sich häufenden kritischen Auseinandersetzungen mit der Frage nach dem Verhältnis des einzelnen und der Gesellschaft innerhalb der sozialistischen Gesellschaftsordnung ihren Niederschlag finden. Um diese Erscheinung verstehen zu können, ist ein kurzer Rückblick auf die g e s e l l s c h a f t l i c h e E n t w i c k l u n g in der DDR und die darauf jeweils reagierende K u l t u r p o l i t i k nötig.

Die allmähliche Konsolidierung der ökonomischen und politischen Verhältnisse in den ersten Jahren nach der Gründung der DDR spiegelt sich wider in den offiziellen Bezeichnungen "antifaschistisch-demokratische Umwälzung" für die Zeit von 1945 bis 1949 und "Übergangsphase vom Kapitalismus zum Sozialismus" für die Entwicklungsphase von 1950 bis 1961.[1] In der anschließenden Periode, etwa ab 1962, die vom 6. Parteitag der SED (1963) als "umfassender Aufbau des Sozialismus" definiert wird, traten neue und differenziertere Fragen ins Bewußtsein der Menschen, und diese neue Situation sowie die weiterentwickelte Problemlage wirkten sich auch auf die literarische Produktion aus.[2]

Bis zu Beginn der sechziger Jahre setzte sich die Literatur mit der Bewältigung der faschistischen Vergangenheit auseinander. Die Autoren bemühten sich, die Integration in das neu entstandene gesellschaftliche Gefüge unter didaktischen Gesichtspunkten darzustellen. Daher wurden simplifizierende Konfliktdarstellung und besonders die Figur des "positiven Helden" zu Merkmalen der Werke, die in dieser Zeit entstanden. Dann rückte im Zusammenhang mit dem "Bitterfelder Weg" und der "Ankunftsliteratur" (Brigitte Reimann, Erwin Strittmatter, Hermann Kant, Erik Neutsch u.a.) mehr und mehr "das Anliegen in den Vordergrund, innerge-

---

1 Vgl. dazu: Rüdiger Thomas, Modell DDR. Die kalkulierte Emanzipation, München, 1973, bsd. S. 12-24; außerdem: Autorenkollektiv Frankfurt, Probleme sozialistischer Kulturpolitik am Beispiel der DDR, Ffm, 1974, bsd. S. 104 ff. und S. 150 ff.

2 Vgl. dazu: Autorenkollektiv Frankfurt, Probleme, S. 222-233.

sellschaftliche Konflikte zu problematisieren, um so Lebensnähe und Glaubwürdigkeit zu erhöhen und das Medium differenzierter Kritik als konstruktives Element sozialistischer Entwicklungsprozesse zu begreifen".[1] In der Diskussion über die in der Literatur darzustellenden Themen, Probleme und Konflikte, auch über die Merkmale und Kriterien des sozialistischen Realismus[2], kam es zu Auseinandersetzungen, in denen häufig Schriftsteller eine Kritik oder doch Relativierung des offiziellen Menschenbildes formulierten. Das führte wiederholt zu Spannungen zwischen den Schriftstellern und denen, die die Richtlinien der Kulturpolitik festlegten. Die neuen Ansätze wurden zum Teil mit Argwohn beobachtet und mit grundsätzlicher Systemkritik verwechselt. Immer häufiger sahen sich Schriftsteller Reglementierungen ausgesetzt, besonders in der zweiten Hälfte der sechziger Jahre.

Erst der 8. Parteitag der SED vom Juni 1971 brachte ansatzhaft eine Wende. Während die DDR vorher (seit dem 7. Parteitag 1967) häufig bereits als "entwickeltes gesellschaftliches System des Sozialismus" gepriesen wurde, herrscht nun eine nüchternere Beurteilung der Lage vor, und der anfängliche Optimismus weicht der Einsicht, daß das angestrebte Ziel noch fern ist.[3] Seit dieser Zeit erscheinen in der DDR wieder gesellschaftskritische Werke, in denen differenzierte Ansprüche von einzelnen zum Ausdruck kommen.[4]

---

[1] R. Thomas, Modell DDR, S. 92.

[2] Der Begriff "sozialistischer Realismus" wurde 1934 von Maxim Gorki geprägt, der sich dabei auf Äußerungen der marxistischen Klassiker bezog. Auf dem ersten sowjetischen Schriftstellerkongreß 1934 wurde er als Grundprinzip der Kunst in einer sozialistischen Gesellschaft proklamiert. Walter Ulbricht legte dieses Grundprinzip auf der 2. Parteikonferenz im Juli 1952 einem verpflichtenden Programm für das 'Kulturschaffen' in der DDR zugrunde. - Markierungspunkte bilden die erste und zweite Bitterfelder Konferenz von 1959 und 1964, wo die Prinzipien des sozialistischen Realismus weiterentwickelt und speziell für die Literatur konkretisiert wurden.

[3] Vgl. Autorenkollektiv Frankfurt, Probleme, S. 233-236.

[4] Der Niederschlag dieser Wende in der Diskussion der Literaturtheorie ist dokumentiert in dem repräsentativen Sammelband 'Zur Theorie des sozialistischen Realismus', hsg. vom Institut für Gesellschaftswissenschaften beim ZK der SED, Gesamtleitung Hans Koch, Berlin/DDR, 1974. Dieses Werk hebt sich angenehm ab von dem Theorie-Band über den sozialistischen Realismus von 1970: 'Sozialistischer Realismus - Positionen, Probleme, Perspektiven'. Eine Einführung, hsg. von Erwin Pracht und Werner Neubert, Berlin/DDR.

2. Die im Jahre 1963 in der DDR erschienene Erzählung 'Der geteilte Himmel'[1] der damals vierunddreißigjährigen Autorin C h r i s t a W o l f [2] nahm in der Entwicklung jener Jahre eine besondere Stellung ein. Dieses Buch, das eine ungewöhnlich hohe Auflage erreichte[3] und der Autorin 1963 den Heinrich-Mann-Preis und 1964 den National-Preis der DDR brachte, zog eine öffentliche Diskussion nach sich wie selten eines zuvor.

Das Thema der Erzählung ist die Selbstverwirklichung der Lehrerstudentin Rita Seidel, die sich in ihrem Konflikt zwischen Individualität und Gesellschaftsanpassung, zwischen der Liebe zu ihrem Verlobten und der Treue zum Staat, zu der Entscheidung für die DDR durchringt. Durch die Anlage der Erzählung als retrospektiver innerer Monolog erfährt der Leser die Handlung vom Ende her; der Zusammenbruch der verzweifelten Rita wird mitgeteilt, und der Leser nimmt teil an den Reflexionen der nun genesenden, endlich zu sich selbst findenden Frau, die versucht, durch Erinnerung, Selbstbesinnung und Selbstprüfung das Geschehene zu bewältigen. Die für den damaligen Leser in der DDR ungewohnt komplizierte Materialanordnung, die ihn schon zu Beginn den Ausgang erfahren läßt, und die im Sinne des DDR-Sozialismus positive und heldenhafte Entscheidung Ritas nahmen zwar der offenen Darstellung der in der DDR brennenden Probleme (etwa der Berliner Mauer) einen Teil ihrer Brisanz; dennoch ließen der Verzicht auf die übliche Schwarz-Weiß-Malerei bei den Personen und die differenzierte Zeichnung der Konflikte und ihrer Verarbeitung das Werk aus dem Rahmen des bisher Gewohnten herausfallen. Das sehr widersprüchliche Echo auf das Erscheinen des Buchs in der literarischen und kulturpolitischen Diskussion hing mit der Vielfalt möglicher Deutungen in der Darstellung einzelner

---

[1] Halle/Saale, 1963.

[2] Christa Wolf wurde 1929 in Landsberg/Warthe als Tochter eines Kaufmanns geboren. Sie floh 1945 nach Mecklenburg, war nach ihrem Germanistikstudium (in Jena und Leipzig) als wissenschaftliche Mitarbeiterin beim Deutschen Schriftstellerverband, als Kritikerin und als Redakteurin der Literaturzeitschrift 'Neue Deutsche Literatur' tätig. Von 1959 - 1962 war sie Lektorin beim Mitteldeutschen Verlag, Halle. Bekannt wurde sie 1961 mit ihrer 'Moskauer Novelle' (Halle).

[3] Nach den Angaben des Luchterhand-Verlags waren es in der DDR über 300 000 Exemplare (Programm-Vorschau, Herbst 1969, S. 7).

Personen sowie auch der gesellschaftlichen Prozesse zusammen. Christa Wolf wagte es, ihrer Erzählung eine bisher ungewohnte kritische Dimension zu geben.

Fiel 'Der geteilte Himmel' in eine Zeit stärkerer kulturpolitischer Öffnung, so bildet der Roman 'Nachdenken über Christa T.', dessen Manuskript 1967 abgeschlossen war[1] und der 1969 in der DDR ausgeliefert wurde[2], einen Fremdkörper in der erstarrten Literaturwelt des Jahres 1969. Wie in ihrem ersten Roman verwendet die Autorin auch in diesem Werk die Rückblende als literarisches Darstellungsmittel. Die eigentliche 'Handlung' liegt schon einige Zeit zurück, und eine damals beteiligte Person reproduziert das Geschehene noch einmal in ihrer Erinnerung. Im 'Geteilten Himmel' war das Subjekt der Erinnerung die Hauptfigur der Erzählung, Rita Seidel; in 'Nachdenken über Christa T.' ist es nicht die Hauptfigur, Christa T., sondern die zurückblickende Freundin, die als Erzählerin namenlos und weitgehend unbestimmt bleibt.

In diesem Buch geht es um die Darstellung des erinnernden 'Nachdenkens' einer Ich-Erzählerin über eine vor ein paar Jahren (der Roman weist auf das Jahr 1963) im Alter von fünfunddreißig Jahren an Leukämie verstorbene Freundin. Thema des Buchs ist die Möglichkeit und Schwierigkeit der Selbstverwirklichung des einzelnen in der - hier sozialistischen - Gesellschaft. Dahinter steht die Frage der Autorin, wie der humanistische Anspruch des Sozialismus[3] in der Gesellschaft der DDR eingelöst wird.

3. In der R e z e p t i o n von 'Nachdenken über Christa T.' in der DDR und der BRD, bei 'sozialistischen' und 'bürgerlichen' Literaturkritikern und Autoren, fällt der gemeinsame Tenor auf. Wenngleich der künstlerische Wert des Werks auch in den ersten ausführlichen Stellung-

---

[1] So Christa Wolf in: Hans Kaufmann, Gespräch mit Christa Wolf, in: WB 1974, H. 6, S. 90-112, dort S. 91.

[2] Die Angaben schwanken zwischen 800 und 15 000 Exemplaren.

[3] Ich übernehme in dieser Arbeit den Begriff "sozialistisch" bzw. "Sozialismus" für das Selbstverständnis der DDR, ohne jedesmal bei der Verwendung dieses Begriffs im einzelnen die Berechtigung der DDR, diese Bezeichnung auf sich anzuwenden, zu problematisieren.

nahmen in der DDR hervorgehoben wurde[1], zog sich die Autorin den Unmut
der Kulturpolitiker und Literaturkritiker zu. Im Blick auf die Gestalt
der Christa T. kritisieren die Autoren des Bandes 'Sozialistischer
Realismus - Positionen, Probleme, Perspektiven': "Selbstverwirklichung
des Menschen im Sozialismus wird als ein Zu-sich-selbst-Finden gestaltet, in dem die Verbindung von Individuellem und Gesellschaftlichem zu
zerbrechen droht."[2] Christa T. sei, so wird behauptet, ein Mensch, der
sich kaum "den Forderungen dieser Welt" stelle und sich "auf die Suche
nach seiner 'eigenen' Welt" begebe.[3] Max Walter Schulz, Direktor des
Leipziger Literatur-Instituts, äußerte sich auf dem 6. Deutschen Schriftstellerkongreß (28.-30. Mai 1969) zu Christa Wolfs neuem Buch:

> Wir kennen Christa Wolf als eine talentierte Mitstreiterin
> unserer Sache. Gerade deshalb dürfen wir unsere Enttäuschung
> über ihr neues Buch nicht verbergen. Wie auch immer partei-
> lich die subjektiv ehrliche Absicht des Buches auch gemeint
> sein mag: So wie die Geschichte nun einmal erzählt ist, ist
> sie angetan, unsere Lebensbewußtheit zu bezweifeln, bewältig-
> te Vergangenheit zu erschüttern, ein gebrochenes Verhältnis
> zum Hier und Heute zu erzeugen.-
> Wem nützt das?[4]

Schulz wies darauf hin, daß der Roman die Gefahr in sich berge, trotz
der subjektiv ehrlichen Absicht Beifall von der falschen Seite zu provozieren. Und was die Rezeption in der BRD angeht, muß man ihm nachträglich recht geben.

Die westliche "Umarmungskritik" (Manfred Jäger) war gelegentlich
von unverhohlener Genugtuung über dieses Werk der "Oppositionsliteratur"
gekennzeichnet. Westliche Kritiker suchten und entdeckten entsprechend
ihrem Erwartungshorizont in dem Buch den 'ewigen Konflikt' von einzelnem

---

[1] Hermann Kähler, Christa Wolfs Elegie, in: Sinn und Form 1969,
H. 1, S. 251-261; Horst Haase, Nachdenken über ein Buch. Christa Wolf:
"Nachdenken über Christa T.", in: NDL 1969, H. 4, S. 174-185.

[2] Ebd., S. 169.

[3] Ebd., S. 169.

[4] Das Neue und das Bleibende in unserer Literatur, in: NDL 1969, H. 9,
S. 24-51, dort S. 47.

und Gesellschaft und den Selbstfindungsversuch eines sich als autonom
verstehenden Individuums. Manfred Durzak etwa deutete den Roman so,
"daß die Verwirklichung des Ichs nicht unbedingt in einem gesellschaftlichen Vermittlungsprozeß zu erfolgen braucht, sondern daß sie sich
gewissermaßen nach eigenem Gesetz vollziehen kann"[1]. Günter Tilliger
resümierte: "Das Loblied des einzelnen in einer sich als Kollektiv
verstehenden Gesellschaft ist Christa Wolfs Thema."[2] Wenn Fritz J.
Raddatz das Buch als "Geschichte eines Selbstmords"[3] las, war er nicht
weit entfernt von der Ansicht des Leiters des Mitteldeutschen Verlags
in Halle, Heinz Sachs, der das Buch verlegte und anschließend öffentlich Selbstkritik übte. Ihm zufolge wird "Pessimismus (...) zur ästhetischen Grundstimmung des Buches"[4].

Gleichermaßen merkwürdig wie diese seltene Eintracht, mit der diese "Pessimismus-These" in der Ost- und West-Kritik vertreten wurde, ist
die Tatsache, daß die Kritik in Ost-Europa dieser Einschätzung völlig
widerspricht: In der Warschauer Wochenzeitschrift 'Polytika' erklärte
Adam Krzemiński das Werk zum "Ereignis des Jahres 1969"[5], und in der
Moskauer 'Literaturnaja gazeta' wurde Christa T. sogar als "moralisches
Vorbild" hingestellt[6].

---

1 Der deutsche Roman der Gegenwart, Stuttgart, Berlin, Köln, Mainz,
1971, S. 265.

2 Als Beispiel nicht beispielhaft? (Rez.), in: 'Frankfurter Neue
Presse' vom 11./12.10.1969.

3 Mein Name sei Tonio K. (Rez.), in: 'Der Spiegel' Nr. 23,1969,
S. 153 f., dort S. 153. - Das Urteil basiert auf einer Fehlinterpretation. Vgl. etwa: "Aber sie war nicht geschaffen, sich aufzu-
geben, (...)." (S. 94) Auch in ihrem Brief an mich vom 22.9.1975
schreibt Christa Wolf: "Christa T. hätte nicht Selbstmord began-
gen, (...)."

4 Verleger sein heißt ideologisch kämpfen, in: 'Neues Deutschland'
vom 14.5.1969.

5 Adam Krzemiński: Rytm pokoleniowy (Rhythmus der Generationen), in:
'Polityka' vom 17.5.1969. (Zit. nach: Alexander Stephan, Christa
Wolf, München 1976, S. 91).

6 Anonym: Istorija Kristy T. (Geschichte der Christa T.), in:
'Literaturnaja gazeta' vom 14.5.1969, S. 15. (Zit. nach: A. Stephan,
Christa Wolf, S. 91).

4. Angesichts der Problematik von Konzeption und Rezeption des Werks
wird es A u f g a b e dieser Arbeit sein, die Aussage des Romans
neu und nachdrücklich zu Gehör zu bringen. Autorin und Werk stehen
gemeinsam in einer historischen und politischen Situation, die in
sich widersprüchlich ist und - das ist communis opinio - das Buch entscheidend mitgeprägt hat. Demgegenüber weisen Motto und Beginn des
Buches scheinbar auf die Überwindung solcher allgemeiner Widersprüchlichkeit und Zerrissenheit hin: auf das "Zu-sich-selber-Kommen des
Menschen" im "Versuch, man selbst zu sein".- Auf welche Weise zeugt
'Nachdenken über Christa T.' so von diesem Versuch, daß Diskussionen
und Widerspruch derart provoziert wurden? Unsere Ausgangsthese, die
das Vorgehen der Arbeit bestimmt, lautet, daß eine konsequente literarische Analyse des Werks nicht nur Grundlage der Beantwortung dieser Frage ist, sondern gleichzeitig ein neues Licht auf die Rezeption
des Werks wirft.

Im Teil A werden die künstlerischen Gestaltungsmittel zunächst
isoliert und dann in ihrem Zusammenwirken dargestellt. Im Teil B wird
diese Analyse ausgewertet und fortgeführt, indem die inhaltlichen
Elemente von den erarbeiteten Darstellungsformen her interpretiert werden. Ziel ist dabei stets, den komplexen Bedeutungsgehalt, der sich
durch die Beziehung von formalen und inhaltlichen Elementen konstituiert, so zu erschließen und zu benennen, daß das Ergebnis schlüssig
anwendbar ist auf die Deutung der politischen Implikationen des Werks,
der politischen Intentionen der Autorin sowie der politischen Konstellation der Rezeption. Der Zusammenfassung der diesbezüglichen Ergebnisse
wird der Teil C gewidmet sein, in dem auch einige Deutungsansätze aus
Teil A und B weitergeführt werden sollen.

A. Der Roman als dynamisches Strukturmodell (Literarische Analyse)

I. Das Identitätsproblem als Hinweis auf Thema und Struktur des Werkes

In der BRD schreibt Gabriele Wohmann, wenn sie 'Nachdenken über Christa T.' lese, werde sie "den Eindruck nicht los, in der zur Roman-person von sich selber weg distanzierten Heldin porträtiere und erfin-de gewissermaßen die Autorin doch überwiegend sich selber"[1]. Und Her-mann Kähler aus der DDR fragt sich, ob "Christa Wolf nicht doch mehr Distanz, Überlegenheit, Filter für ihre Christa T. gebraucht (hätte)"[2]. Die sich zunächst aufdrängende Erklärung für die unterschiedliche Be-urteilung des Buches und für diejenigen Interpretationen, die von ent-gegengesetzten Ausgangspunkten zu ähnlichen Schlußfolgerungen kommen, ist die übereinstimmende Identifizierung der Autorin mit der Ich-Erzäh-lerin und mit Christa T.[3], wobei für die DDR als Sonderproblem hinzu-kommt, daß die Kritik an der Autorin als Kritik an der Haltung des Par-teimitgliedes Christa Wolf formuliert wird. Dann jedoch beziehen sich die entgegengesetzten Einschätzungen der Tendenz dieses Buches letzt-lich auf die Gestalt der Christa T. Auf irgendeine Weise müssen diese Mehrdeutigkeit und jene Identifizierungsmöglichkeit durch die litera-rische Struktur des Werkes ermöglicht werden, und schon aus diesem Grunde ist die Frage nach der Identität der Hauptpersonen und ihren Be-ziehungen zueinander für das Verständnis des Romans von besonderer Be-deutung. Das Ergebnis der literarischen Analyse, die bei dieser Frage einsetzt, könnte aber darüber hinaus ein erster Schritt zur sichtlich erforderlichen Kritik der Rezeption sein, wenn es ihr gelingt, aus dem Roman die hierzu notwendigen Beurteilungsmaßstäbe abzuleiten.

Der unvoreingenommene Leser findet im Werk drei Personen, die für die Konstituierung des Erzählvorgangs wesentlich sind: als erste C h r i s t a T., von der persönliche Tagebuchaufzeichnungen und andere

---

[1] Frau mit Eigenschaften (Rez.), in: 'Christ und Welt' (Stuttgart) vom 5.12.1969.

[2] Christa Wolfs Elegie, a.a.O., S. 260. Vgl. auch Heinz Sachs: "Christa Wolf findet keine Distanz zu ihrer Heldin." (in: Verleger sein heißt ideologisch kämpfen, a.a.O.). Vgl. außerdem: H. Haase, Nachdenken über ein Buch, a.a.O., S. 180; und Peter Gugisch, Christa Wolf, in: Literatur der DDR in Einzeldarstellungen, hsg. Hans Jürgen Geerdts, Stuttgart, 1972, S. 395-415, dort S. 410.

[3] Ich-Erzählerin und Christa T. werden dabei ebenfalls meist identifi-ziert. Marcel Reich-Ranicki z.B. meint, daß Christa T. und die Ich-Erzählerin "allen direkten Benennungen zum Trotz, nicht immer und nicht so sicher als zwei autonome epische Figuren erkennbar sind". (Christa Wolfs unruhige Elegie (Rez.), in: 'Die Zeit' (Hamburg) vom 23.5.1969).

schriftliche Dokumente vorliegen sollen, im Nachhinein gesammelt, geordnet, reflektiert und teilweise zitiert von der Erzählerfigur; weiterhin als zweite Gestalt eben diese E r z ä h l e r i n, die in der Ich-Form schreibt, rückblickend der toten Christa T. 'nach-denkt' und dieses Nachdenken zu Papier bringt zur eigenen Selbstvergewisserung und für den zunächst natürlich ebenfalls fiktiven Leser ihres "Berichts" (S. 125), und schließlich als dritte Person die A u t o r i n Christa Wolf, die das Werk schreibt und mit einem Motto von Johannes R. Becher und einem Vorspruch kommentiert.

1. Das Problem der 'Historizität' der 'Christa T.'

Diese sechszeilige Bemerkung, die die Autorin dem Buch voranstellt und mit "C.W." zeichnet[1], wirft bereits die Frage nach der Historizität der Christa T. auf: "Christa T. ist eine literarische Figur", heißt es dort. "Authentisch sind manche Zitate aus Tagebüchern, Skizzen und Briefen." (S. 6)

Hier ergeben sich gleich mehrere Fragen: Sind die erwähnten schriftlichen Zeugnisse "authentisch", die Figur aber nicht? Heißt "literarisch" "erfunden"? "Worin (...) könnte die authentische Dokumentation im Falle einer erfundenen Figur erblickt werden?"[2] fragt H. Mayer. Heißt "authentisch" "historisch"? Wenn "manche" Zitate "authentisch" sind, was ist mit den anderen? Von wem stammen also die Notizen und Briefe?

Die Vorbemerkung fährt fort: "Zu äußerlicher Detailtreue sah ich mich nicht verpflichtet. Nebenpersonen und Situationen sind erfunden. Wirklich lebende Personen und wirkliche Ereignisse sind ihnen nur zufällig ähnlich." (S. 6)

Wieder erheben sich einige Fragen: Wenn Christa Wolf sich nicht zu ä u ß e r l i c h e r Detailtreue verpflichtet sah, zu welcher Art Detailtreue denn dann? Wenn die Nebenpersonen "erfunden" sind - ist es die Hauptperson nicht? Zwei Sätze vorher wurde sie doch noch als

---

[1] In der 1. Auflage der DDR-Ausgabe von 1968 wird diese Bemerkung an den Schluß des Buches gestellt.

[2] Hans Mayer: Christa Wolf/Nachdenken über Christa T. (Rez.), in: Neue Rundschau 1970, H. 1, S. 180-186, dort S. 184.

"literarische Figur" bezeichnet. - Diese Vorbemerkung ist so unklar, daß es scheint, die Mehrdeutigkeit der Formulierung sei von der Autorin beabsichtigt.

Es gibt verschiedene andere Hinweise, die man zu Hilfe nehmen kann, um der Frage der 'Historizität' der Christa T. auf die Spur zu kommen.

(a) Der Germanist Hans Mayer, akademischer Lehrer Christa Wolfs in Leipzig, glaubt sich an eine Studienfreundin Christa Wolfs zu erinnern, auf die die Beschreibung der Romanfigur Christa T. passen würde. Er meint sich sogar an deren - im Roman erwähnte - Examensarbeit über Theodor Storm zu erinnern.[1]

(b) In einem Interview mit Karl Corino, das Christa Wolf in der BRD anläßlich der Frankfurter Buchmesse 1974 gab, antwortet sie dem Fragenden, der sich auf diese Vorbemerkung bezieht:

> (...) daraus, daß eben diese Vorbemerkung von mir (...) von einer Reihe von Kritikern für einen Trick genommen wurde, wurde sie oft nicht ernst genommen (...), was aber tatsächlich zu Mißinterpretationen führt. Ich meinte das ganz ernst. Es gab sie, diese Christa T., es gab ihr Leben, dessen Fakten und einzelne Stationen ich kannte oder nach ihrem Tod kennenlernte, mich damit bekannt machte, und es gab auch diese Dokumente, aus denen ich zu einem Teil, einige von ihnen, zitiere. Dann aber (...) war ich natürlich vor die Frage gestellt, daß ich allein damit nicht auskam und daß m a n c h e s , w o r a u f e s m i r s e h r a n k a m i n d e r I n t e r p r e t a - t i o n d i e s e s L e b e n s , natürlich e r f u n d e n werden mußte.[2]

Christa Wolf nennt nun als Beispiel die Figur der Gertrud Born und das Gespräch zwischen ihr und der Ich-Erzählerin; auch anderes, was sie, Christa Wolf, nicht habe wissen können:

> Da ist natürlich einfach sehr vieles erfunden, aus vielerlei Gründen, vor allen Dingen aber deshalb, weil ich da etwas brauchte, was mir das Material des wirklichen Lebens gar nicht geben konnte.[3]

---

[1] Ebd., S. 184., Anm.

[2] Interview mit Karl Corino, gesendet im Hessischen Rundfunk in der Sendung "Transit. Kultur in der DDR" am 27.11.1974. Eigene Tonbandaufnahme. Hervorhebung von mir.

[3] Ebd.

Man darf also nicht der zunächst naheliegenden Vermutung verfallen, es sei Christa Wolf um eine objektive Rekonstruktion einer historischen Person gegangen. Diese Sätze weisen eine ähnliche Mehrdeutigkeit auf wie der Vorspruch des Romans selbst. Das Ergebnis des Interviews zu diesem Punkt lautet: Das E i g e n t l i c h e mußte erfunden werden.

(c) In einem Brief an mich vom 22. September 1975, in dem sie auf meine diesbezügliche Frage eingeht, schreibt Christa Wolf:

> In dem Buch ist weniger "e r f u n d e n", als die meisten denken, von den äußeren Anhaltspunkten stimmt das meiste, w e n n m a n s o w i l l. B l o ß d a s W i c h t i g - s t e i s t a l l e r d i n g s e r f u n d e n, und um das bringen zu können, brauchte ich eben nichts von dem realen Lebenslauf der Christa T. e i n s c h n e i d e n d zu ändern.[1]

Die Anführungszeichen bei dem ersten "erfunden" und die von mir gesperrten Wendungen stellen die zunächst wieder naheliegende Interpretation, es gehe um die Rekonstruktion des Lebens der historischen Gestalt, abermals in Frage und konstituieren eine unauflösliche Mehrdeutigkeit der Aussage, ähnlich wie wir es bei der Vorbemerkung des Romans und in dem Interview mit Corino fanden.

(d) Christa Wolf gibt uns einen weiteren Hinweis: Sie veröffentlichte schon vor Erscheinen des Buches ein 'Selbstinterview'[2] und läßt das dort antwortende Ich, das von sich behauptet, an der "neuen Erzählung", die "wahrscheinlich (...) 'Nachdenken über Christa T.'" heißen würde, "womöglich noch längere Zeit" zu arbeiten[3], sagen: "Zu einem ganz subjektiven Antrieb muß ich mich bekennen: Ein Mensch, der mir nahe war, starb, zu früh. Ich wehre mich gegen diesen Tod. Ich suche nach einem Mittel, mich wirksam wehren zu können. Ich schreibe, suchend."[4]

---

1 Hervorhebung von mir. Wolf betont besonders, daß die historische Figur "wirklich gestorben" sei und wehrt hier energisch eine symbolische Deutung ab, die der Krankheit und dem Tod der literarischen Christa T. in der Rezeption häufig zuteil wurde und wird.

2 In: Kürbiskern. Literatur und Kritik (München), 1968, H. 4, S.555-558, zit. nach: Christa Wolf, Lesen und Schreiben. Aufsätze und Prosastücke, Darmstadt, Neuwied, 1972, S. 76-80.

3 Ebd., S. 76.

4 Ebd., S. 76.

Gefragt, was denn nun der Inhalt dieses Buches sein werde, antwortet
dieses Ich:

> Ich dringe in die frühere Welt dieser Toten ein, die ich
> zu kennen glaubte und die ich mir nur erhalten kann, wenn
> ich es unternehme, sie wirklich kennenzulernen. Ich stütze
> mich nicht nur auf die trügerische Erinnerung, sondern auf
> Material: Tagebücher, Briefe, Skizzen der Christa T., die
> mir nach ihrem Tod zugänglich gemacht wurden.[1]

"Das Material", sagt dieses Ich später, habe es "souverän behandelt"[2]:
"Die Erinnerungen habe ich durch Erfindung ergänzt. Auf dokumentari-
sche Treue habe ich keinen Wert gelegt. Ich wollte dem Bild gerecht
werden, das ich mir von ihr, Christa T., gemacht hatte."[3]

Im letzten Satz scheint Christa Wolf eine Antwort zu geben auf die
Frage nach ihrer Intention und ihre vorher erläuterte Vorgehensweise
durch diese Absicht zu erklären: dem Bild gerecht werden, das sie sich
von Christa T. gemacht hatte. Damit wäre geklärt, daß es eine historische Figur gegeben hat - an die auch Hans Mayer sich erinnert - und
daß die Autorin sich bei der Verarbeitung ihrer Erinnerung und des ihr
zugänglich gemachten Materials um ihrer eigenen beabsichtigten Aussage willen doch 'Erfindungen' und andere Freiheiten erlaubte.

So einfach wäre es, wenn das im 'Selbstinterview' sprechende Ich
tatsächlich die Autorin Christa Wolf wäre - wie bei den oben unter (b)
und (c) genannten Quellen. Dies ist jedoch durchaus nicht selbstverständlich, und deshalb wollen wir uns nun zunächst - die Frage nach
der 'Historizität' der 'Christa T.' erst einmal ruhen lassend - der
Identität der Erzählerfiguren zuwenden. Es wird sich zeigen, daß dieses Problem für die Relevanz der Frage nach der Historizität einer
hinter der Romangestalt Christa T. stehenden außerliterarischen Person
bedeutsam ist.

---

[1] Ebd., S. 76.
[2] Ebd., S. 77.
[3] Ebd., S. 77.

2. Das Verhältnis der Ich-Erzählerin und des Ichs des 'Selbstinterviews' zur Autorin

Nehmen wir als Quellen für die Hinweise der Autorin die Vorbemerkung des Romans, ihren Brief und ihre Aussagen im Interview mit Corino,
so scheint es zunächst, daß eine Identität zwischen Autorin und dem
Ich, das im 'Selbstinterview' spricht, vorliegt. Beide erläutern ihre
Absichten und ihr Vorgehen beim Nachforschen und Schreiben mit ähnlichen Worten. Auch hinsichtlich eines dritten Aspektes, Anlaß und Antrieb des Schreibens, würden sie übereinstimmen, wie ein Vergleich des
'Selbstinterviews' mit einem weiteren Interview zeigt.[1] Unsere Voraussetzung ist jedoch in Frage zu stellen, denn das "Ich" des 'Selbstinterviews' gibt sich im Laufe des 'Gesprächs' als "Ich-Erzähler" der
"Erzählung" aus: "Die Beziehungen zwischen 'uns' - der Christa T. und
dem Ich-Erzähler - rückten ganz von selbst in den Mittelpunkt."[2] - Auf
die Schwierigkeit der Deutung dieses Satzes werden wir noch zurückkommen, - hier geht es darum, aufzuzeigen, daß die Autorin und das "Ich"
des 'Selbstinterviews' nicht unbefragt identifiziert werden dürfen,
denn wenn letzteres von sich behauptet, der "Ich-Erzähler" zu sein, so
muß der Grundsatz der Literaturinterpretation zur Geltung gebracht werden, "daß der Erzähler in aller Erzählkunst niemals der bekannte oder
noch unbekannte Autor ist, sondern eine Rolle, die der Autor erfindet
und einnimmt", daß der Erzähler also eine "gedichtete Person" ist,
"in die sich der Autor verwandelt hat"[3].

Auf das Problem des Verhältnisses von Autorin und Ich-Erzählerin im
Roman werden wir sogleich zurückkommen. Wir sehen aber hier schon, daß
das Ich des 'Selbstinterviews', das sich als "Ich-Erzähler" ausgibt,
wiederum eine von der Autorin erfundene Figur ist, d.h. daß das ganze
'Selbstinterview' als Gattung Fiktion ist. Es kann nicht einfach als

---

[1] Christa Wolf, Gespräch mit Joachim Walther (1972), in: J. Walther,
Meinetwegen Schmetterlinge. Gespräche mit Schriftstellern, Berlin/DDR,
1973, S. 114-134, dort S. 120 f.

[2] Selbstinterview, a.a.O., S. 76 f.

[3] Wolfgang Kayser, Wer erzählt den Roman? in: Zur Poetik des Romans,
hsg. Volker Klotz, Darmstadt, 1969, S. 197-216, dort S. 206 f.

außerliterarische Quelle benutzt werden, sondern sein Subjekt ist ein erneut verdoppeltes (nämlich neben der Erzählerfigur im Roman) Ich, das von der Autorin geschaffen wurde - und nicht diese selbst. - Allerdings kann auch nicht übersehen werden, daß dieses Ich, das im 'Selbstinterview' die 'selbst'-gestellten Fragen beantwortet, in einigen Zügen Ähnlichkeiten mit der Autorin aufweist.[1]

Unter diesen Aspekten müssen nun die Aussagen des 'Selbstinterviews' gelesen werden. Sie erscheinen nun in mehrfacher Brechung:

Auf die "Frage" "Immerhin haben Sie nun zugegeben, daß zwei authentische Figuren auftreten: Christa T. und ein Ich"[2] lautet die Antwort: "Habe ich das zugegeben? Sie hätten recht, wenn nicht beide Figuren letzten Endes doch erfunden wären..."[3]

Das Ich des 'Selbstinterviews', das von sich behauptet, der Ich-Erzähler der Erzählung zu sein - vielleicht ist es in gewisser Weise auch die Autorin - behauptet also hier, die Gestalt der Toten, der nachgeforscht werden sollte, "erfunden" zu haben. Diesen Widerspruch zu den vorhergegangenen Behauptungen des "Ichs" müssen wir im Augenblick stehen lassen. Nicht in Frage gestellt ist allerdings mit diesem Satz, daß die fiktive Gestalt ein außerliterarisches Vorbild haben k a n n.

Seltsam verwirrend erscheint aber vor allem, daß das in der Frage gemeinte und vorausgesetzte "Ich", von dem das Ich des 'Selbstinterviews' ein paar Sätze vorher behauptet hat, es zu sein, nun in der zitierten Antwort seinerseits als "erfunden" bezeichnet wird, und zwar noch dazu von diesem "Ich" selbst!

Dieses Problem läßt sich vom Text her nicht lösen.

Setzen wir nun entsprechend dieser (fiktiven) Behauptung des (fiktiven) Ichs des 'Selbstinterviews' voraus, die Ich-Erzählerin im Roman sei tatsächlich "erfunden", so kann sie auch nicht mit der Autorin identisch sein. Zu diesem Ergebnis führt die Deutung des 'Selbstinterviews'.

---

[1] Hierzu vgl. unten Abschnitt 5.

[2] Selbstinterview, a.a.O., S. 77.

[3] Ebd., S. 77.

Die Identität zwischen Christa Wolf und der Ich-Erzählerin des Romans wird nun aber in der Rezeption, wie wir sahen, weitgehend vorausgesetzt; ebenso auch die Identität der beiden mit dem Ich, das im 'Selbstinterview' spricht. Einige Hinweise für die Richtigkeit dieser Deutung lassen sich tatsächlich nicht übersehen. Die Biographien der beiden stimmen sogar bis in Einzelheiten überein; angefangen vom Geburtsjahr (1929 bzw. 1928), der Flucht 1945 aus einem Städtchen in der Neumark nach Mecklenburg, das Germanistikstudium in Leipzig, Heirat und Kinder, die schriftstellerische Tätigkeit. Sogar die Abfassungszeiten des Romans und des fiktiven Berichts im Roman stimmen überein: Jener war 1967 beendet; die Ich-Erzählerin behauptet im Roman, ihren Bericht wenige Jahre nach dem Tod der Christa T., für den sich das Jahr 1963 erschließen läßt, zu schreiben (vgl. S. 42).

Jedoch darf man sich von diesen Indizien nicht täuschen lassen; das Problem ist viel differenzierter als von den meisten Interpreten erkannt wird. Dies sehen wir, wenn wir noch einmal die Hinweise betrachten, die im 'Selbstinterview' geboten werden:

Auf die "Frage" "So schreiben Sie also eine Art von posthumen Lebenslauf..."[1] antwortet das Ich: "Das dachte ich zuerst. Später merkte ich, daß das Objekt meiner Erzählung gar nicht so eindeutig sie, Christa T., war oder blieb. Ich stand auf einmal mir selbst gegenüber, das hatte ich nicht vorhergesehen."[2]

Dieser Satz bietet verschiedene Deutungsmöglichkeiten:

1a. Nehmen wir an, hier spreche die Autorin, so kann der Satz besagen: In der Figur der Ich-Erzählerin des Romans steht die Autorin sich selbst gegenüber. Dies würde für eine gewisse Identität zwischen Autorin und Ich-Erzählerin sprechen.

1b. Nehmen wir dagegen an, hier spreche die Ich-Erzählerin des Romans selbst (wie das Ich des 'Selbstinterviews' im folgenden Satz von sich behauptet), so besagt der Satz: Die fiktive Ich-Erzählerin beschäftigt sich in der fiktiven Romanhandlung mit sich selbst.

---

[1] Ebd., S. 76.
[2] Ebd., S. 76.

2. Oder aber soll der Satz heißen: In der f i k t i v e n Christa T.
stehen sich a. Autorin bzw. b. das Ich des 'Selbstinterviews' "selbst
gegenüber"?

3. Oder soll der Satz heißen: Im Schicksal einer Christa T., die
w i r k l i c h gelebt hat, erkennt sich a. die Autorin wieder bzw.
b. das Ich des 'Selbstinterviews'?

Der unmittelbar folgende Satz führt uns näher an das Problem heran,
wie sich die Figur der Christa T. (die wir im folgenden immer als die
fiktive voraussetzen) zu der Ich-Erzählerin verhält:

3. Das Verhältnis der Christa T. zur Ich-Erzählerin

Die Fortsetzung des zuletzt diskutierten Zitats lautet:

> Die Beziehungen zwischen "uns" - der Christa T. und dem
> Ich-Erzähler - rückten ganz von selbst in den Mittelpunkt:
> die Verschiedenheit der Charaktere und ihre Berührungspunkte,
> die Spannungen zwischen "uns" und ihre Auflösung, oder das
> Ausbleiben der Auflösung. Wäre ich Mathematiker, würde ich
> wahrscheinlich von einer "Funktion" sprechen: Nichts mit
> Händen Greifbares, nichts Sichtbares, Materielles, aber etwas
> ungemein Wirksames.[1]

Das zweimalige "Uns", das von der Autorin in Anführungszeichen gesetzt
wird, problematisiert die Beziehung zwischen Christa T. und der Ich-
Erzählerin (wobei das Ich des 'Selbstinterviews' mit dem der Ich-
Erzählerin des Romans zusammenfällt) und schließt beide als Gegen-
über der Autorin zusammen, die hier in einem fiktiven Interview über
Identifikationsmöglichkeiten spricht.

Für die Annahme einer hier angedeuteten, von der Autorin gewollten
Identität zwischen Christa T. und der Ich-Erzählerin des Romans gibt
es verschiedene Hinweise. Wieder springt die überraschende Übereinstimmung der Biographien, wie sie im Roman beschrieben werden, ins
Auge. Weiter fällt auf, daß über die Ich-Erzählerin im Roman ungewöhnlich wenig konkrete Aussagen gemacht werden; fast alles, was über sie
mitgeteilt wird, wird nur hinsichtlich ihrer Beziehung zu Christa T.
angedeutet. Sie selbst bleibt weitgehend konturlos.

---

[1] Ebd., S. 77.

4. Das Verhältnis der Autorin zu Christa T.

Es ist jedoch auch möglich, den zuletzt zitierten Abschnitt und das von der Autorin selbst problematisierte "Uns" so zu lesen, daß sich Ich-Erzählerin und Autorin (zusammengeschlossen im "Uns") einerseits und Christa T. andererseits gegenüberstehen.[1]

Was ebenfalls auffallen muß, sind die Übereinstimmungen, die sich zwischen der Autorin Christa Wolf und Christa T. finden lassen: Noch einmal die äußere Biographie: Die Zeit der Geburt (1927 bzw. 1929), die Flucht 1945 aus der Neumark nach Mecklenburg, das Germanistikstudium in Leipzig, die (im einen Fall erfolgreiche, im anderen Fall vorläufig nicht erfolgreiche) schriftstellerische Arbeit, nicht zuletzt auch der gemeinsame Vorname.

Weitere inhaltliche Hinweise aus dem Buch sind so auffallend, daß sie auch der skeptischste Leser nicht als zufällig abtun kann:

In der Beschreibung eines Erlebnisses der siebzehnjährigen Christa T. auf der Flucht, als ihr ein Kind aus dem Arm fällt und erfriert, während sie schläft (vgl. S. 30 f.), stellt Christa Wolf ein Erlebnis dar, wie es ihr ähnlich selbst widerfahren ist: Über ihre Erfahrung der Kriegsereignisse als "Fünfzehn-, Sechzehnjährige" schreibt sie: "Ich

---

[1] Dies setzt die partielle Identität von Ich-Erzählerin und Autorin voraus. Dazu vgl. unten Abschnitt 5. - Interessant ist, daß dem 'Selbstinterview' ein wirkliches Interview zugrundeliegt, das Christa Wolf während der Abfassungszeit des Romans gab und das am 18.10.1966 im Ostberliner Rundfunk gesendet wurde. Bei einem Vergleich scheint das Selbstinterview wie eine leichte Kürzung des ursprünglichen. In der Sprechform der oben zitierten Passage weist das "Uns" natürlich keine Anführungszeichen auf. Dieses echte Interview von 1966 läßt also eher die Annahme einer von der Autorin gemeinten Identität zwischen sich selbst und der Ich-Erzählerin zu. Ihre Veröffentlichung des Interviews von 1966 zwei Jahre später als 'Selbstinterview' ist als ein neues Spiel mit den Identitäten zu verstehen. (Allerdings bezweifle ich auch etwas die Ursprünglichkeit und Unmittelbarkeit des Interviews von 1966. In wesentlichen Passagen scheint hier die Stimmführung der Sprechenden zu beweisen, daß sie einen vorher verfaßten Text abliest - ganz anders als sich der Eindruck beim Hören des Gesprächs mit Corino bildet. Hier spricht sie offenbar frei und formuliert ihre Aussagen erst im Sprechakt.) Quelle: "Christa Wolf liest aus 'Nachdenken über Christa T.'". Sendung im Berliner Rundfunk 18.10.1966, Tonband Nr. 2419, Gesamtdeutsches Institut. Bundesanstalt für gesamtdeutsche Aufgaben Abtl. IV, Berlin/W.

erfuhr, daß es etwas anderes ist, tote, zerfetzte 'Feinde' im Kino auf der Leinwand zu sehen, als selbst plötzlich einen erfrorenen steifen Säugling im Arm zu haben und ihn der Mutter geben zu müssen; (...)."[1]

Der Wandspruch "Wenn auch der Hoffnung letzter Anker bricht, verzage nicht", den Christa T. in ihrem Zimmer bei der "Dame Schmidt" von der Wand nimmt (vgl. S. 55), hing in dem Zimmer von Christa Wolfs Großeltern.[2]

Soll man also anerkennen, Christa Wolf gestalte in der Figur der Christa T. ihr Alter ego, wie verschiedene - besonders westdeutsche[3] - Rezensenten vermuteten?

Hans Mayer glaubt für eine solche autobiographische Substanz (für die Beziehung Wolf - Christa T.) ein deutliches Indiz gefunden zu haben: Er verweist auf die Passage in einem Essay Christa Wolfs, wo diese anläßlich eines Erlebnisses auf das Problem der Identität Dostojewskis und seiner Romanfigur Raskolnikow eingeht. Sie schreibt dort:

> Vor kurzem bewegte ich mich einen langen regnerischen Nachmittag lang in der Welt von Dostojewskis "Raskolnikow". Man kann sie wie eine archäologische Schicht bei einem Gang durch bestimmte Viertel des heutigen Leningrad freilegen. Das Haus der Wucherin steht noch. Diese Treppe, sagte der alte Mann, der uns führte - Dostojewskis Enkel -, diese selbe Treppe ist auch Raskolnikow oft hinaufgegangen. - Beklommen traten wir mit staubbedeckten Schuhen in seine Spuren. - Hier, sagte unser Führer, auf diesem Treppenabsatz hat er gezögert, wie Sie wissen. Zu seinem Glück - er mußte sich ja später verbergen - arbeiteten in dieser rechten Wohnung die Maler, und diese hier, links, stand ebenfalls leer. Man kann sagen, daß der Zufall sein Vorhaben begünstigt hat.[4]

---

[1] Einiges über meine Arbeit als Schriftsteller, in: Junge Schriftsteller der DDR in Selbstdarstellungen, Leipzig, 1965, S. 11-16, dort S. 12 f. Ein ähnliches Erlebnis beschreibt sie in der wahrscheinlich weitgehend autobiographischen Erzählung 'Blickwechsel' durch die Perspektive eines jungen Mädchens (vgl.: Blickwechsel (1970), in: Lesen und Schreiben, S. 31-46, dort S. 38).

[2] Vgl.: Blickwechsel, a.a.O., S. 35.

[3] Z.B. Jürgen Beckelmann, 'Der Versuch, man selbst zu sein' (Rez.), in: 'Tages-Anzeiger' (Zürich) vom 15.7.1969.

[4] Wolf, Lesen und Schreiben (1968), in: Lesen und Schreiben, S. 181-220, dort S. 209 f.

Später folgert sie:

> Hier hat ein dokumentarisch belegter Autor, eine historische Figur,
> ein Mensch aus Fleisch und Blut vor hundert Jahren gelebt und hat
> keine Rettung aus seiner großen inneren und äußeren Bedrängnis
> gesehen als die Projizierung seiner Konflikte auf eine - soll man
> noch sagen: erfundene - Gestalt, die mit ihm in der gleichen arm-
> seligen Kammer haust, ihre Pfänder zu der gleichen Wucherin bringt
> und die imstande ist, zu tun, was als grausiges Gedankenexperiment
> im Gehirn des Autors entstanden sein muß und vielleicht in Wirklich-
> keit nicht zu geschehen brauchte, weil es mit aller Kraft auf den
> - Ersatzmann, die Schattengestalt, geschoben wurde: der Mord an
> einer Kreatur, die dem kranken Kopf des Mörders minderwertig,
> ekelhaft, vernichtenswert erscheint.[1]

Die Übereinstimmungen dieser Überlegungen Christa Wolfs mit vielen
Fakten, die Entstehung, Struktur und Inhalt ihres Romans betreffen,
sind in der Tat frappierend. In ihrem Aufsatz 'Einiges über meine Arbeit
als Schriftsteller' bezeichnet sie als "eine(n) der mächtigsten und am
wenigsten beachtetsten Antriebe zum Schreiben": "Diese Sehnsucht, sich
zu verdoppeln"[2]. Nach der Lektüre eines hinterlassenen Textes von
Christa T., in dem diese in der dritten Person von sich selbst spricht,
denkt die Ich-Erzählerin über sie nach:

> Dabei redet man vorsichtshalber in der dritten Person, man
> selbst kann es sein oder irgendeine, die man zum Beispiel
> "sie" nennt. Von der kann man vielleicht eher wieder los-
> kommen, (...) man kann sie neben sich stellen, sie gründlich
> betrachten, wie man sich angewöhnt hat, andere zu betrachten.
> (S. 146)

Unsere Stelle im 'Selbstinterview' gibt nähere Erklärungen hierzu:
Worauf es ankommt, ist das, was das Ich eine "Funktion" nennen möchte[3],
es sind die "Beziehungen zwischen 'uns' - der Christa T. und dem Ich-
Erzähler", die "ganz von selbst in den Mittelpunkt"[4] rückten, "die
V e r s c h i e d e n h e i t der Charaktere und ihre B e r ü h r u n g s -
p u n k t e"[5]. Diese Spannungen, "(n)ichts mit Händen Greifbares,

---

[1] Ebd., S. 212.

[2] Einiges über meine Arbeit, a.a.O., S. 12.

[3] Selbstinterview, a.a.O., S. 77.

[4] Ebd., S. 76 f.

[5] Ebd., S. 77. Hervorhebung von mir.

nichts Sichtbares, Materielles, aber etwas ungemein Wirksames"[1] im
Schreibprozeß sich entwickeln zu lassen, zu erkennen und künstlerisch
zu gestalten ist die Aufgabe, die die Autorin sich selbst stellt. Diese Spannung ist die Funktion für das, was Christa Wolf durch das Ich
des 'Selbstinterviews' als ihre Intention und Ergebnis des Schreibprozesses so formuliert: "Ich wollte dem Bild gerecht werden, das ich
mir von ihr, Christa T., gemacht hatte. Das hat sie und das Ich, um
das ich nicht umhingekommen bin, verwandelt."[2]

Nur sehr allgemein ließen sich für uns die Fragen nach der Beziehung
der Erzählerfiguren (Ich-Erzählerin und Autorin) zu Christa T. beantworten. Das Werk a l s Werk ist die Verweigerung einer eindeutigen
Antwort. Damit wenden wir uns noch einmal zurück zu der Beziehung der
Autorin zur Ich-Erzählerin, die nun in einem neuen Licht erscheint.

5. Noch einmal: Das Verhältnis der Ich-Erzählerin zur Autorin

Bei der Deutung des zuletzt zitierten Satzes aus dem 'Selbstinterview'
haben wir eine gewisse Identität von Christa Wolf und der Ich-Erzählerin vorausgesetzt. Das Ich des 'Selbstinterviews', das von sich behauptet, der "Ich-Erzähler" der "Erzählung" zu sein, erklärt:

> Ich schreibe, suchend. Es ergibt sich, daß ich eben dieses
> Suchen festhalten muß, so ehrlich wie möglich, so genau wie
> möglich. (...) Ich dringe in die frühere Welt der Toten ein,
> die ich zu kennen glaubte und die ich mir nur erhalten kann,
> wenn ich es unternehme, sie wirklich kennenzulernen.[3]

Diese Sätze kennzeichnen sowohl das im Roman verifizierbare Vorgehen
der Ich-Erzählerin als auch das Vorgehen von Christa Wolf, wie sie es
in der außerliterarischen Quelle, dem Interview mit Corino, beschreibt.
Die folgende Behauptung allerdings des sprechenden Ichs "Ich stütze
mich nicht nur auf die trügerische Erinnerung, sondern auf Material:

---

[1] Ebd., S. 77.
[2] Ebd., S. 77.
[3] Ebd., S. 76.

Tagebücher, Briefe, Skizzen der Christa T., die mir nach ihrem Tod
zugänglich gemacht wurden"[1], könnte, da das 'Selbstinterview' Fiktion
ist, ebenfalls fiktiv und "erfunden" sein und müßte außerliterarisch
verifiziert werden. Die - notwendige - doppelte Lektüre des Satzes ergibt, daß
1. die fiktive Ich-Erzählerin ihr Vorgehen bei ihrem fiktiven Bericht,
oder daß
2. Christa Wolf ihr eigenes Vorgehen beim Abfassen des Romans beschreibt.

Da die zweite Lektüremöglichkeit wiederum durch außerliterarische
Äußerungen von Christa Wolf belegt ist (ihr Brief und das Corino-
Interview), dürfen wir sie (als über die erste hinausgehend) ebenfalls
als richtig ansehen.

In zweierlei Hinsicht also dürfen wir die Identität Christa Wolf
- Ich-Erzählerin annehmen:
1. Vom Tod der Christa T. betroffen sind Autorin und Erzählerfigur
gleichermaßen Unwissende und Suchende.
2. Das Werk ist Produkt ihrer Aktion, die durch die Betroffenheit ausgelöst wird: des erinnernden Schreibens.

6. Erinnern als Grundstruktur

Uwe Johnson antwortete in einem Interview auf die Frage, wie die
Form seines Romans 'Mutmaßungen über Jakob' entstanden sei:

> Durch langes Nachdenken über die Geschichte, die in diesem
> Roman enthalten ist. Man weiß die Geschichte, wenn man anfängt,
> sie zu erzählen. Und ich versuchte mir klarzumachen, daß der
> Held, Jakob, tot ist, wenn der Erzähler anfängt. Das bringt na-
> türlich die Frage herauf: was bleibt von einem toten Menschen
> übrig im Gedächtnis seiner Freunde (...)? Und da wurde mir
> klar: natürlich, die erinnern sich an ihn.[2]

---

[1] Ebd., S. 76.

[2] In einem Interview mit Horst Bienek, in: Werkstattgespräche mit
Schriftstellern, hsg. von H. Bienek, München, 1969 (2. Aufl. der
Taschenbuchausgabe), S. 102-119, dort S. 114.

Dieselbe A u s g a n g s s i t u a t i o n setzt Christa Wolf
voraus. Mehr als die erzählte Geschichte prägt der Erinnerungsvorgang
den Bauplan des Buches. Der Tod der Hauptfigur ist sozusagen die "Wen-
demarke (...), die erst die Geschichte erzählbar macht".[1]
Zwei Figuren sind es, die den Erzählvorgang bestimmen: die Gestalt
der Ich-Erzählerin als Subjekt des Nachdenkens, deren Erinnerungen und
Reflexionen den Erzählvorgang insgesamt aus sich heraussetzen, und
die Figur der Christa T., die als Gegenstand des Nachdenkens ebenfalls
zur 'Ordnung' des Textes beiträgt. Wie gezeigt wurde, geht es der Erzählerin jedoch keineswegs darum, eine exakte Rekonstruktion der Lebensgeschichte ihrer Freundin herzustellen; sie betont sogar: "(D)ie
Chronologie stört." (S. 139) Ihr Ziel ist vielmehr, diese ungewöhnliche
Frau, von der sie erfährt, "sie schwindet" (S. 7), am Verschwinden zu
hindern (vgl. S. 7-9). Nicht äußere Spannung ist ihr bei der Erstellung
dieser Lebensgeschichte das Wesentliche, sondern der innere Grund des
Geschehenen.

Wenn Christa Wolf sagt, es gehe "immer darum, Vergangenheit aufzuarbeiten; Prozesse, deren äußeren Ablauf man kennt, wo Spannung nicht
darin liegt, was passiert, sondern wie es passiert und warum so gehandelt wird"[2], so beschreibt sie damit also auch die Situation der von
ihr geschaffenen Ich-Erzählerin, durch deren - zunächst - rückwärtsge-
wandtes Nachdenken das Erinnern zur biographischen und formalen Grundstruktur des Werkes wird. Die Erzählerin kann nämlich aufgrund ihrer
Position am Ende des Geschehens dieses als ganzes überblicken und die
Entwicklung, die innere Kausalverknüpfung und auch das Weiterwirken des
Geschehens aufzeigen. Sie kann einerseits von der Kenntnis der Geschichte ausgehen, hat aber andererseits, gerade wenn sie das Erinnern
selbst thematisiert, das Interesse, ihren eigenen Bezug zu der Geschichte deutlich zu machen: Sie will die Geschichte verarbeiten. Die Position der erinnernden Erzählerin gegenüber dem zu erzählenden Geschehen
ist dadurch charakterisiert, daß sie genau in der Mitte steht zwischen

---

1 Roland Wiegenstein, Verweigerung der Zustimmung? (Rez.) In: Merkur 23,
  1969, H. 8, S. 779-782, dort S. 780.
2 Wolf, Gespräch mit J. Walther, a.a.O., S. 120.

dem distanzierten allwissenden und dem distanzlosen unmittelbar beteiligten Erzähler, der im Grenzfall nur noch als stilistischer Ort von
Darstellungsmitteln vom Autor eingesetzt, jedoch nicht selbst thematisiert wird. Die erinnernde Erzählerin weiß zwar vieles besser als
ein unmittelbar Beteiligter und kann vieles distanzierter als er be-
urteilen - sie ist aber, da sie auch selbst am Vorgang beteiligt ist,
nicht allwissend. Diese besondere Position hat für die Erzählstruktur
ganz bestimmte K o n s e q u e n z e n :

(a) Die erinnernde Erzählerin kommt als P e r s o n in den Blick.
Obwohl sie nur innerhalb eines literarischen Vorgangs und damit
fiktional existiert, wird sie eingeführt wie eine 'realistische' Person, die für den Leser Leben gewinnt.

Daraus ergibt sich:
(aa) Die erinnernde Erzählerin ist also zumindest ansatzweise
p s y c h o l o g i s c h bestimmt; das heißt, ihr Erinnerungsvorgang geht nach psychologischen Gesetzmäßigkeiten vor sich, etwa in
Assoziationsreihen: Sie erlebt Brüche in ihrer Erinnerung, fügt Reflexionen und Kommentare ein und wendet sich in unmittelbarer Anrede
an den Leser.
(bb) Das Erinnern ist als Vorgang s i t u a t i o n s g e b u n d e n :
Die Erzählerin läßt sich Anstöße geben durch äußere Anlässe, z.B. neues
Material, das sie über Christa T. bekommt,[1] oder durch eine Begegnung
mit gemeinsamen Bekannten.[2] Gebunden an solche äußeren Einflüsse spielt
sich der Erinnerungs- und der Erzählvorgang ab. - Daraus folgt
(cc) Die Erinnerungssituation der Erzählerin ist konkret und u n m i t-
t e l b a r , abhängig von ihrem jeweiligen Informationsstand.[3] Diese

---

[1] Z.B.: "Wie ich eben in ihren Notizen blättere, finde ich noch einen
Zettel, den ich früher übersehen hatte.(...)" (S. 138)

[2] Z.B. S. 58 ff.:Gertrud Dölling; S. 175: Justus.

[3] Z.B.: "(...) gibt es nun (...) mehrere Möglichkeiten, mag der Rahmen
auch fest sein und wenig dehnbar. Zuerst wären da die Zeugnisse,
unser spärlicher Briefwechsel aus jenen Jahren. Zweitens: abgerissene
Zettel mit Notizen über ihre Kinder.(...) was soll ich jetzt zu diesem Packen Zettel sagen?" (S. 179). - Oder: "Kostjas Brief spielt,
in gebotener Zurückhaltung, auf die Vorgänge an, oder wie man es sonst
nennen will, und ihr Zeugnis ist ihr Tagebuch. In beiden allerdings
haben die Ereignisse andere Spuren hinterlassen, (...)." (S. 82)

Abhängigkeit unterscheidet das Erzählen des erinnernden von dem des allwissenden Erzählers und wirkt sich auch aus auf die erzählte Geschichte: in ihrer Bruchstückhaftigkeit.

(b) Der Grund für diese unmittelbare Beziehung der Erzählerin zu ihrer Geschichte liegt darin, daß diese Geschichte ein erst noch aufzuarbeitender T e i l i h r e r B i o g r a p h i e ist, die sich im Erzählvorgang fortsetzt. Da die Erzählerin zugleich von der Autorin eingesetzte literarische Instanz ist und fiktive Person, die nach quasipsychologischen Gesetzmäßigkeiten agiert, bestimmt dieser Verarbeitungsprozeß in seiner Gesamtheit die Anordnung der Erzählung.

An diesem Punkt schon stellt sich zum ersten Mal die Identitätsfrage als Problem: Die erinnernde Erzählerin muß sich selbst thematisieren, weil sie in ihrer Geschichte vorkommt. Hier taucht auch schon erstmalig das Problem der Selbstverwirklichung auf: Die von der Erzählerin erlebte Geschichte, die Teil ihrer Biographie ist, soll - so könnt man in Anlehnung an psychologische Kategorien formulieren - durch den Verarbeitungsprozeß Teil ihrer Persönlichkeit werden.

(c) Aus diesem Darstellungsinteresse der Erzählerin lassen sich hier schon bestimmte K o n s t r u k t i o n s m o m e n t e benennen, die präzise belegen, inwiefern Erinnern zur Grundstruktur des Werkes wird:

(aa) Das D o k u m e n t a r i s c h e : Da die Erzählerin sich bemüht, eine Geschichte zu rekonstruieren, ist ihre Arbeitsweise die eines sachlich-distanzierten Dokumentators, der in Archiven forscht, Fakten und Dokumente sammelt, Personen und Orte aufsucht.[1] Dabei wird das Material oft ohne innere Verbindung montagehaft in den Erinnerungsvorgang eingebaut,[2] wobei einzelnes zum Ansatzpunkt für Reflexionen wird. "Was häufig als M u t m a ß u n g s s t i l bezeichnet wird, ist tatsächlich die konsequente Überführung des Erzählvorgangs in das Protokoll einer Ermittlung."[3]

---

[1] Fritz J. Raddatz spricht von "nahezu leidenschaftslose(r) additive(r) Chronistenprosa" (Mein Name sei Tonio K., a.a.O., S. 153).

[2] Z.B.: "Szenenwechsel, Sprung von sieben Jahren, (...)." (S. 139)

[3] Theo Buck, Zur Schreibweise Uwe Johnsons, in: Positionen im deutschen Roman der sechziger Jahre, hsg. Ludwig Arnold und Theo Buck, München, 1974, S. 86-109, dort S. 94.

(bb) Dieser äußerst distanzierten, gleichsam historistischen Arbeitsweise steht als Gegengewicht das äußerste B e t r o f f e n s e i n
der Erzählerin durch die Geschichte und die Person gegenüber, die diese
Geschichte bestimmt. Diese Betroffenheit, die darin begründet liegt,
daß die Erzählerin schon zu deren Lebzeiten eine besondere Beziehung
zu Christa T. hatte, jetzt aber meint, ihr damals nicht gerecht geworden zu sein und ihre unbewältigte Geschichte verarbeiten zu müssen,
wird von ihr unter verschiedenen Gesichtspunkten thematisiert:
- Die Erzählerin steht unter dem Zwang zur Auseinandersetzung mit
Christa T.: "Hingehen, den ersten Satz schreiben: Nachdenken, ihr
nach-denken. Dann Satz für Satz. Monatelang kein Tag ohne sie, (...)."
(S. 125) "Nur stand es mir nicht mehr frei, davon war schon die
Rede." (S. 96)
- Immer wieder versucht sie, Christa T., die ihr zu entgleiten droht,
zu zwingen, sich zu erkennen zu geben:

> Fast wäre sie wirklich gestorben. Aber sie soll bleiben.
> Dies ist der Augenblick, sie weiterzudenken, (...). (S. 8)
>
> Daß die Zweifel verstummen und man sie sieht. (S. 235)
>
> (...) daß sie sich zu erkennen gibt. (S. 9)
>
> Daß man sie sehen kann. (S. 156)
>
> Sie redet, daß man sie sieht. (S. 114)

- Diese äußerste Betroffenheit führt dazu, daß die Erzählerin gelegentlich nach dem neutralen Erzählen einer Begebenheit plötzlich
nicht weiterschreiben kann, den Bericht abbrechen und den Vorgang
oder die Bedeutung der Christa T., wie sie in diesem Vorgang erscheint, kommentieren muß. Nach der Beschreibung einer Verabredung
zwischen Christa T. und Justus etwa unterbricht sie ihren Bericht
und fährt fort:

> Während ich dies niederschreibe, mit bestem Gewissen - denn
> jeder Satz ist doppelt bezeugt und hält der Nachprüfung
> stand -, (...) während all dem gewinnt ein altes Mißtrauen
> wieder in mir die Oberhand, das ich unterworfen glaubte, und
> wenn überhaupt, dann am wenigsten jetzt zurückerwartet hätte.
> Wäre es nicht möglich, das Netz, das für sie geknüpft und aus-
> gelegt wurde, erwiese sich am Ende als untauglich, sie zu fan-
> gen? (S. 147)

(cc) Als Erinnernde ist die Ich-Erzählerin nicht imstande, einen ge-
schlossenen Handlungszusammenhang darzustellen. Diese besondere
Haltung des Erinnerns wirkt sich auf der S t r u k t u r e b e n e
des Werkes aus, und zwar in verschiedener Weise:

- Der als Verständnisrahmen notwendige Handlungszusammenhang des
Geschehens muß vom Leser erschlossen bzw. rekonstruiert werden.

- Dieses Geschehen steht in biographischer Kontinuität mit der Erzählerin und kann also ausgezogen werden bis in die Reflexionsgegenwart der Erzählerin hinein (vgl. S. 156).

- Die Geschichte hat Merkmale, die s t r u k t u r i d e n t i s c h
sind mit der realen Situation der rückblickenden Ich-Erzählerin.
Dies gilt einmal in der Hinsicht, daß die Gesetzmäßigkeiten, die in
der literarischen Fiktion die Erzählweise der Erinnernden ausmachen,
die Stilmerkmale des Werkes aus sich heraussetzen. Es gilt aber noch
in einer zweiten Hinsicht: Die erinnernde Ich-Erzählerin kann sich
in ihrer Erzählergegenwart wiedererkennen in bestimmten Konstellationen der erinnerten Geschichte, in Modellen, die ihr die erinnerte
und erzählte Geschichte anbietet. Ihre besondere Position als erinnernde Erzählerin wird dadurch bestimmt, daß die Geschichte, die sie erzählt, m o d e l l h a f t e B e d e u t u n g für ihre Gegenwart
hat, daß sie etwa Konfliktsituationen aus der Vergangenheit aufzeich-
nen kann, die auch ihre gegenwärtige Existenz bestimmen, daß sie auch
modellhafte Lösungen und modellhafte Aporien erfahren hat, die "heute"
für sie bedeutsam sind und sie unter die Notwendigkeit einer möglichst
genauen Analyse der damaligen Vorgänge und ihrer Position innerhalb
dieser Vorgänge stellen.

7. Zusammenfassung und Ausblick

Offenkundig modellhaft ist, wie aus dem Vorangegangenen folgt, das
Verhältnis Ich-Erzählerin - Christa T. Ebenso offenkundig ist dieses
Modell aber mehrdeutig, wie die Rezeption belegt. Der Grund für die Mehrdeutigkeit und das Modellhafte, so zeigte schon die ansatzweise Analyse,
ist das komplizierte Identitätsverhältnis der Autorin zu ihrem Werk, das

seine Analogie im Verhältnis der Werkschichten zueinander hat. Dieses Identitätsverhältnis hat wiederum eine enge Beziehung zum Thema des Buches, nämlich der Frage nach dem Ich, das innerhalb einer Gesellschaft lebend auf der Suche nach sich selbst ist. Das erinnernde Schreiben, als dessen Ergebnis der Roman erscheint, wird selbst als ein solcher modellhafter Versuch des Sich-Findens dargestellt.

Welcher Modellbegriff ist nun aber imstande, die Widersprüchlichkeit der Rezeption auf die Komplexität der Werkkonzeption zurückzuführen und von dort her möglicherweise aufzulösen oder zu interpretieren? Wenn man diese Frage stellt, kann das Vorgehen weiterhin nur a n a l y t i s c h sein und muß nach der Betrachtung der Ausgangssituation des Werkes, der Autorin und der Rezeption, der ansatzweisen Bestimmung des Verhältnisses von Autorin und Werk und nach einer ersten Untersuchung des Identitätsproblems im Buch weiter in das Werk hinein führen bis zur Isolierung der einzelnen Werkelemente und der Darstellung ihrer Funktionen. Die so entstehende Interpretation sollte - und kann, das ist unsere These - aber auch zugleich s y n t h e t i s c h sein, indem sie zur Konstruktion und Abbildung jenes gesuchten Modells führt, das im zweiten Teil der Arbeit im inhaltlichen Material entfaltet wird und mit der damit gleichzeitig erfolgenden Konkretisierung des Modells zum Deutungsinstrument für jene zu Beginn dargestellte Ausgangssituation wird, indem nun umgekehrt das Verhältnis von Werk und Autorin, Rezeption und politischer Intention ins Auge gefaßt wird.

Vorausgesetzt ist also, daß das ganze Buch die dem Werk vorangestellte Frage J.R. Bechers zum Thema hat, was das sei, "dieses Zu-sich-selber-Kommen des Menschen", und daß schon die Richtung, in die Christa Wolfs Antwort weist, sich nur aufzeigen läßt, wenn konsequent - ausgehend von der literarischen Analyse - die vielfältigen Bedeutungsebenen seines Inhalts dargestellt werden. Wie im folgenden zu begründen sein wird, setzt sich jede Deutung, die zu früh abbricht, der Gefahr aus, der Intention des Werkes nicht gerecht zu werden.

Zunächst geben wir einen Überblick über den zu erschließenden Inhalt, damit deutlich wird, wie entscheidend dessen Wiedergabe durch den Rhythmus von Raffung und Dehnung bestimmt ist. Dann soll gezeigt werden, in welcher Weise diese wie die anderen Darstellungsmittel auf

die zentrale Thematik des Werks hingeordnet sind. Ziel ist es, aufzuzeigen, in welcher Weise das gesamte Buch Antwort auf die zugrundeliegende Problemkonstellation ist, so daß bereits hier im ersten Teil
Grundlagen der weiterführenden Deutung gelegt werden.

II. 'Inhalt' und Fabel des Werkes

Im Roman unterscheidet sich die rekonstruierbare chronologische Ereigniskette erheblich von der Anordnung des Geschehens im Erzählvorgang. Der zeitgerechte Verlauf der Geschichte bleibt überdies lückenhaft, wenn nicht zusätzlich versteckte Hinweise im Text erschlossen und einbezogen werden. Für das Werk ist bezeichnend, daß die Darstellung dieses bei aufmerksamer Lektüre implizierten Verständnisrahmens ein weiterer Schritt der literarischen Analyse sein kann. Die 'Biographie' der Christa T. ist das erste Ergebnis:

1. Darstellung der Ereignisse in der chronologischen Abfolge

Christa T. wird im Dezember 1927 als Tochter des sozialdemokratischen Dorfschullehrers T. in Eichholz bei Friedeberg in der Neumark geboren. Nach ihrem Schulwechsel kommt sie 1944 in die Mädchenklasse der Ich-Erzählerin in der Nachbarstadt. Anfang 1945 - die beiden Freundinnen sind während der Weihnachtsferien getrennt - verlieren sie sich durch die Flucht vor der Roten Armee aus den Augen. Christa T. gibt die kurze landwirtschaftliche Arbeit im Sommer 1945 wegen gesundheitlicher Schwierigkeiten bald auf, nimmt an einem Lehrerkurs teil und ist drei Jahre lang (1945 bis 1948) Dorfschullehrerin, und zwar, wie zu erschließen ist, im Schulhaus ihres Vaters. Über die Zeit bis zum zufälligen Wiedertreffen der Freundinnen wird nur mitgeteilt, daß Christa T. an verschiedenen Orten verschiedene Fächer studierte. Wie es der Ich-Erzählerin inzwischen ergangen ist, erfährt der Leser nicht. Die Freundinnen verbringen die gemeinsame Studienzeit in Leipzig von 1951 bis 1954. Christa T. beginnt nun zu schreiben. Bald machen sich die ersten Anzeichen einer Krankheit bemerkbar. Einen Krisenpunkt bedeutet für Christa T. in dieser Zeit ihre nicht erwiderte Liebe zu dem Kommilitonen Kostja und der 'Rückzug' auf das Dorf ihres Vaters im Frühsommer 1953. Ende 1954, nach ihrem Germanistik-Examen, zieht sie nach Berlin, ist dort als Deutschlehrerin tätig und heiratet Ende 1955 den Tierarzt Justus. Die Jahreswenden 1954/55 und 1955/56 verbringt sie mit der Erzählerin. Im Herbst 1955 geht sie wegen einer nicht näher genannten Krankheit in ein Krankenhaus.

1956 wird ihr erstes Kind, Anna, geboren. Christa T. zieht mit ihrem
Mann für ein Jahr in ein "Sommerhäuschen" in einem mecklenburgischen
Dorf, dann in ein Landstädtchen, wo 1959 das zweite Kind, Lena, geboren wird. Im Sommer 1960 reist sie mit ihrem Mann an die Ostsee,
1961 ins Rila-Gebirge in Bulgarien. Gelegentlich besucht sie die ebenfalls verheiratete Erzählerin in Berlin. Sie fühlt sich nicht ausgefüllt als "Tierarztfrau" und plant, ein eigenes Haus zu bauen. Ihre
"Krankheit" beginnt. In diese Zeit ist auch die im Roman nur angedeutete Liebesaffäre mit einem Förster zu situieren.

Die Silvestertage 1961/62 verbringt die Ich-Erzählerin zusammen mit
anderen Gästen bei der Familie der Christa T. Im März 1962 wird ein
weiterer Krankenhausaufenthalt wegen Leukämie nötig, doch Christa T.
erholt sich noch einmal. Im Frühjahr findet der Umzug in das neue
Haus an einem abgelegenen See statt. Dort besucht die Ich-Erzählerin
Christa T. und ihre Familie. Dieser Tag im Juli ist aber schon von
der unheilbaren Krankheit überschattet. Im Herbst wird eine dritte
Tochter geboren. Christa T.s Gesundheitszustand macht im kommenden
Winter einen weiteren Krankenhausaufenthalt nötig. Im Februar 1963
stirbt sie an Leukämie.

Die Erzählerin gibt sich als Augenzeugin aus, als Schulkameradin,
Studienkollegin und auch als Freundin noch zu der Zeit, als beide be-
reits verheiratet sind und sich gelegentlich gegenseitig besuchen.
Sie gibt vor, über die Zeit, in der sie nicht in Verbindung standen,
durch Christa T. bzw. deren Aufzeichnungen Auskunft erhalten zu haben.
Ihre eigenen Erinnerungen unterstützt sie durch schriftliche Zeug-
nisse unterschiedlicher Art, etwa Briefe der Verstorbenen an deren
Schwester und an deren Mann, Tagebuchaufzeichnungen, verschiedene
Skizzen und kleinere literarische Versuche sowie die germanistische
Examensarbeit. Weiterhin befragt sie den Mann der Christa T. und ande-
re gemeinsame ehemalige Studienkollegen. Neunzehn Jahre aus dem Leben
der Christa T. werden auf diese Weise vergegenwärtigt.

2. Anordnung der Handlung im Erzählvorgang

Wie sind nun diese Ereignisse im Erzählvorgang angeordnet?
Wenn man von der Handlungsgegenwart als grundlegender Zeitebene ausgeht, wird immer wieder auf Daten und Ereignisse der Zukunft voraus-
geblickt und gleichzeitig oder unmittelbar darauf auf Ereignisse der
Vergangenheit zurückgeblendet. Das Material der Erzählung, das sich
der Ich-Erzählerin weithin als Erinnerung oder Imagination in schriftlichen und mündlichen Zeugnissen darstellt, wird von ihr nur allmäh-
lich erschlossen, nicht geradlinig, sondern auf Umwegen, mit Unter-
brechungen, stellenweise straff, aussparend, stellenweise abschweifend,
die 'reale' Faktizität sowie die Chronologie vernachlässigend.

Da der Tod der Christa T., innerhalb der chronologischen Ereigniskette das letzte Glied, als Information und feststehende Gegebenheit
im Erzählvorgang gleich schon im Prolog mitgeteilt wird, gibt es
auch keine nennenswerte Steigerung in der Handlungsführung. In zwanzig
Kapiteln von ungefähr gleicher Länge wird dann durch Nachdenken und
Erinnern der Erzählerin, das durch den Tod der Freundin ausgelöst wurde, die 'Geschichte' der Christa T. erstellt.

Das erste Kapitel beginnt mit deren Eintritt in die Schulklasse der
Ich-Erzählerin. Die Kapitel 1 bis 3 umfassen den Zeitraum bis zum Wie-
dertreffen der beiden Freundinnen 1951. Von der Beschreibung der ersten
Begegnung in der Schule und der langsam wachsenden Freundschaft (Kapitel 1) wird zurückgeblendet auf Daten der ferneren Vergangenheit, auf
Christa T.s Kindheit und ihre Entwicklung, und die Flucht von 1945 wird
andeutungsweise erzählt. Von der Beschreibung des Wiedertreffens beim
Studium 1951 (Kapitel 3) wird zurückgeblendet auf ein Ereignis während
der gemeinsamen Schulzeit (der Nachbarssohn zeigte seinen Vater wegen
Abhörens feindlicher Sender an) sowie vor allem auf die Zwischenzeit
- also die Flucht, die Neulehrerzeit, Christa T.s Studienbeginn - von der
die Ich-Erzählerin, ebensowenig wie von Christa T.s Kindheit, aus eigener Anschauung wissen kann, sondern nur durch direkte oder indirekte
Mitteilung.

Die Kapitel 4 bis 11 umfassen die vier Jahre der Studienzeit
Christa T.s, wobei auch hier wieder mit Rückblenden gearbeitet wird,
etwa auf die Bekanntschaft mit einem Lehrer aus dem Nachbardorf in
einem Juni während ihrer Neulehrerzeit (Kapitel 4). Die Erzählerin
sucht bei ihren Recherchen Unterstützung bei der ehemaligen gemeinsamen Studienkollegin Gertrud Dölling (Kapitel 5). Christa T. setzt
sich mit der politischen Vergangenheit und Gegenwart auseinander und
sucht Hilfe bei ihrer Selbstvergewisserung im Schreiben (Kapitel 6).
Nach der unglücklichen Freundschaft mit dem Kommilitonen Kostja (Kapitel 7) versucht sie, dieses Erlebnis mitten im Semester durch
einen Aufenthalt im Dorf ihres Vaters zu bewältigen. Diesen Zeitraum
im Sommer 1953 umfassen die Kapitel 8 bis 10. Jetzt sucht sie wegen
ihrer Depressionen einen Psychotherapeuten auf, der ihr ohne Erfolg
zur "Anpassung" rät (Kapitel 8) und nimmt die Künste eines Wahrsagers
in Anspruch, der ihr einen frühen Tod voraussagt (Kapitel 9). Hier
ereignet sich auch der Besuch des ehemaligen Lehrerkollegen, des
Schulleiters aus dem Nachbardorf (Kapitel 10). Ihre Examensarbeit
schreibt sie über Theodor Storm (Kapitel 11). Die Kapitel 12 bis
14 handeln von ihrer Lehrerinnentätigkeit in Berlin. Sie erlebt verschiedene Konflikte mit ihren Schülern und sucht in einem Gespräch mit
ihrem Direktor Rat (Kapitel 12). Sie lernt Justus, ihren zukünftigen
Mann, kennen (Kapitel 13), unternimmt mit ihm einen Besuch bei seinen
Verwandten in Westberlin und heiratet schließlich (Kapitel 14).

Während die Kapitel 4 bis 14 einen Zeitraum von fünf Jahren umgreifen (Studienzeit und die zweite Lehrerinnenzeit), umfassen die Kapitel
15 bis 17 einen Zeitraum von sechs Jahren, nämlich ihre Ehe vom Herbst
1955 an, die Umzüge und ihre Tätigkeit als "Tierarztfrau", ihre Kon-
takte zu den Dorfbewohnern, ihre Affäre mit dem Förster und ihre kleinen literarischen Versuche.

Die letzten drei Kapitel (18 bis 20) umgreifen die Zeit von Silvester
1961/62 bis zu ihrem Tod im Februar 1963. Den erzählerischen Schwerpunkt,
von dem aus in den Kapiteln 18 und 19 über diese Zeit gehandelt wird,
bildet der Besuch der Erzählerin im Haus der Christa T. an jener Jahres-
wende. Am Silvestertag wird eine gemeinsame Fahrt zur Besichtigung des

noch unfertigen neuen Hauses am See unternommen. Die Gespräche dieses Abends, an dem verschiedene Gäste - darunter ehemalige Studienkollegen - geladen sind, werden ausführlich dargestellt. Man unter-
hält sich über die V e r g a n g e n h e i t der Gäste, besonders
die gemeinsamen Studienerlebnisse. Der Ich-Erzählerin dienen dieser
gemeinsam verbrachte Abend und der Neujahrsmorgen dazu, von diesem
fixen Zeitpunkt aus auf das kommende Jahr v o r a u s z u b l e n -
d e n, insbesondere auf den Julitag am See, die letzte Begegnung
der beiden Freundinnen (Kapitel 18, S. 203-205). Das Kapitel 20,
eingeleitet mit "Nun also der Tod", umfaßt das letzte Jahr vor ihrem
Tod. Er bringt den Umzug in das neue Haus, der ohne Christa T. stattfinden muß, da sie zu der Zeit im Krankenhaus liegt. Sie setzt sich
mit dem für sie sicheren Tod auseinander, spricht jedoch nur einmal
mit ihren nächsten Freunden davon: am Abend jenes Julitages, von dem
vorher vorausblickend erzählt wurde. Dieser Abend wird nun berichtet (S. 226 f.). Die definitive Feststellung ihres Todes (S. 233), der
eine genaue Beschreibung der Krankheit in ihrer letzten Phase sowie
der Behandlung vorausgeht, wird durch einen weiteren Rückblick auf
jenen Sommertag und den Abschied der beiden Freundinnen abgeschlossen.

3. Erste Beobachtungen zum Aufbau des Werkes

Schon an dieser Stelle können als erste Auswertung des Romanauf-
baus folgende Beobachtungen festgehalten werden:
(a) Raffung und Dehnung kennzeichnen den Aufbau auf der Ebene der
Großphasen: Acht Kapitel (4 bis 11) umfassen die vier Jahre der Studienzeit Christa T.s, jedoch nur drei Kapitel (15 bis 17) die sechs
Jahre ihrer Ehe bis ein Jahr vor ihrem Tod.
(b) Innerhalb dieser Großphasen von Raffung und Dehnung wird erneut
gerafft und gedehnt: Während etwa Christa T.s kurzer Rückzug in ihr
Elternhaus im Sommer 1953 in drei Kapiteln (8 bis 10) erzählt wird,
wird für das ganze letzte Jahr vor dem Tod und den Bericht des Todes
selbst nur ein Kapitel verwandt.
(c) Ein äußerst dichtes Gefüge von Rück- und Vorgriffen kennzeichnet
den Aufbau.

(d) Die Ich-Erzählerin gibt Quellen an und behauptet die 'Authentizität der Quellen und der Figur, von der sie berichtet; doch
(e) relativiert sie gleichzeitig die Quellen und die Angaben, die sie aus diesen gewinnt, relativiert auch ihre Erinnerung, gesteht an einigen Stellen das Hypothetische, Spekulative und selbst offenkundig Fiktiv ihrer Rekonstruktion ein.

Die Komplexität des Werks als dessen literarisches Grundmerkmal bestätigt sich an diesem Punkt unserer Untersuchung erneut auf andere Weise. Die Frage der Authentizität wird schon immanent problematisiert. Dieser komplizierte Erzählvorgang erscheint jedoch als Ganzes als Selbstfindungsversuch der Ich-Erzählerin, die wiederum Erzählobjekt der Christa Wolf ist, und so bleibt die Bedeutung eines stilistischen Verfahrens nicht auf eine Werkebene beschränkt. Das gilt es im Auge zu behalten, auch wenn im folgenden bisweilen die Funktionen von Darstellungsmitteln in einem engeren Rahmen untersucht werden.

III. Strukturgefüge und einzelne Gestaltungselemente

In den Abschnitten 1 bis 4 dieses Kapitels werden Zeitebenen, Handlungs- und Reflexionsebenen, Erzählperspektiven und die grammatischen Personen in literarischer Analyse dargestellt. Dabei wird gezeigt, daß alle diese Strukturmerkmale aufeinander bezogen sind und in dieser Bezogenheit zugleich auf die zentrale Problematik, das Identitätsproblem, verweisen. Durch alle diese Strukturmerkmale werden jeweils verschiedene Aspekte der Identitätsproblematik, des Differenzierungs-, Relativierungs- und Neukonstituierungsvorgangs von Identität beleuchtet.

In den folgenden Abschnitten 5 bis 9 werden weitere Schritte in die Komplexität des Werkes hinein getan und spezifische Eigenheiten und Darstellungsmittel, die dem Werk - wieder wegen seiner zentralen Problematik - eigentümlich sind, analysiert. Der eigentümliche Modellcharakter des Buches soll dabei derart hervortreten, daß mit dem Ergebnis ein Instrument zur Interpretation des Inhalts im engeren Sinne und darüber hinaus zur Deutung der daran geknüpften Sachfragen zur Verfügung steht.

1. Der Wechsel der Zeitebenen

Die Setzung der rückblickenden Ich-Erzählerin ermöglicht der Autorin, immer das g a n z e Leben der Christa T. bis zu ihrem Tod vor Augen zu haben und dem Leser vor Augen stellen zu können.[1] Die Beobachtung der dabei zugrundeliegenden Zeitebenen verlangt vom Leser ununterbrochene Aufmerksamkeit.

Der letzte gemeinsame Sommertag am See etwa (man kann den Juli 1962 erschließen) wird dreimal geschildert. Die ausführliche Erzählung dieses Tages erfolgt von der Ebene des voraufgehenden Silvesterabends 1961/ 62 im Vorblick (S. 203-205):

> Sieben Monate später, Ende Juli, saßen wir alle um den
> großen runden Tisch. (...) (S. 203)

Später dagegen wird dieser Tag nur noch kurz angedeutet aus der Position der aus der Reflexionszeit Erinnernden, mit Berufung darauf, daß er ja schon vorher ausführlich berichtet worden sei:

---

[1] Im folgenden soll die Zeitebene, auf der sich die der Toten nachdenkenden Ich-Erzählerin bewegt, als "Reflexionszeit", "Reflexionsebene" oder "Erzählergegenwart" bezeichnet werden und die Zeitebene, auf der Christa T.s Leben verläuft, als "Handlungszeit", "Handlungsebene", "Handlungsgegenwart" oder "erzählte Zeit".

(...) am Abend jenes Julitages, da wir sie zum letzten-
mal sahen, da ich erschrocken war über ihre Veränderung,
die sie "altern" nannte, da wir zusammen gebadet und dann
um den runden Tisch zu Mittag gegessen hatten. Da war sie
schon wochenlang zu Hause, in ihrem neuen Haus, und rech-
nete täglich mit der Geburt des Kindes. (S. 226)

Diese Andeutung wird jedoch nicht am chronologisch richtigen Punkt
im Erzählstrang der Handlungszeit gebracht, sondern von der Schilderung des letzten Krankenhausaufenthalts der Christa T. im Winter
1962/63 aus blendet die Erzählerin hier zurück auf diesen Tag. Diese
zweite Erwähnung jener Begegnung ist durchwoben von der Todesangst[1],
mit der Christa T. bei ihrem letzten Krankenhausaufenthalt kämpft,
die sie aber schon sehr viel früher gekannt und von der sie nur ein
einziges Mal, nämlich bei jener letzten Begegnung, gesprochen hat.

Und nach der endgültigen Mitteilung ihres Todes ist jenes letzte
Beisammensein das Letzte, das die Ich-Erzählerin - nun zum dritten
Mal - erinnernd beschreibt. Zunächst wird die Szene im Präsens bzw.
Perfekt erzählt:

Wir haben uns neben die unfertigen Fundamente eines
kleinen Sommerhauses ins Gras gelegt, (...). Manchmal
sprechen wir noch, aber wenig. (S. 234 f.)

Doch dann wechselt die Ich-Erzählerin, im Nachhinein wissend, daß es
sich um ihre letzte Begegnung gehandelt hat, ins Futur und versetzt
sich damit nachdrücklich in die Handlungsgegenwart:

In zwei, drei Stunden werden wir uns trennen. Sie wird
mir den roten Mohn ins Auto reichen, den sie unterwegs ge-
pflückt hat. (...) Vielleicht werden wir uns wiedersehen,
vielleicht nicht. Jetzt haben wir zu lachen und zu winken.
(S. 235)

Hier, beim dritten Mal, mag die unausgesprochene Ahnung der beiden, daß
dies der endgültige Abschied sein wird, Anlaß sein, diese letzte Begegnung nochmals zu erwähnen, diesmal in engem Zusammenhang mit ihrem Tod.
Die dreifache Erwähnung jenes letzten, schon vom Tod überschatteten Bei-

---

[1] "Sie hat uns, an jenem Juliabend, mit halben Worten diesen Zustand (die Angst vor dem Tod, C.T.) als empörend, als unzumutbar
und fast anrüchig dargestellt." (S. 227)

sammenseins steuert die Handlung hin zu dem unvermeidlichen Tod jener
Frau und verdeutlicht die Unausweichlichkeit ihres Schicksals.

Die Erzählerin blickt also aus der R e f l e x i o n s z e i t
zurück. Von dieser Reflexionszeit aus, die einige Jahre nach dem Tod
der Freundin liegt, entfaltet sich nun ein komplexes Gefüge von Zeit-
und Handlungsebenen: Die Nachdenkende stellt, durch die Erinnerung
formend und gestaltend, die H a n d l u n g s z e i t dar: die Ereignisse im Leben der Christa T., ihre Konflikte mit den Menschen um
sie herum, die Beziehung der beiden Freundinnen.

Von dieser Handlungsgegenwart, der erzählten Zeit, selbst kann sie
nun in die 'Z u k u n f t' schauen, die Spanne nämlich zwischen der
Handlungszeit und der Reflexionszeit; so etwa im oben zitierten Beispiel S. 203-205: die erste, von der Handlungszeit aus vorausblicken-
de Erwähnung jenes letzten Beisammenseins. In dieser Spanne zwischen
Handlungs- und Reflexionszeit liegt auch Christa T.s Tod, die 'Zukunft',
die von der Reflexionszeit aus natürlich Vergangenheit ist. Die
V o r a u s d e u t u n g e n - ausgehend von jener Handlungszeit als
Ausgangsebene - sind zukunfts- und vergangenheitsbedeutend zugleich,
da die Erzählerin erst auf der Ebene der Reflexionszeit diese Erinnerungen sowie die Erkenntnisse, die sie erst im Nachhinein gewann, für
ihren Nachdenkensprozeß benutzt. Ihre folgende Überlegung kann dies
veranschaulichen:

> Heute möchte ich ihr die Frage zurückgeben können.
> Denn sie hat ja recht gehabt, wenn ich jetzt darüber
> nachdenke. (S. 126)

Von der Reflexionsebene aus kann die Erzählerin aber noch einmal
auf die Zeit, die v o r der erzählten Zeit, der Handlungsebene, liegt,
z u r ü c k b l e n d e n, etwa auf die Zwischenzeit seit Kriegsende
bis zum Wiedertreffen der beiden (Kapitel 2 und 3) oder auf die Kindheitserlebnisse der Christa T. Diese Ereignisse aus Christa T.s Kindheit, im ersten und zweiten Kapitel erzählt, werden nicht auf der eigentlichen Handlungsebene beschrieben, da diese ja erst später, mit dem
Eintritt der sechzehnjährigen Christa T. in die Schulklasse der Erzählerin (Kapitel 1) einsetzt. Zur Einblendung dieser Kindheitserlebnisse

muß vielmehr abermals zurückgeblickt werden: im ersten Kapitel also an-
knüpfend an der gemeinsamen Schulzeit, im zweiten Kapitel am späteren
Wiedertreffen in Leipzig - jedoch ohne daß der Erzählvorgang, durch
den diese Rückwendungen zustandekommen, in der Handlungsgegenwart literarisch festgemacht wäre. Diese Rückblicke durch die Ich-Erzählerin
erfolgen vielmehr über die Handlungsgegenwart hinaus in die Vorvergangenheit. Beim Wiedertreffen der beiden in Leipzig etwa wird diese
Vorvergangenheit folgendermaßen eingeführt:

> Hier soll auf unserem wiederholten Weg, bei unserem
> Wiedersehen Horst Binder zwischen uns auferstehen, der
> Sohn unseres Nachbarn, eines Eisenbahners. (S. 36)

Von dieser Ebene, die v o r der Handlungszeit liegt, kann die
Ich-Erzählerin außerdem in die 'Zukunft' schauen, etwa dort, wo sie
von der Szene, in der auf Christa T.s Flucht der kleine Junge erfriert,
andeutungsweise vorausblickt auf den Besuch beim Wahrsager (vgl. S. 31).
So kann eine Rückblende wiederum Vorverweise enthalten.

An R ü c k w e n d u n g e n kann der Leser also mit der Ich-Erzählerin teilnehmen sowohl von der Ebene der Reflexionszeit her - dies
ist die durchlaufende Grundstruktur des Werkes - als auch über die
Ebene der Handlungszeit hinaus (etwa im ersten, zweiten und dritten
Kapitel; s. oben). Die V o r a u s d e u t u n g e n - auch wenn sie
von der Handlungszeit aus erfolgen - mitzuvollziehen jedoch setzt
beim Leser das Bewußtsein der Reflexionszeit voraus, da die Vorausschau die Kenntnis der Geschehnisse erfordert, die die Erzählerin erst
im Nachhinein, also in der Reflexionszeit, haben kann. "(I)ch werde
seinen Brief mit ihren übrigen Papieren bekommen" (S. 81) kann die
Erzählerin nur sagen, weil dieser Vorgang für sie in der Vergangenheit
liegt. Und nur weil der Leser dies weiß, kann er den Satz mitvollziehen.
Da Rückwendungen und Vorausblicke laufend wechseln und der Leser oft Zeit
und Ort eines Geschehens nur bei genauer Beobachtung der Erzähl- und Handlungsperspektive und aus winzigen Hinweisen, etwa bestimmten Leitmotiven[1],
erschließen kann, wird von ihm höchste Aufmerksamkeit und ständiges

---

[1] Zur Funktion der Leitmotive s.u. Abschnitt III. 8.

Springen zwischen den Zeit- und Handlungsebenen gefordert. Doch auch
dann muß er häufig feststellen, daß er sich seit einiger Zeit auf
einer falschen Ebene befindet. Tatsächlich werden die notwendigen Hin-
weise und Indizien teilweise erst nachträglich gegeben, wird also der
Leser von der Autorin eine Zeitlang bewußt in die Irre geführt:
Bei der Erzählung der Flucht im Winter 1945 etwa ist von einem
Weg Christa T.s die Rede und von einer Gasmaske. Was es mit dieser
Gasmaske auf sich hat und um welchen Weg es sich handelt, klärt sich
erst viel später auf: Acht Jahre später befindet sie sich auf dem
Weg zum Wahrsager:

> Dann kommen die unbekannten Dörfer, Gören, Koserow.
> Und auch die Stelle, wo die Gasmaske im Wald liegt, ver-
> rottet, wir sprachen schon davon, damals lag dieser Augen-
> blick weit voraus, jetzt ist er doch herangerückt. Sie denkt,
> nein: sieht, als zerreiße ein Vorhang vor einem lange ge-
> miedenen Bild, nur diesmal von einem Standort außerhalb
> des Vorgangs, ihr Munitionsauto im Schneesturm stehen, sich
> selbst darin sitzen und zwei Meter weiter einen kleinen
> Hügel, das Bündel darunter, ein bißchen Fleisch und Knochen
> und etwas Stoff, das schneit allmählich zu. (S. 99)

Die Stelle, auf die die Autorin sich hier bezieht[1], enthält also
auch Andeutungen, die der Leser noch gar nicht verstehen k a n n.
    Der kunstvolle Wechsel der Zeitebenen ist ein erster Beleg
dafür, wie Erinnern als Grundstruktur die literarische Gestalt des
Werkes prägt. Er stellt in seinem Zusammenwirken mit dem differenzierten Gebrauch der Erzähl- und Handlungsperspektiven die grundlegende Voraussetzung der Anwendung aller weiteren Gestaltungsmittel dar.
So trägt er bei zur Relativierung von Ereignissen zugunsten von Deutung,
zur Relativierung von Deutungen durch vielfältige Bezugsmöglichkeiten, zur

---

[1] "Er bückt sich und wischt an einer Stelle den Schnee mit seinen großen
Handschuhen weg, da kommt ein Gesicht hervor, ein Junge. Der Beifah-
rer schippt das kleine Gesicht wieder zu und sagt zu Christa T.: Das
wär's gewesen. Sie lebt, und der ist vielleicht gestorben, als sie
schlief. Den muß sie nun auch noch mitnehmen. Wer würde fragen, ob
das Gepäck zu schwer wird mit der Zeit? Merkwürdig, wie er nach Jahren
wieder da ist, beim Anblick einer vermoderten Gasmaske in einem fried-
lichen Wald, auf einem Weg allerdings, der sie mit der dunkleren
Hälfte der Welt, der sie immer entrinnen wollte, wieder in Berührung
bringen soll..." (S. 31)

Relativierung der 'erzählenden Instanzen' und der Ebenen, die die
Erzählung konstituieren. Der Lesevorgang wird aktiviert, die Einbe-
ziehung des reflektierenden Lesers wird konstitutiv für eine ange-
messene Rezeption - und zwar gerade durch die enge Verknüpfung der
innerliterarischen Beziehungen.
Dem Gebrauch der verschiedenen Erzähl- und Handlungsperspektiven
wollen wir uns nun zunächst zuwenden.

2. Der Wechsel der Perspektive zwischen verschiedenen Handlungs-
   und Reflexionsebenen

Betrachtet man den Wechsel der Perspektiven zwischen den verschiedenen Handlungs- und Reflexionsebenen, so zeigt sich immer deutlicher,
daß die stilistische Komplexität und die Problematisierung und Relativierung aller Elemente der Erzählstruktur die hervorragenden formalen
Merkmale des Werkes sind. Es zeigt sich, daß es nicht ausreicht, lapida
von einer 'Ich-Erzählung' zu sprechen, wie das in der Sekundärliteratur
unkritisch geschieht.

Es gibt Stellen, an denen nicht die rückblickende Ich-Erzählerin in
der dritten Person über Christa T. spricht, sondern wo aus der Sicht
der Christa T. selbst, also innenperspektivisch[1], erzählt wird:

> Sie begriff, daß sie nach siebzehn Pappeln nicht suchen
> durfte, da ging sie lieber gar nicht ans Fenster. Sie
> schob die Unterlippe vor, also gut, sie nahm das Zimmer. (S. 55)

Diese Erzählperspektive wird auch auf andere Figuren angewendet:

> Die Dame Schmidt sieht empfindsame Filme sehr gerne, aber
> seelische Schmerzen in der Wirklichkeit sind ihr ein
> Greuel. Was also, wenn die eigene Untermieterin in ihrem
> Zimmer hockt und nicht ißt und nicht trinkt? (S. 88)

---

[1] Bei der innenperspektivischen Erzählweise ist der Erzähler eine
h a n d e l n d e Person, die den Stoff erzählt. Dies ist in der
Ich- und der Er-Form möglich. Geschieht es in der Er-Form, wie im
oben zitierten Beispiel, so handelt es sich um die Form, die Stanzel
"personale Erzählsituation" nennt. (Franz K. Stanzel, Typische Formen
des Romans, Göttingen, 1969 (4. Auflage), S. 54. Vgl. ebd. S. 39 ff.)

An anderer Stelle spricht Christa T. in der Ich-Form:

> Und hat, du wirst es nicht glauben, mir zugenickt, als wir
> uns endlich doch trennen mußten.
> In der Nacht habe ich dann von ihm geträumt. (S. 69)[1]

In allen drei Beispielen ereignet sich das Mitgeteilte in der Handlungsgegenwart der in allen drei Fällen innenperspektivisch Sprechenden.

Wenn wir hier schon vermuten, daß die Frage der Erzählperspektive mit der der Zeitebenen zusammenhängt, so bestätigt sich diese Vermutung bei der Betrachtung des folgenden Beispiels, bei dem nicht Christa T., sondern die Ich-Erzählerin in der Ich-Form spricht:

> Jetzt, während wir noch einmal vom Kaufhaus zum Bahnhof
> gehen, könnte ich ihr sagen, daß Horst Binder zuletzt
> (...) seine Mutter und sich erschossen hat. (S. 37)

Hier, wo sie die Handlungsebene darstellt, spricht sie innenperspektivisch. Dies ist immer der Fall, wenn sie von sich im Zusammenhang mit gemeinsamen Erlebnissen mit Christa T. erzählt.

Während das Erzählte sich auch hier auf der Handlungsebene abspielt, steht es im folgenden Beispiel anders:

> In meinem letzten Brief an sie - ich wußte, es war der
> letzte, und ich hatte nicht gelernt, letzte Briefe zu schreiben
> - fiel mir nichts anderes ein, als ihr vorzuwerfen, daß sie
> gehen wollte, oder mußte. (S. 9)

Hier spricht die Erzählerin als nicht an der Handlung Beteiligte, sondern rückblickend von der Reflexionsebene aus, also außenperspektivisch[2].

Was sie als innenperspektivische Ich-Erzählerin nicht kann: um Zukünftiges wissen, ist ihr als außenperspektivischer Erzählerin, der in der Rückschau erzählenden und nachdenkenden, möglich. So spricht sie etwa von dem lange zurückliegenden Brief Kostjas an Christa T.:

> Sie wird den Brief lesen wie eine alte, fast vergessene Geschichte,
> und ich werde seinen Brief mit ihren übrigen Papieren bekommen. (S. 81)

---

[1] Zu wem sie spricht, bleibt unklar.

[2] Bei der Außenperspektive ist der Erzähler eine n i c h t h a n d e l n -
d e Person, die das Erzählte und sich selbst mit erzählt. Bei der
außenperspektivischen Ich-Erzählung läßt der Autor eine Person, die
nicht handelt, in der Ich-Form einen Stoff erzählen, bei der außenperspektivischen Er-Erzählung entsprechend in der Er-Form.

Nur die Darstellung aus der Sicht der außenperspektivischen Ich-Erzählung
erlaubt der Erzählerin hier, rückblickend wieder vorauszublicken.

Will sie jedoch die Handlungsebene darstellen, muß sich die außenperspektivische Ich-Erzählerin, wie wir gesehen haben, in eine innenperspektivische verwandeln, die jene Episode und sich als Mithandelnde
in jener Situation erzählt.

Der Wechsel der Erzählperspektiven hängt also mit dem Wechsel der Zeitebenen untrennbar zusammen. Da die Erzählsituationen der innen- und außenperspektivischen Ich-Erzählung ständig wechseln, muß der Leser sich stets
vergegenwärtigen, ob die Ich-Erzählerin ihn jetzt an der Handlung in ihre
damaligen Verlauf - also in der eigentlichen Handlungszeit - teilnehmen
läßt oder an ihrer n o c h weiter zurückblickenden Erinnerung - die
Vorzeithandlung vom Standpunkt der eigentlichen Handlungsebene aus - oder
an ihrer erinnernden Vorausschau, wie bei der oben erwähnten Einblende
auf S. 203-205.

Der Perspektivewechsel, der sich auf die Erzählfiguren selbst bezieht,
stellt also für die Autorin den Ermöglichungsgrund dar für das häufige
Springen zwischen den verschiedenen Zeit- und Handlungsebenen.

Dieser Perspektivewechsel zwischen verschiedenen Personen kann von
der Autorin noch kombiniert werden mit dem Wechsel des Erzähltempus,
wodurch die Grundsysteme noch weiter differenziert werden:

> Zehn Jahre später w i r d er (Kostja, C.T.) ihr einen
> Brief s c h r e i b e n. Sie w i r d schon krank s e i n,
> der Gedanke an den Tod w i r d sie schon b e r ü h r t
> h a b e n, aber noch i s t Hoffnung, der Tag am Stausee
> i s t allerdings sehr fern (nämlich vergangen, C.T.). Sie
> w i r d den Brief l e s e n wie eine alte, fast vergessene
> Geschichte, und ich w e r d e₁ seinen Brief mit ihren übri-
> gen Papieren b e k o m m e n.[1] Er m ö g e mir v e r z e i h e n,
> ich h a b e ihn g e l e s e n. Das w ü r d e ich wieder
> t u n, mit und ohne Verzeihung, mit und ohne ein Recht dazu.
> (S. 81. Hervorhebungen von mir.)

Hier wechseln Erzählsubjekt, Erzähltempus, Außen- und Innenperspektive
und damit Standpunkt des Erzählaktes von einem Satz zum anderen, ja sogar innerhalb der Sätze. Das im Futur berichtete "Ich werde seinen Brief
(...) bekommen" geht im chronologischen Handlungsablauf dem in der Ver-
gangenheitsform berichteten "Ich habe ihn gelesen" vorauf.

---

[1] Futur, das auf zwei verschiedenen Ebenen liegt.

3. Der Wechsel der Perspektive zwischen verschiedenen Personen

Eine weitere Möglichkeit, mit den verschiedenen Perspektiven zu arbeiten, stellt der Perspektivewechsel dar, der zwischen verschiedenen handelnden Personen stattfindet, und zwar entgegen der im vorhergehenden Abschnitt behandelten Darstellungsweise nun jeweils auf e i n e r Zeitebene.

Ein bezeichnendes Beispiel bietet folgende Stelle:

> Sie ging ja schon. Sie gab ja zu, daß man an sich zu arbeiten hatte. Sie verschwand für Tage. Sie arbeitete, hieß es, und wir taten, als glaubten wir daran; dann war sie wieder da, kurz vor den Prüfungen. Wir hatten den ganzen Stoff schon wiederholt, (...). Da erschien sie wieder und konnte sich unschuldsvoll nach den Themen erkundigen. Wir verbargen unsere Verzweiflung. (S. 46)

Zunächst wird aus der Sicht der Christa T., später aus der Sicht der Ich-Erzählerin und anderer Mit-Studenten geschrieben: Der Satz "Sie verschwand für Tage" bringt unmerklich die Wende: Im Zusammenhang mit dem vorhergehenden Satz ist er zu verstehen als aus der Sicht der Christa T. gesprochen. Verbindet der Leser ihn in seiner Vorstellung jedoch mit dem Folgenden, so handelt es sich um eine Beobachtung der anderen. In dem Satz "Sie arbeitete, hieß es" hat die Perspektive schon eindeutig von der Sicht der Christa T. zur Sicht der "Wir" gewechselt.

An dieser Stelle gehen also innenperspektivische Er-Erzählung und innenperspektivische Ich-Erzählung ineinander über, wobei außerdem das Subjekt wechselt (von Christa T. zu den "Wir").

Auch folgende Stelle ist für den Perspektivewechsel aufschlußreich:

> Da kamen wir uns ja noch wie Figuren in einem gut gebauten Stück vor, dessen Ende unfehlbar die Auflösung aller Verwicklungen und aller Konflikte war, so daß jeder einzelne unserer Schritte, ob wir ihn von uns aus taten oder zu ihm gedrängt wurden, schließlich vom Ende her seine Rechtfertigung finden mußte. Christa T. muß damals aus der Hand dieses überaus freundlichen, aber recht banalen Stückeschreibers gefallen sein. (...) etwas muß sie gereizt haben, gerade solche Schritte auszuprobieren, die nirgendshin führten.
> So mußte es diese verbotene Liebe sein, oder wie man es nennen soll. Woll'n doch mal sehen, wie der Tisch umstürzen kann, woll'n doch mal die Gesichter sehen, die nur bei dieser Art von Ereignissen zum Vorschein kommen. Woll'n doch mal mein Gesicht sehen, wenn noch einmal alles in Frage steht. (S. 200)

Im ersten Abschnitt wird aus der Sicht der nicht an der Handlung beteiligten Erzählerin (Reflexionszeit) erzählt, aus der Sicht derjenigen,
die sich die Zeit "damals" vergegenwärtigt. Der zweite Abschnitt läßt
Christa T., und zwar in der innenperspektivischen Ich-Erzählform (Handlungszeit), zu Wort kommen. Der Satz "So mußte es diese verbotene Liebe
sein, oder wie man es nennen soll" könnte auf die Ich-Erzählerin oder
Christa T. bezogen werden, je nachdem, wem der Leser das "Man" zuord-
nen will. In beiden Fällen handelt es sich in diesem Satz um personale
Erzählform. Der Satz, der also selber in der Schwebe bleibt, was das
Subjekt des "Man" angeht, und damit auch, was die Zeitebene dieses Ge-
dankens angeht, verbindet kunstvoll die beiden Abschnitte. Unmerklich
wird der Leser dazu geführt, den darauf folgenden inneren Monolog auf
Christa T. zu beziehen. Hier liegt ein Wechsel vor zwischen der Ich-
Erzählweise in der Außenperspektive und der Ich-Erzählung in der Innen-
perspektive, wobei ebenfalls außerdem das Subjekt wechselt ("Wir" -
Christa T.).

Der Wechsel der Perspektiven, der bewirkt, daß oft nicht erkennbar
ist, wer spricht, führt uns unmittelbar in die Identitätsproblematik
hinein, dasjenige Thema unserer literarischen Analyse, das den Schlüssel
bietet für die zentralen inhaltlichen Aussagen des Buches. Zunächst werden wir dadurch jedoch zu der Frage nach den grammatischen Personen geführt, die ebenso, wie wir es bei den Erzählperspektiven sahen, nicht
von dem Problem der Zeitebenen zu trennen ist.

4. Differenzierung der grammatischen Personen

Die Komplexität, die wir auf den Stilebenen des Tempuswechsels
(Abschnitt 1) und der verschiedenen Formen des Perspektivewechsels
(Abschnitt 2 und 3) beobachten konnten, setzt sich so weit fort, daß
selbst die grammatischen Personen in ihrer semantischen Bedeutung relativiert werden. Der häufige Wechsel zwischen "Sie", "Ich", "Wir" und
"Man" nötigt den Leser, in seiner Vorstellung ständig zu springen und
sich darüber klar zu werden, von wem jeweils die Rede sein könnte.

(a) Wie wir oben im Abschnitt 2 schon sahen, konnte "Ich" für die innenperspektivische Erzählform bei der Darstellung von Handlungen und Gedanken der Christa T.[1] und der Ich-Erzählerin[2] und auch weiterer Personen[3] gebraucht werden, als außenperspektivisches "Ich" wurde es auf die Erzählerin bezogen[4]. "Sie" stand vor allem innenperspektivisch für Christa T.[5]. Es konnte daneben außenperspektivisch ebenfalls Christa T.[6] und auch andere Frauen[7] meinen.

Wenngleich die innenperspektivischen Erzählformen den Leser in den Erzählvorgang mit hineinnehmen, wird er häufig an einer eindeutigen Identifizierung einzelner Personen gehindert. Denn weil einerseits die Handlungsebene relativiert ist, indem die Reflexionsebene ständig in sie hineinbricht, weil zudem sowohl die Ich-Erzählerin als auch Christa T. als auch andere Personen innenperspektivisch sprechen (etwa die "Dame Schmidt", vgl. S. 89), weil also die Autorin laufend zwischen verschiedenen Zeitebenen und verschiedenen Personen springt, ist für den Leser nicht immer erschließbar, wer gerade spricht:

> Du aber, wenn du mein Gesicht nicht mehr weißt, wirst wissen, dieses Gedicht hab' ich ihr aufgesagt, da und da, an einem blauen Tag im September. (S. 80)

Wer ist hier das "Du", "Ich" und die weibliche Person, die hinter dem "Ihr" steht? Auch der Kontext gibt keinen Aufschluß. An Stellen wie dieser wird anschaulich, daß in einem Satz, in dem grammatische Personen, repräsentiert durch Personalpronomen, vorkommen, die Identifizierung dieser

---

[1] "Daß auch keiner verpflichtet ist, mich zu finden, (...)." (S. 43)

[2] "Was bleibt mir übrig, als aufzustehn und mich still davonzumachen?" (S. 64)
"Wie bringt man sie dazu, sich nach mir umzudrehen?" (S. 15)

[3] "Gertrud Dölling hat sehr wohl verstanden, aber über diese Anfechtungen ist sie hinaus." (S. 63)

[4] "Ich begann zu lesen, als Justus gegangen war, (...)." (S. 96)

[5] "Die Stadt gehört ihr - wird sie je wieder so reich sein?" (S. 145)

[6] "Sie hat etwas zu verbergen, eine Wunde, könnte man denken, die schwer heilt." (S. 42)

[7] "Sie (Gertrud Dölling, C.T.) blickte mich schnell an." (S. 61)

Personen mehrfach oder überhaupt nicht eindeutig möglich ist. Dieses Faktum ist wieder eine Auswirkung der Grundstruktur des Erinnerns, des wissenden Rückblickens, das der Erzählerin auch, wie wir sahen, die Perspektivewechsel und die dadurch hervorgerufenen Relativierungen ermöglichte. Für den Leser entstehen durch das Offenlassen der semantischen Bedeutung grammatischer Personen Leerstellen, die er selbst jeweils zu füllen hat. Hiermit kommt ein weiteres Mal die zentrale Problematik des Werks, die Identitätsproblematik, auch strukturell zum Vorschein, jene Problematik, die die Frage der Selbstverwirklichung des Individuums in den Blickpunkt rückt.

(b) Die bedeutsamsten Differenzierungen treten auf, wenn diese gängigen Erzählformen plötzlich hinüberwechseln in einen Satz, dessen Subjekt durch ein "Man" oder ein "Wir"gekennzeichnet wird. Oft wird in solchen Fällen die Handlungsebene verlassen, und allgemeine Reflexionen schließen sich an. Diese Darstellungsweise, die Relativierungen durch alle Ebenen hindurch ermöglicht, wollen wir nun genauer untersuchen:

Die Zuordnung eines "Man" hängt von der Zeitebene ab, auf der die Erzählerin sich soeben befindet: In dem Satz "Wenn die Wahrheit so aussieht, wie sie aussieht, kommt man ohne sie aus" (S. 225), der, wie der Kontext zeigt, auf der Handlungsebene spielt, steht Christa T. hinter dem "Man". Diese Zuordnung ist jedoch nur möglich, weil im darauf folgenden Satz eindeutig sie das Subjekt ist, das sich hinter dem "Sie" der personalen Erzählform verbirgt:

> Dann will sie lieber hören, was man ihr bereitwillig, wenn
> auch ein wenig zu wortreich, erklärt: Von den gefährlichen
> und den harmlosen Varianten einer jeden Krankheit, (...). (S. 225)

Auch andere Personen können in der "Man"-Form denken:

> Auf einmal fängt man selber an, von Sinn und Verantwortung
> zu schwafeln, alle diese hochtrabenden Worte... (S. 159)

Diese Äußerung stammt von der Cousine von Christa T.s Mann.

Anders dagegen verhält es sich im folgenden Satz:

> In G. hat man Nachricht, wie es um sie steht. Man schiebt sie
> ins Sterbezimmer. (S. 224)

Hier steht hinter dem "Man" - wiederum auf der Handlungsebene - das Krankenhauspersonal.

Das schon im vorigen Abschnitt zitierte Beispiel "So mußte es diese verbotene Liebe sein, oder wie man es nennen soll" (S. 200) zeigt, daß ein "Man" nicht immer eindeutig einer Person zugeordnet werden kann. Bezieht es sich auf das voraufgehende oder das folgende Subjekt, auf die Ich-Erzählerin oder Christa T.?

Der Gedanke "Wird ja nichts Wichtiges sein, was man zu erzählen hat" (S. 108) kann allein deshalb Christa T. zugeordnet werden, weil der voraufgehende Satz lautet: "So schwieg sie denn." (S. 108) Oft also ist die Person, die mit "Man" gemeint ist, nur erschließbar aus dem Subjekt des vorhergegangenen oder auch des folgenden Satzes.

Auf der Reflexionsebene kann sich der Personenkreis, den das "Man" meint, weiten. Im letzten Abschnitt des Buches wird dies deutlich:

> Einmal wird man wissen wollen, wer sie war, wen man da vergißt. Wird sie sehen wollen, das verstände sie wohl. Wird sich fragen, ob denn da wirklich jene andere Gestalt noch gewesen ist, auf der die Trauer hartnäckig besteht. Wird sie, also, hervorzubringen haben, einmal. Daß die Zweifel verstummen und man sie sieht. (S. 235)

Hier bezieht die Ich-Erzählerin außer sich selbst die fiktiven Leser ihres Berichts mit ein und damit - auf einer noch weiterliegenden Ebene - die Autorin die Leser ihres Romans.

Auch die Bedeutung eines "Wir", das die Ich-Erzählerin benutzt, ist - ähnlich wie beim "Man" - abhängig von der Zeitebene, auf der der Inhalt des betreffenden Satzes sich abspielt. Folgende Beispiele verdeutlichen dies:

> Sie hat an unseren Gesprächen teilgenommen, (...).
> Die Idee der Vollkommenheit hatte uns erfaßt, (...). (S. 67)
> Rückfall, hätten wir gesagt und die Köpfe geschüttelt, hätten auch recht gehabt. (S. 108)

Hier - auf der Handlungsebene - bezeichnet das "Wir" die ehemaligen Studenten, mit und ohne Christa T.

Anders steht es in folgendem Beispiel:

> Wir sahen es auf einmal alle daliegen, ihr Haus, wir sahen ein, daß einer es sich hatte ausdenken müssen, nun war es da. (S. 191)

Hier bezeichnet das "Wir" - ebenfalls auf der Handlungsebene - die
Ich-Erzählerin und schließt sie mit einer anderen Menschengruppe zusammen.

Und noch eine weitere Möglichkeit gibt es:

> Dann wollen wir schon unsere Trauer von uns abtun und
> sie nehmen und sie wirklich vor uns hinstellen, die längst
> Verblichene, Gestalt aus fernen Tagen, dann wollen wir schon
> uns zu staunen trauen: daß es sie gab. (S. 97)

Hier werden in dem "Wir" die Ich-Erzählerin und die anderen Hinter-
bliebenen, aber auch die Leser mit einbezogen.

Besonders häufig beziehen sich die schwebenden, kaum merklichen
Übergänge auf den Wechsel der Perspektive zwischen der Ich-Erzählerin
und Christa T. Durchaus nicht immer sind sie als zwei getrennte Figuren erkennbar:

"So geht es zu, wenn wir nicht dabei sind." (S. 28)

Diese Überlegung beschließt einen Abschnitt, in dem ein Kindheits-
erlebnis Christa T.s (im Wechsel von innenperspektivischem "Ich"
und innenperspektivischem "Man") erzählt wird. Das "Wir" in diesem
Satz sowie der Kontext des Satzes machen es möglich, die dort ausgesprochene Überlegung Christa T. zuzusprechen, doch kann sie andererseits auch als eine Erkenntnis der Ich-Erzählerin verstanden
werden, die aus dem berichteten Erlebnis in der Reflexionszeit ihren
Schluß zieht, eine allgemeingültige Aussage machen will und hierzu
den fiktiven Leser ihres Berichts in das "Wir" mit einbezieht.
Auf einer weiteren Ebene ist zu überlegen, ob dieser Satz eine Aussage
der Autorin sein will, die nicht nur ihre Romanfiguren, sondern auch
sich und die realen Leser ihres Romans hier zusammenschließen und eine
allgemeingültige Aussage machen will.

Von der Antwort auf diese Frage, wie das "Wir" hier zu füllen ist,
hängt die i n h a l t l i c h e Deutung dieses Satzes ab: Bezieht der
Leser das "Wir" nicht nur auf Christa T., sondern auch auf die Ich-
Erzählerin, die dann hier ihre - fiktiven - Zeitgenossen mit einschlösse,
so bezöge sich der Satz nach der 'Absicht' der Ich-Erzählerin nicht nur
auf die Zeit des Faschismus und die Tatsache, daß Menschen damals

Schreckliches tun konnten, sondern auch auf die Zeit, in der die Ich-
Erzählerin reflektiert, also die neue Epoche des im Aufbau befindlichen
Sozialismus. Versteht der Leser den Satz - noch eine Ebene weiter -
unmittelbar als einen Satz der Autorin, die nun ihre Leser mit einschlie-
ßen will, so hat er konkrete historische Implikationen: Die gesellschaftliche Wirklichkeit der Autorin zur Zeit der Niederschrift des Romans
wäre mitgemeint. Und wenn man vermutet, die Autorin spreche nicht nur
für eine bestimmte historische Situation, sondern eventuell auch für
s p ä t e r e Leser, so kann man sogar allgemeingültige Aussagen ablei-
ten, die nicht an b e s t i m m t e historisch-gesellschaftliche Konstellationen gebunden sind. Die konkrete inhaltliche Füllung bleibt jeweils dem Leser als Aufgabe.

Vor allem durch das Einbeziehen des Lesers in ein "Wir" in den Gedanken der Ich-Erzählerin (die oft zunächst als Reflexionen der Christa
T. ausgegeben und dann von der Ich-Erzählerin bzw. eventuell auch der
Autorin übernommen werden) wird seine I d e n t i f i k a t i o n
provoziert. Die Deutung des Satzes "So geht es zu, wenn wir nicht dabei sind" (S. 28) zeigt dies exemplarisch. Ähnliches kann auch die
innenperspektivische "Man"-Reflexion der Ich-Erzählerin leisten:
Den Rückblick auf die begeisterte Aufbruchzeit der jungen Generation
beschließt sie mit der Überlegung:

> Soll den Mund verziehen, wer will: Einmal im Leben, zur
> rechten Zeit, sollte man an Unmögliches geglaubt haben. (S. 67)

Wieder ist es möglich, diese Überlegung als eine der Christa T. auf der
Handlungsebene zu verstehen. An dieser Stelle liegt allerdings der
Bezug auf die nachträglich reflektierende Ich-Erzählerin näher. Und
wieder ist noch der nächste Schritt möglich: den Satz als einen Satz
der Autorin zu verstehen, mit dem sie selbst eine Aussage machen und
dem Leser ihres Romans die Identifikation mit dieser Feststellung nahe-
legen will.

Doch kann und soll der Leser sich nicht durchgängig identifizieren.
Er steht in einer ständigen Spannung zwischen Identifikation und
D i s t a n z i e r u n g . Zu dieser wird er auch dadurch gezwungen,
daß die Ich-Erzählerin laufend ihren eigenen Nachdenkensprozeß thematisiert.

Der Gebrauch des "I h r" spielt hierfür eine besondere Rolle:

Ihr habt gefragt, was ich vorzuweisen hätte. Nun denn:
den Ton dieser Seiten, als Beispiel. Sie redet, daß man
sie sieht. (S. 114)

Der Gebrauch des "Ihr" stößt den Leser aus seiner möglichen Identifikation mit Christa T. oder der Ich-Erzählerin wieder hinaus, zieht
ihn jedoch auf andere Weise wieder in den Prozeß mit ein. Gleichsam als von einer mitbeteiligten Person wird vom Leser erwartet, an
dem Prozeß des nachträglichen Suchens und Findens der verstorbenen
Figur teilzunehmen.

Wieder gilt diese Aufforderung dem fiktiven Leser des fiktiven
Berichts der Ich-Erzählerin, die - innerhalb dieser Fiktion - eine
'reale' Christa T. voraussetzt, der nachzudenken ist. Darüber hinaus
darf wieder gefragt werden, wieweit sich die Autorin selbst an den
Leser wendet, den Leser ihres Romans nun, dem sie wirklich "Seiten"
vorweisen könnte, die ein Mensch, den es einst gegeben hat, hinter-
ließ. Indem der Satz "Sie redet, daß man sie sieht" (S. 114) sich unmittelbar an die "Ihr"-Anrede an den Leser (den Leser auf beiden
Ebenen) anschließt, fühlt der Leser des Romans sich nicht nur in
das "Ihr", sondern ein weiteres Mal in das "Man" hineingenommen und
aufgefordert, "sie", also die literarische Figur der Christa T.,
zu 'sehen', damit sie selbst und der "Reichtum, den sie erschloß"
(S. 172), für ihn Bedeutung gewinnt.

(c) Von den verschiedenen aufgezeigten Möglichkeiten (Relativierung
des "Wir", "Man" und "Ihr") scheint die Differenzierung der "W i r"-
K a t e g o r i e die bedeutendste zu sein. Sie stellt eine äußerst
wichtige Brücke zwischen den verschiedenen Zeit- und Perspektive-
Ebenen dar und macht ganz deutlich, daß die g e s a m t e E r z ä h-
l u n g Modellcharakter hat. Das "Wir" bezeichnet, wie wir sahen,
zunächst eine real handelnde Gruppe: Es ist zuerst auf der Handlungsebene angesiedelt und wird von dort her dann auch für die Reflexionsebene bedeutsam. So weitet es seine integrierende Funktion, was die
einbegriffenen Personen angeht, immer weiter aus: "Wir", Christa T.
und Ich-Erzählerin[1], "Wir", die damalige junge Generation, die den

---

[1] "So fragten wir uns unsere Erlebnisse ab, als ließen sich Schlüsse
daraus ziehen." (S. 35)

Sozialismus aufbauen wollte, und zwar "Wir" mit Christa T.[1], "Wir"
ohne Christa T.[2], "Wir", die Erwachsenen, die auf ihre Studienzeit zu-
rückblicken, wieder mit Christa T.[3] und ohne sie[4]. Dann erfolgt die
Ausweitung zum "Wir", das die Erzählerin auf der Reflexionsebene spricht:
"(D)enn es scheint, wir brauchen sie." (S. 9) Hier wird der fiktive
Leser im Buch einbezogen. Auf der nächsten Ebene folgt das "Wir", das
die Autorin Christa Wolf und die von ihr unmittelbar angesprochenen
Leser umschließt, das aber in einem letzten Schritt noch weiter greift
über die Bewohner innerhalb der Grenzen ihres Landes und die Menschen
ihrer Epoche hinaus und nicht gebunden ist an die Menschen in der DDR
des Jahres 1968: "Wir" also, die ganze Menschheit.

Dieses "Wir", das durch alle Ebenen hindurchgeht, transportiert einen
bestimmten Erfahrungsschatz, den einst Christa T. gewonnen hat und der
in der Erinnerung der Ich-Erzählerin wieder neue initiiert wird, auf
andere Weise für die jeweilige "Wir"-Gruppe. Diese "Wir"-Gruppen werden
durch die Erzählung jeweils neu und derart spezifiziert, daß der Leser
keine der Bedeutungsmöglichkeiten einfach zwischen ihnen übertragen kann,
sondern stets genötigt ist, sowohl die jeweilige "Wir"-Gruppe als auch
das, was inhaltlich über sie gesagt wird, neu zu konkretisieren. Auf
diese Weise wird der Erfahrungsschatz, den Christa T. zu einer bestimmten historischen Zeit in ihre Umgebung hineingebracht hat, jeweils
neu lebendig und kommt immer wieder differenziert zur Geltung, daß "man
sie sehen kann" (S. 156).

Diese konkrete Person, die zu einem bestimmten Zeitpunkt auftauchte
und wieder verschwand, hat damals schon in einer präzisen Konstellation
zu den anderen Menschen gestanden: Sie war einer von "uns", aber auch
wieder abgegrenzt von den anderen. Ihre Bedeutung für ihre Umgebung und
die nachfolgenden Generationen, denen die Ich-Erzählerin (und die
Autorin) sie anbietet, war (bzw. ist) immer wieder anders. Sie kristalli-
siert sich heraus durch den Kontrast von Übereinstimmung und Unterschieden.

---

[1] "Oh, wir hatten das Vorgefühl davon, es war unleugbar und unersetzbar,
(...)." (S. 67)

[2] "Die Zukunft, die Schönheit und die Vollkommenheit, die sparen wir uns
auf, (...)." (S. 126)

[3] "Wir begannen, über unsere Erinnerungen zu verfügen." (S. 209)

[4] "Wir anderen waren durch den Nichtbesitz einer bestimmten Erfahrung von
ihr getrennt, man könnte sagen: hinter ihr zurückgeblieben." (S. 204)

Die Besonderheiten, die Christa T. von den anderen trennten, haben auch
darin Modellcharakter, daß sie in der Selbsterfahrung der anderen, die
sich mit ihr auseinandersetzen, jeweils neu und auf immer neue Weise
'hervorgebracht' (S. 235) werden muß, "damit sie Wirkung tut"[1].

Das Spiel mit den grammatischen Personen steht also im Dienst der
Thematik des Werkes und scheint - ebenso wie der zuvor ins Auge gefaßte
Mechanismus von Raffung und Dehnung, der Wechsel der Zeitebenen und der
Handlungsperspektive - Bestandteil des von uns gesuchten Modells zu sei
das das Werk bereitstellt. Es hat als Ganzes die Tendenz, Bedeutungen
gleichzeitig zu relativieren, indem es viele mögliche Bedeutungsebenen
anbietet. Zugleich aber müssen diese Bedeutungen jeweils konkretisiert
werden, um auf diesen Ebenen sinnvoll werden zu können. In diese Bewegung wird der Leser von Anfang an mit einbezogen, da er selbst sie voll
ziehen muß, um zu einer sinnvollen Lektüre des Textes zu gelangen.
Damit ist aber jetzt deutlich, daß nicht nur der fiktive Leser als Instanz, sondern auch weitere über das Werk hinausführende Deutungshori-
zonte in der Werkstruktur angelegt sind, deren hervorragende Kennzeichnung eben jene D y n a m i k zu sein scheint, mit der sie Bedeutungen
transportiert.

5. 'Schwebende Aussagen'

Nicht nur durch die Mehrdeutigkeit der grammatischen Personen, auch
durch die Möglichkeit, eine Aussage verschiedenen Kontexten zuzuordnen,
ergeben sich mehrfache Deutungsmöglichkeiten. Doch ist auch hier die
gegenseitige Durchdringung der Zeitebenen und Erzählperspektiven die
Voraussetzung. Dies soll wieder an einigen Beispielen gezeigt werden:
(a) Am Schluß des Romans, bei der Beschreibung des Abschieds der beiden
Freundinnen, heißt es über Christa T.:

---

[1] Heinrich Mohr, Produktive Sehnsucht. Struktur, Thematik und politi-
sche Relevanz von Christa Wolfs 'Nachdenken über Christa T.', in:
Basis. Jahrbuch für deutsche Gegenwartsliteratur, hsg. Reinhold
Grimm und Jost Hermand, Bd. 2, Ffm, 1971, S. 191-233, dort S. 194.

(...) Sie wird auf dem Weg stehenbleiben, grüßen.
Vielleicht werden wir uns wiedersehen, vielleicht nicht.
Jetzt haben wir zu lachen und zu winken.
Christa T. wird zurückbleiben.
Einmal wird man wissen wollen, wer sie war, wen man
da vergißt. (...) Wird sie, also, hervorzubringen haben,
einmal. (...) (S. 235)

Der Satz "Christa T. wird zurückbleiben", der im Druckbild einen Absatz
für sich bildet, bietet zunächst drei Interpretationsmöglichkeiten:

(aa) Auf der Handlungsebene bezieht er sich konkret darauf, daß die
Ich-Erzählerin hier mit dem Auto abfährt und Christa T. zurückbleibt
und winkt. Das Erzähltempus des Futur erklärt sich dann aus der Zusam-
menschau mit der vorhergehenden im Präsens erzählten Abschiedsszene:
Von diesem Blickwinkel aus wird Christa T. nun hinter der Abfahrenden
zurückbleiben.

Auf einer weiteren Verständnisebene (bb) bezieht sich dieser Satz
auf den Tod der Christa T., um den die rückblickende Erzählerin weiß.
Damit wäre der Kreis geschlossen zum Prolog, wo die Ich-Erzählerin
darüber nachdenkt, daß sie die Freundin für immer verloren hat; daß
sie selber sich verändert und altert, daß aber Christa T.

sich seit Jahr und Tag in meinem Innern nicht verändert
hat und daß da keine Veränderung mehr zu hoffen ist.
(...) Sie, die Ältere, nun schon jünger: Fünfunddreißig,
schrecklich jung. (S. 8)

Die Stellung des fraglichen Satzes zwischen der Erzählung des Abschieds der beiden Freundinnen und den abschließenden Gedanken der Erzählerin über das 'Weiterleben' Christa T.s ermöglichen nun noch,
(cc) den Satz auf jene angeschlossenen Reflexionen zu beziehen:
"Christa T. wird zurückbleiben" heißt dann: Sie wird 'hervorgebracht
werden'. Wenn die anderen Ereignisse der Vergangenheit an Bedeutung
verlieren, werden die Ich-Erzählerin und der "Leser" ihres "Berichts",
den sie hierzu einlädt, sie "weiterdenken" (S. 8), "daß sie sich zu
erkennen gibt" (S. 9). Das,was ihre eigentliche Bedeutung ausmacht, das
Unabgegoltene ihrer Person, wird sich erst "jetzt" zur Geltung bringen.
Nachdem die immanente Interpretation diese drei Deutungsmöglichkeiten
erschließt, lassen sich die Linien noch weiter ausziehen in dem Sinn,
daß die Autorin die dritte der aufgezeigten Verständnismöglichkeiten des

Satzes, dessen Subjekt ja zunächst die Ich-Erzählerin ist, für sich
selbst übernimmt. Dann liest sich der Satz folgendermaßen: Christa Wolf
wünscht, daß ihre Romanfigur Christa T. für die historisch-gesellschaftliche Wirklichkeit der Autorin selbst, die DDR-Gesellschaft der sechziger Jahre, Bedeutung gewinne.[1]

(b) Bei unserem zweiten Beispiel sind die Zusammenhänge noch komplizier-
ter:

Ein Abschnitt aus dem Gespräch zwischen der Erzählerin und Frau Doktor
Dölling lautet:

> Oder denkst du, daß sie an dieser Krankheit gestorben
> ist?
> Nein.
> Ich werde nicht zu ihr gehen, ich werde Gertrud Dölling
> nicht besuchen. (S. 64)

Durch die Fügung der Sätze bleibt in der Schwebe, woraus sich das "Nein",
das im Druckbild einen Absatz für sich bildet, bezieht. Hält der Leser
es zunächst unmittelbar für die Antwort der Ich-Erzählerin auf die
Frage Gertrud Döllings bei jenem v e r g a n g e n e n Gespräch, so
muß er beim Weiterlesen annehmen, es handle sich um den Entschluß der
nachdenkenden Erzählerin, in der Reflexionszeit - also s p ä t e r -
die ehemalige Studienkollegin nicht aufzusuchen, so daß das Gespräch
Phantasie bliebe.

Durch diese Darstellungsform wird der Leser, der sich nun unvermittelt
wieder in die Gegenwart der Nachdenkenden versetzt fühlt, gezwungen, zu
überlegen, ob Christa T. tatsächlich an der "Krankheit" gestorben ist;
nicht nur, ob die Erzählerin an dieser Todesursache zweifelt. D a ß
sie daran zweifelt, läßt die Anstrengung ahnen, mit der sie diese Zweifel abzuschütteln versucht:

> Und die Frage, woran Christa T. gestorben ist, werde ich selbst
> stellen, zu ihrer Zeit, ohne in Zweifel zu ziehen, daß es die
> Krankheit war, Leukämie, mit der sie nicht fertig werden konnte.(S. 64)

---

[1] Daß hinter dieser Romanfigur eine realgeschichtliche ehemalige Bekannte
der Autorin steht, die Anlaß wurde, den Roman zu schreiben - darauf
kommt es nun nicht mehr an.

Dieser 'Gewißheit' steht jedoch folgende Stelle gegenüber:

> Es hat keinen Sinn, sich zu entrüsten, daß sie mit uns
> allen Versteck gespielt hat: Mit sich selber hielt sie es
> nicht anders. Wie ich alle ihre Ausflüchte jetzt durchschaue!
> Wie ich ihr ihre Versuche, sich zu entziehen, jetzt durch-
> kreuzen würde! Da hat sie sich endgültig entzogen. Das war
> die Krankheit, die Krankheit war es, Gertrud. (S. 70)

Hier wird wieder alles offen gelassen. Jetzt - lange nach jenem Besuch
bei Gertrud Dölling -, wo die Erzählerin nochmals in ihrer Vorstellung
diesen Punkt jenes Gesprächs, die Todesursache, aufnimmt, stellt sie
wieder in Frage, ob sie überzeugt ist, daß Christa T. an ihrer Leukämie
gestorben ist, oder ob sie sich diese Überzeugung wie in der oben zitierten Stelle (S. 64) wiederum selbst einzureden versucht oder aber ob
der Satz "Das war die Krankheit, (...)" sich auf den vorhergehenden Satz
bezieht. Letzteres würde bedeuten: Ihre eigentliche Krankheit war ihr
Leiden an der Gesellschaft. Ihr Krankheitssymptom war ihr Sich-Entziehen.
Ihr Tod verweist auf ihr Scheitern an der Gesellschaft bzw. auf ihr
endgültiges Sich-Entziehen. Und dies wiederum hieße, das "Nein" oben
(S. 64) bezöge sich darauf, daß Christa T. n i c h t "an dieser Krankheit gestorben ist", nämlich der Leukämie.

Daß die Frage nach der "Krankheit" der Christa T. von großer Bedeutung für den Aussagegehalt des Buchs ist, zeigt folgende Überlegung, die
die Ich-Erzählerin auf Christa T. projiziert:

> Ich bin zu früh geboren. Denn

- so die Ich-Erzählerin über Christa T. -

> sie weiß: Nicht mehr lange wird an dieser Krankheit gestorben
> werden. (S. 231)

Bei diesem Satz bleibt es abermals dem Leser überlassen, an die Fort-
schritte der Medizin bei den Heilungsmöglichkeiten der Leukämie zu denken - oder eine übertragene Bedeutung anzunehmen, eine Beziehung zur
gesellschaftlichen Situation herzustellen, in der Christa T. und die
Ich-Erzählerin (auf der fiktiven Ebene des Romans) leben. Dem Leser
wird darüber hinaus ermöglicht - noch einen Schritt weiter - eine Beziehung herzustellen zu der historischen Situation, in der die Autorin
lebt. Im letzten Fall würde der Faden der immanenten Interpretation

ausgezogen über die Grenzen des Werks hinaus und der letzte Satz des Zitats als eine Aussage der Autorin über die DDR-Gesellschaft inter- pretiert. Damit wird nicht nur Christa T. für die Ich-Erzählerin, sondern es werden darüber hinaus beide für die Autorin zum Modell für die Verarbeitung einer Erfahrung, das sie zudem noch ihren Lesern an- bietet - etwa in dem Sinn, daß die Ich-Erzählerin (die in dieser Deu- tung den letzten Satz des Zitats "Nicht mehr lange wird an dieser Krankheit gestorben werden" als eigene Meinung übernähme) von der Hoff- nung erfüllt ist, das Anderssein der Christa T. werde in einer zukünfti gen Gesellschaft nicht mehr zu ihrem 'Tod', ihrem Scheitern führen.

Die beschriebene Darstellungsform hat die Wirkung, daß Reflexionen und Deutungsversuche im Roman nicht einer Szene jeweils nachgestellt werden, sondern jenes eigenartige Leben der Christa T., das im Rückblic dargestellt wird, durchsetzen. Sie ergänzen, was der Tatsachenbericht verschweigt.

Die Möglichkeit dieses mehrfachen Verständnisses ist gebunden an den raschen Wechsel der Zeitebenen und der Perspektive, aus der erzählt wird. Nur in d i e s e r Darstellungsform, mit d i e s e n Mitteln erschließt sich das dem Werk zugrundeliegende Identitätsproblem in seiner besonderen Form. Darstellungsmittel und Form sind also für den Roman und seine inhaltlichen Aussagen konstitutiv.

6. Die 'authentischen Zitate' der Christa T.

Eine besondere Rolle spielen manche Aufzeichnungen der Christa T., die von der Ich-Erzählerin in ihren Bericht eingebaut werden. Meist kennzeichnet Kursivdruck die Sätze, die die Erzählerin aus Christa T.s Papieren wörtlich wiedergibt, doch lassen sie sich nicht hierauf beschränken.[1]

Schreiben ist groß machen (S. 213),

so hatte Christa T. an jenem Neujahrsmorgen auf ein Blatt Papier ge- schrieben. Wenig später heißt es:

---

[1] Der Kursivdruck wird in der Arbeit wiedergegeben durch ´ `.

Schreiben ist groß machen. Nehmen wir uns zusammen,
sehen wir sie groß. (S. 221)

Hier gebraucht die Ich-Erzählerin Christa T.s Satz als ihren eigenen.

"Nach dem merkwürdigen Satz von der Schwierigkeit, ich zu sagen",
reflektiert die Erzählerin,

stand da: Tatsachen! An Tatsachen halten. Und darunter
in einer Klammer: ´Aber was sind Tatsachen?`
Die Spuren, die die Ereignisse in unserem Innern hinterlassen. Das war ihre Meinung, sagt Gertrud Born, die jetzt
Dölling heißt. (S. 218)

Hier kann nicht eindeutig entschieden werden, ob die Bemerkung "Die
Spuren, die die Ereignisse in unserem Innern hinterlassen" in Christa
T.s Aufzeichnungen steht oder von Gertrud Dölling stammt, geäußert
als deren Gedanken über Christa T.s Meinung.

Diese Mehrdeutigkeit erreicht die Autorin hier, indem sie ebenso
vorgeht, wie wir es am Beispiel der 'schwebenden Aussage' aufgezeigt
haben: Der fragliche Satz wird so angeordnet, daß er sich auf den Inhalt
des vorhergehenden u n d des folgenden Satzes beziehen kann. An dieser Stelle ist also nicht ersichtlich, ob es sich um ein Zitat aus
Christa T.s Papieren oder eine Überlegung der Erzählerin handelt oder
sogar um Worte von Dritten. Die schriftlichen Zitate Christa T.s dienen,
so erkennt man hier, zur Verklammerung der Figur der Christa T. und
der der nachdenkenden Erzählerin, indem diese manche Aufzeichnungen der
Christa T. sowohl als deren Überlegungen wie auch als ihre eigenen Reflexionen gebraucht.

Folgendes Beispiel zeigt eine weitere Möglichkeit, wie die Ich-Erzählerin bzw. die Autorin mit den Zitaten der Christa T. umgeht: Sie kann
sie als Leitmotive benutzen: "Wann - wenn nicht jetzt?" Diese Frage durchzieht jenen gewichtigen Brief Christa T.s an ihre Schwester im Sommer
1953, in dem sie ihre Verzweiflung über die Erfahrung der Diskrepanz
zwischen sich und ihrer "Zeit" mitteilt (S. 89 und 90). "Wann soll man
leben, wenn nicht in der Zeit, die einem gegeben ist? "(S. 90)

"Wann, wenn nicht jetzt? "(S. 108) läßt die Ich-Erzählerin Christa T.
überlegen bei ihren Schreibversuchen, die sich hier auf ein paar Über-
schriften beschränken. Oder - stellt die Ich-Erzählerin diese Frage an

dieser Stelle selber, indem sie das "später einmal" (S. 108) Christa
T.s kritisiert?

"Wann, wenn nicht jetzt?" läßt die Ich-Erzählerin sie denken - oder
sagen - bei den Auseinandersetzungen der jungen Generation (sie selbst
und Christa T. sind hier eingeschlossen) über die Gegenwart und Zukunft
des Sozialismus (S. 127). Oder - sie stellt in der Reflexionszeit
(ungefähr zehn Jahre später) beim Nachdenken über die Verstorbene diese Frage, sich selbst und all denen, die mit dem Aufbau des Sozialismus befaßt sind. (Dann ist die Zeitebene wieder für diesen einen
Satz durchbrochen.)Und weiter: Richtet die Erzählerin diese Frage
Christa T.s nicht auch ihrerseits an ihre Gesellschaft, die die Zukunft
noch immer als "das gründlich andere" (S. 126) vor sich herschiebt?
Eine Zukunft, die ja nach der damaligen Einsicht der Erzählerin "nichts
weiter (ist) als die Verlängerung der Zeit, die mit uns vergeht, und
erreichen kann man sie nicht" (S. 126).

In der letzten Zeile des Werks "Wann, wenn nicht jetzt? "(S. 235)
wird dieses Wort jedenfalls eindeutig nicht mehr Christa T. in den
Mund gelegt, deren Tod soeben mitgeteilt wurde, sondern bezieht sich
als Frage der Erzählerin auf ihre vorhergehende Feststellung:

> Einmal wird man wissen wollen, wer sie war, wen man da
> vergißt. Wird sie sehen wollen, das verstände sie wohl. (...)
> Wann, wenn nicht jetzt? (S. 235)

Jetzt stellt sich die Aufgabe, die Gestalt zur Geltung zu bringen,
damit sie "Wirkung tut". Mit Christa T.s eigenen Worten fordert die
Erzählerin ihre Leser auf, sie "hervorzubringen". Indem also die Erzählerin manche Zitate, die sie in der Hinterlassenschaft der Christa
T. findet, aus ihrem konkreten Bezugsnetz löst und ihnen durch das
Zitieren in ihrer eigenen Erzählergegenwart eine neue Bedeutung und
Gültigkeit für die spätere Zeit verleiht, verklammert sie die verschiedenen Zeitebenen. Im vorliegenden Fall ist zu erschließen, daß
nicht nur die Ich-Erzählerin, sondern auch die Autorin hinter diesem
Satz steht und daß sie mit dem "Wann, wenn nicht jetzt?", mit der Gestalt der Christa T. und der von ihr übernommenen Frage ihren Lesern
eine Figur anbieten will,die deren Selbstvergewisserung dienen kann.

Zukunft ist etwas, das es für Christa T. u n d die Ich-Erzählerin
u n d die Autorin nicht geben kann, wenn j e t z t nicht gehandelt
wird.

Daß die Aussprüche, deren Subjekt ursprünglich Christa T. war, von
der Erzählerin übernommen werden oder sogar einen noch weiteren Geltungsbereich bekommen können, hat also noch einmal die Funktion, die wir bei
den anderen Darstellungsmitteln immer wieder finden konnten: außer
den Zeitebenen auch die Handlungsperspektiven und die hinter diesen
stehenden Personen so miteinander zu verbinden, daß sich entsprechend
der Zuordnung eines Zitats zu einer bestimmten Figur verschiedene Verständnismöglichkeiten bestimmter Stellen ergeben. Mit diesem Darstellungsmittel der differenzierten Verwendung von 'authentischen Zitaten'
Christa T.s ist erneut ein Hinweis auf die äußerst subtile Art und Weise
gegeben, in der das Werk die Erfahrungen der beteiligten Hauptpersonen
jeweils konkret zur Geltung bringt und wie der Leser dies selbst zu
seiner Aufgabe machen muß, wenn er zu einer sinnvollen Lektüre kommen
will. Er muß sich also partiell identifizieren, um im Rezeptionsakt
die Werkstruktur realisieren zu können; er kann sich aber nicht vorbe-
haltlos identifizieren, wenn er nicht das modellhafte Relativieren
von Identität durch die Werkstruktur negieren will.

7. Andere Formen sprachlicher Relativierung

Da das Aufzeigen der Gestalt der Christa T. auf ein kontinuierliches
Abgrenzen und Eingrenzen ihrer Besonderheiten und Eigenarten angelegt
ist, werden jeweils nur Teilaspekte geboten. Während im 'Geteilten
Himmel' der Figurenkonstellation im Sinne einer Beziehung zwischen verschiedenen ähnlich wichtigen Personen große Bedeutung zukommt, sind
die Figuren um Christa T. herum nur wichtig in bezug auf sie. Doch auch
sie kommt und geht, wird immer neu gezeigt, ohne wirkliche Konturen im
Sinne eines literarischen Realismus zu gewinnen. Dennoch haben alle Dar-
stellungselemente des Werks in der Figur der Christa T. ihren gemeinsamen
Brennpunkt. Diese Wirkung wird durch bestimmte Gestaltungsformen erzielt:

Im ganzen wird p a r a t a k t i s c h e F ü g u n g bevorzugt:
Der Inhalt des folgenden Satzes enthält jeweils wieder neue und vom
Vordersatz unabhängige Aussagen, weil keine logisch-argumentative
Verknüpfung möglich ist, die ein unabänderlich gegebenes Objekt der
Aussage voraussetzen würde. Dem Mangel an kausalen Nebensätzen steht
eine Häufung von konditionalen gegenüber.

Jede S z e n e hat das Ziel, eine bestimmte Eigenart Christa T.s
herauszustellen. Diese Szenen sind jeweils voneinander unabhängig,
relativieren sich jedoch wieder gegenseitig.

Gelegentlich werden sie abgeschlossen durch eine Art R é s u m é,
das eingeleitet wird mit "Die Wahrheit war: (...)" (S. 12), "Die Wahrheit ist: (...)" (S. 65), "Wahr ist: (...)" (S. 73), "Soviel ist
sicher:(...)" (S. 175). Wenn es zunächst scheint, als würden solche
Sätze die vorhergegangenen Aussagen mit Bestimmtheit zusammenfassen,
so zeigt sich bei genauerem Hinsehen, daß sie im Gegenteil oft neue,
weiterführende Aussagen enthalten und dadurch das vorher Gesagte wieder relativieren.

Diesen knappen Résumés gegenüber sind die längeren R e f l e x i o n s -
p a s s a g e n, die sich ebenfalls häufig an Wiedergaben von Episoden
anschließen, bestimmt durch Formen von Modalverben oder den Irrealis:

> Nie hätte sie zu schreiben gewagt: Meine Geschichten.
> (S. 119)
> Nun soll sie also den Mut zu sich selber festigen, (...). (S. 118)
> Wieviel Christa T. in jener Prüfungsstunde gesehen hat - ich
> weiß es nicht. (S.88)
> Das soll sie gehabt haben, ich will es. (S. 53)
> So kann es gewesen sein, aber ich bestehe nicht darauf. (S. 134)
> Sie hätte das ja alles noch gemacht. (S.111)

Diesem Wechsel von Gewißheit und Ungewißheit entspricht auch die
Struktur des F r a g e s a t z e s in den Reflexionspassagen.[1] Solche
Fragen beziehen sich meistens auf Christa T., erst dann auf die Ich-
Erzählerin. Häufig übernimmt diese für sich Fragen der Christa T., doch
selten ausdrücklich, sondern meist, indem sie unmerklich die Erzählperspektive und damit das Subjekt des Nachdenkens wechselt. Durch den
weiteren Wechsel zum "Man" oder "Wir" bezieht sie den Leser (der in der

---

[1] Durchschnittlich finden sich auf jeder Seite ungefähr zwei Fragen.

Fiktion der Romanhandlung vorausgesetzt wird) ihres Berichts in den Nachdenkensprozeß ein, indem sie auch ihm diese Fragen als seine eigenen anbietet. Analog verfährt auch die Autorin, indem sie die Fragen der von ihr geschaffenen literarischen Figur der Christa T. an die Ich-Erzählerin weitergibt, doch dann, da sie sich auch mit ihren eigenen Erinnerungen an eine historische Figur befaßt, wohl auch e i g e n e Fragen und Überlegungen der von ihr geschaffenen Ich-Erzählerin in den Mund legt und auf diese Weise ihren Zeitgenossen, den Lesern ihres Romans, anbietet.

Diese Sprache der Reflexionspassagen entspricht dem natürlichen Vorgang des Nachdenkens, wo oft mehrere Gedankengänge nebeneinander herlaufen oder einfach a b b r e c h e n. Letzteres spiegelt sich im Text wider im Auslaufen von Sätzen, von Gedankengängen in Auslassungspunkten oder Gedankenstrichen. Diesem Zweck dienen auch die häufig eingesetzten Mittel der Parenthese und der vielen Doppelpunkte, die Partikel wie "ja", "doch" und der Gebrauch von einschränkenden Konjunktionen ("aber"). Diese sprachlichen Eigenheiten bewegen den Leser, nicht feste Gewißheiten zu suchen, sondern wie die Erzählerin - und auf anderer Ebene auch Christa T. - Möglichkeiten auszuprobieren.

Demselben Zweck dient auch das Spiel mit (volks)-etymologischen Ableitungen und s e m a n t i s c h e n D o p p e l d e u t i g k e i t e n, das zu den spezifischen sprachlichen Eigenheiten des Werkes gehört: Für Christa T. heißt "dichten": "dicht machen" (S. 23; 27), kommt "Sehnsucht" von "sehen" (S. 112), für die Erzählerin "Wunder" von "Wunde" (S. 228). "Nachdenken" (S. 7) wird gebraucht als 'erinnern', 'denken an', 'im Denken nachfolgen'; "wiederholen" neben der gängigen Bedeutung auch als "wieder zurückholen" (S. 231). - 'Zu sich kommen' (S. 226) deutet hier auf die Rückkehr Christa T.s aus dem Krankenhaus in ihre Wohnung wie auch auf die Selbstverwirklichung. - Die Ich-Erzählerin 'entledigt sich' Christa T.s (S. 97), einmal in dem Sinn: Sie 'rückt sie weg' (S. 97), will nicht an sie denken; zum zweiten in einem weitergehenden Sinn: Sie gibt an dieser Stelle ihre (vage vorausgesetzte) Identität mit Christa T. auf.[1]

---

[1] "Der sprachlichen Fügung und dem Klang einzelner Worte wird nachgelauscht, um neuen Sinnzusammenhängen auf die Spur zu kommen." (Horst Haase, Nachdenken über ein Buch, a.a.O., S. 175).

Als Einleitung oder Kommentar der Erzählung finden sich Formulierungen, die die Situation der Unsicherheit und des Suchens bezeichnen:

(W)as sollte dem unmöglich sein? (S. 23)

Wäre es möglich? (S. 32)

Und worauf käme es an? (S. 26)

Übrigens (S. 62)

Merkwürdig oder nicht (S. 70)

Ich weiß doch nicht... (S. 76)

Das eigene Zögern belehrt mich (S. 56)

Vielleicht sollte ich (S. 58)

Wie soll man es nur erklären? (S. 66)

Ich frag' mich selber. (S. 92)

Ich denke mir (S. 183)

Die Frage ist untergeschlüpft (S. 109)

Worauf berufe ich mich also? (S. 110)

Der Gedanke überrascht mich selbst. (S. 112)

Wieviel wird da zu verwerfen sein! (S. 41)

Nun, dieses Gefühl muß man heute schon erklären. (S. 126)

(O)der wie soll man das nennen? (S. 154)

Doch ich lasse mich hinreißen. (S. 157)

Da ich auf einmal bemerke (S. 163)

Kam das Wort schon vor? (S. 166)

(I)ch werde es nicht zurücknehmen (S. 175)

Heute kann man ja fragen (S. 175)[1]

Es werden also keine fertigen Ergebnisse hingestellt, sondern das
Suchen selbst wird vorgeführt: Fragen, Vermuten, Entdecken, Einschränken
Versichern, Voraussagen, Beobachten, Zögern, Staunen, Beschwören, Bedauern, Zweifeln, der Bedeutung von Wörtern Nachsinnen - all dies geschieht vor den Augen des Lesers (des fiktiven Lesers des fiktiven

---

[1] Diese Zusammenstellung von Zitaten entnehme ich weitgehend:
Marion von Salisch, Zwischen Selbstaufgabe und Selbstverwirklichung.
Zum Problem der Persönlichkeitsstruktur im Werk Christa Wolfs,
Stuttgart, 1975, S. 36.

Berichts der fiktiven Ich-Erzählerin wie auch des Lesers von Christa
Wolfs Roman). Möglichkeiten werden durchgespielt, doch nicht um des
Spiels, sondern um der Erkenntnis der Wahrheit willen: "daß sie sich
zu erkennen gibt" (S. 9). Weil noch nichts endgültig feststeht und
endgültig gefunden ist, wird der Leser immer wieder zum Mitsuchen aufgefordert, gewinnt er "den Spielraum, den er braucht, um mitspielen,
mitkombinieren zu können"[1].

8. Das Stilelement der Leitmotive

Relativierung von Aussagen und Perspektive-Ebenen durch Verknüpfung
ist Hauptfunktion derjenigen Bilder, die sich leitmotivisch durch das
ganze Werk ziehen. Sie sind nicht alle von Anfang an verständlich,
sondern lassen erst durch den Kontext der Wiederholungen ihren Stellenwert erkennen.

Folgende drei Beispiele sollen dies verdeutlichen:
(a) Die "siebzehn Pappeln", die wiederholt auftauchen, hat der Leser
sich gegenwärtig zu halten als Zeichen für das Heimatdorf Christa T.s
und das Dorfschullehrerhaus ihres Vaters, das ihr als Zuflucht dient.
In ihre Neulehrerzeit gehört folgende Szene:

> In ihrer Kammer aber, damals, aufsehend von den strengen,
> erleuchtenden Sätzen der Broschüren, tritt sie ans Fenster.
> Der Blick auf die siebzehn Pappeln. (S. 41)

Beim Wiedertreffen der beiden Freundinnen in Leipzig wird dieses Bild
wieder aufgenommen. Als Christa T. bei der "Dame Schmidt" ein Zimmer
mietet, heißt es:

> Christa T., in der neuen Stadt, sah sich Zimmer an, Wirtinnen.
> Sie begriff, daß sie nach siebzehn Pappeln nicht suchen durfte,
> da ging sie lieber gar nicht ans Fenster. (S. 55)

Als Sinnbild des Friedens und der gefundenen Übereinstimmung mit sich
selbst - oder der zuversichtlichen Suche nach dieser Übereinstimmung -
kehren diese siebzehn Pappeln wieder, zunächst im Zusammenhang mit

---

[1] Ebd., S. 37.

ihrem Aufenthalt in dem Dorf ihres Vaters. Wie im ersten Zitat die Pappeln mit den Erkenntnissen Christa T.s aus der Lektüre sozialistischer Schriftsteller in Verbindung gebracht werden, so im nun folgenden Zitat mit ihrem Rückzug in ihr Heimatdorf, der ihr, nicht zuletzt wegen der sie umgebenden Natur, der Wälder, der Wiesen, des Deiches die Möglichkeit gibt, in der Zeit ihrer schwersten persönlichen Krise wieder zu sich selbst zu finden: Nach ihrem ergebnislosen Besuch beim Arzt in jenem Sommer ihres Rückzugs rafft Christa T. sich aus eigener Kraft wieder auf:

> Sie fuhr in das Dorf zurück. Sie legte den Stoß Bücher auf
> die linke Seite des Tisches, sie kontrollierte, ob die Aussicht
> dieselbe geblieben war, siebzehn Pappeln, eine Handbreit höher
> als vor vier Jahren. Sie heftete in Augenhöhe einen Tagesplan an
> die Wand, ihre Tage sollten ein Gerippe haben, das sie hielt.
> (S. 93)

Ihre Bemühung um Selbstvergewisserung in dieser Krise wird mit dem Motiv der Pappeln in Verbindung gebracht:

> Aber sie war nicht geschaffen, sich aufzugeben, wenn sie
> auch die Fähigkeit hatte, geschlagen zu werden. (...) Das erste,
> sich der Kräfte zu versichern, die, trotz allem geblieben sind.
> Die Pappeln, hinter denen jeden Tag die Sonne sinkt, ob ich es
> sehe oder nicht, ob es mich freut oder quält. (S. 94)

Mit dem Blick auf die siebzehn Pappeln setzt sie sich auch in ihrem Tagebuch mit ihrem Besuch beim Wahrsager auseinander:

> (...) am nächsten Tag nach ihrer Séance bei ihm, allein in
> ihrem Zimmer, den Blick auf die siebzehn Pappeln, das Tage
> buch vor sich auf dem Tisch: (...). (S. 102)

Pappeln auch wünscht sie sich an dem See, dem Bereich des Einklangs zwischen Natur und Mensch, in dessen Nähe sie ihr selbst entworfenes Haus plant, um hier in der Abgeschiedenheit zu sich selbst zu finden:

> Der große, einsame See. Links und rechts nur Weide und Bäume,
> hinter dir Kartoffeläcker. Mit dem Feldstecher siehst du am an
> deren Ufer die roten Dächer des Dorfes. Pappeln gehören am Ufer
> lang, die wachsen schnell und halten den Wind ab, was denkst du,
> was da im Winter für ein Wind ist! (S. 190)

Der Wunsch erfüllt sich, jedoch liegt von Anfang an ein Schatten darüber:

Das Haus ist gebaut worden. Aber man kann die Nächte
zählen, die sie unter seinem Dach geschlafen hat.
Die Pappeln sind gepflanzt worden. Sie sind so gewachsen,
daß Justus neulich überlegte, ob man sie vor den Fenstern
nicht kappen sollte. (S. 192)

Der positive Bedeutungsgehalt des Bildes der Pappeln ist hier einge-
schränkt durch den Hinweis, daß sie stören und teilweise entfernt werden sollten. - Auch in ihrem neuen Haus kann Christa T. sich nicht
verwirklichen.

(b) Im Prolog heißt es, noch völlig unvermittelt, von Christa T.:

Ganz leicht kann ich sie herbeizitieren wie kaum einen
Lebenden. Sie bewegt sich, wenn ich will. Mühelos läuft
sie vor mir her, ja, das sind ihre langen Schritte, ja, das
ist ihr schlenkriger Gang, und da ist, Beweis genug, auch
der große rotweiße Ball, dem sie am Strand nachläuft. (S. 7)

Erst eine spätere Wiederholung der Szene gibt nähere Auskunft, um
welche Situation es sich handelt: Mit ihrem Mann Justus und ihrer Tochter Klein-Anna verbringt Christa T. einen glücklichen Sommertag am
Meer:

Wie sie läuft, Christa T., hinter dem riesigen weißroten
Ball her, den der Wind den Strand entlang treibt, wie sie
ihn einholt, laut lacht, ihn packt, ihrer kleinen Tochter
zurückbringt, (...). Justus, ihr Mann, tritt auf sie zu,
greift ihr ins Haar, zieht ihren Kopf nach hinten, he,
Krischan. Sie lacht und schüttelt sich. (...) (S. 95 f.)

Da der Leser von Justus bisher noch nichts gehört hat - es handelt sich
an dieser Stelle nochmals um eine Vorblende in die Zeit ihrer Ehe - bleibt
dieses Bild der glücklichen Christa T. mit dem Wasserball am Strand immer noch ohne Bezugspunkt. Erst als zum dritten Mal die Szene beschrieben wird, erhält der Leser die Möglichkeit, sie richtig einzuordnen:

Ich muß doch auf diesen Tag an der Ostsee zurückkommen.
Auf den riesigen weißroten Wasserball, den der Wind vor ihr
hertreibt. Auf ihre geschmeidigen Bewegungen, auf Justus' be-
wundernde Blicke und ihr Kopfzurückwerfen. Auf ihr Lachen, das
ich gewiß niemals beschreiben, aber auch niemals vergessen werde.
(...) (S. 188)

Es ist der Tag, an dem Christa T. abends im Strandhotel ihren Mann und ihre Freunde in ihren Plan einweiht, ein eigenes Haus zu bauen.[1]

Dadurch, daß dieses Bild dreimal wiederholt wird, daß aber jedesmal der Kontext dem Leser einen konkreten Bezug zu einem Zeitpunkt in Christa T.s Leben äußerst schwer macht (erst beim dritten Mal bekommt er andeutungsweise einen Hinweis), gewinnt dieses Bild die Funktion, ihr Leben, das gewiß kein glückliches war, mit Momentaufnahmen von 'Glück' zu besetzen. "Die Erzählerin braucht es (dieses Bild, C.T.) als eine Art Glücksdokument, mit dem sie sich beweist, daß Christa T. ganz da war, daß sie 'voll gelebt hat'."[2]

Eine ähnliche Funktion ließe sich bei dem Motiv des unerwarteten Schreis der Schülerin Christa T. aufzeigen, das an verschiedenen wichtigen Stellen wiederholt wird.

Die Anordnung der Leitmotive im Erzählvorgang ist von besonderer Bedeutung: Die zweite und ausführlichste Schilderung jenes Urlaubstages am Meer wird eingeblendet in die Darstellung des Rückzugs Christa T.s in ihr Dorf im "Frühsommer dreiundfünfzig" (S. 90), und zwar unmittelbar im Anschluß an die vorsichtige Anspielung auf die Ereignisse des 17. Junis 1953 ("Da mußte schon geschrien werden oder gestorben oder geschossen." S. 95). Hier bewirkt die Einblendung des Glücksmotivs (bei der einmal mehr die Zeitebene durchbrochen wird: Die Erinnerung an ein Ereignis von 1960 wird in die Erinnerung an ein Ereignis von 1953 eingeblendet) eine äußerste Kontrastierung von Düsterkeit (Bürgerkrieg, Selbstmordgedanken Christa T.s) und menschlicher Erfüllung.

(c) Einige Bilder menschlicher Bosheit und Gewalt tauchen immer wieder auf und verweisen aufeinander. Das Bild des vom Pächter an der Stallwand getöteten Katers, das des auf der Flucht erfrorenen und im Schnee zurückgelassenen Jungen, das des von Kindern ausgeraubten Elsternnests, das der Kröte, der von dem Schüler der Kopf abgebissen wird,

---

[1] Der Leser kann den Sommer 1960 erschließen, da die Szene zwei Jahre vordem Umzug in das neue Haus (Sommer 1962) stattfinden soll (vgl. S. 194).

[2] H. Mohr, Sehnsucht, a.a.O., S. 204 mit Bezug auf die Antwort des im Selbstinterview sprechenden Ichs, das sagt: "Ich habe gefunden, daß sie in der Zeit, die ihr gegeben war, voll gelebt hat." (Ebd., S. 78)

ziehen sich durch das ganze Buch, und das Erlebnis des einen Ereignisses
evoziert in Christa T. immer wieder die bereits vorher erlebten, so daß
sich ein Raster für ihre Erfahrungen bildet (vgl. S. 28;41;31;51;99).
Im Zusammenhang mit der Krötengeschichte heißt es :

> Da knallt der schwarze Kater noch einmal an die Stall-
> wand. Da zerschellen noch einmal die Elsterneier am Stein.
> Da wird noch einmal der Schnee von einem steifen kleinen
> Gesicht gewischt. Noch einmal schnappen die Zähne zu.
> Das hört nicht auf. (S. 137 f.)

Von Wichtigkeit ist jeweils, in welche Zeitepoche die Autorin diese
Ereignisse verlegt: Das Bild des Katers gehört in Christa T.s Kindheit, die vom Faschismus geprägt war, das Bild des erfrorenen Kindes
in die Zeit des Zusammenbruchs des Faschismus, das des ausgeraubten Elsternnests in die Gründungszeit und das der getöteten Kröte
in die Aufbauphase der DDR. Die Kennzeichen des von Menschen herbeige-
führten und verschuldeten Schrecklichen in den voraufgegangenen Epochen,
der faschistischen und der Übergangszeit vor der Gründung der DDR, sind
also auch in der gegenwärtigen Epoche (damit ist zunächst gemeint:
die Handlungszeit: Mitte der fünfziger Jahre) noch nicht überwunden,
und Christa T. leidet darunter.

Wir erkennen, daß den Leitmotiven über die jeweilige inhaltliche
Bedeutung hinaus ganz bestimmte Funktionen für den Aufbau und damit
auch für die Thematik des Werks zukommen. Sie haben die Aufgabe, die
erzählte Zeit (die Zeit, in der Christa T.s Leben spielt und die von
der Ich-Erzählerin berichtet wird) mit der Reflexionszeit der Erzählerin und sogar mit der Erzählergegenwart der Autorin zu verknüpfen. Dadurch, daß sie übertragbar sind innerhalb der verschiedenen Z e i t-
e b e n e n, können sie auch die verschiedenen P e r s p e k t i v e-
E b e n e n verbinden: Christa T. - Ich-Erzählerin - Autorin. Diese
beiden Funktionen verdeutlicht sehr anschaulich der oben zitierte Satz:
"Das hört nicht auf." (S. 138) Er ist zu verstehen als Feststellung
Christa T.s in der (von der Ich-Erzählerin) erzählten Zeit, dann als
Erkenntnis der Erzählerin auf der Ebene ihrer eigenen Erzählergegenwart, außerdem auch als Reflexion der Autorin in i h r e r Erzählergegenwart. Auf dieser letzten Ebene (wenn der Satz als Aussage der

Autorin Christa Wolf verstanden wird) verklammert das Leitmotiv
(das Bild des Bösen) die fiktive Zeit, die im Roman erzählt wird, mit
der konkreten gesellschaftlichen Wirklichkeit, in der die Autorin lebt,
so daß es auch für diese bedeutsam ist.

Modelle konkreter Erfahrung gewinnen so einen weiten Geltungsbereich.
Das kann nicht anders sein, wenn die Feststellungen, daß Leitmotive alle
Werkschichten untereinander verbinden und daß die Grundstruktur des
Werks dynamisch ist, in ihren Konsequenzen bedacht werden. Die Ich-
Erzählerin kann also gleichsam Modelle konkreter Erfahrung der Christa T.
in ihre eigene Erfahrungswelt übernehmen.[1] - Doch kann an dieser Stelle
erst dieser e i n e Grundzug weiterführender Interpretation vorgestellt werden. Der andere, daß nämlich erst die Konkretion des jeweiligen Bedeutungszusammenhangs zu Ergebnissen führt, macht an dieser Stelle eine Aussage über den inhaltlichen Deutungszusammenhang der Leitmotive
außerhalb ihres engen literarischen Kontextes unmöglich. Aber eins
läßt sich jetzt schon sagen: Die Werkstruktur schließt aus, daß die
Leitmotive - wie hier mißverständlich angenommen werden könnte - sym-
bolischer Ausdruck zeitloser Wahrheiten sind.

9. Die 'fiktive Fiktion'

Alle bisher erläuterten Momente verdichten sich im Darstellungsmittel der 'fiktiven Fiktion': Die Erzählerin (bzw. die Autorin) relativiert nicht nur durch Vor- und Rückblenden, durch Raffung und Dehnung
die Chronologie, sie wechselt nicht nur Zeitebenen, Handlungs- und
Erzählperspektiven, hält nicht nur Zuordnung und Bedeutungsrahmen von
Aussagen in der Schwebe: Dort, wo ihr keine Zeugnisse vorliegen,
e r f i n d e t sie auch Geschehnisse und Erlebnisse der Christa T.,
füllt Lücken mit ihrer Vorstellungskraft. Sie erfindet darüber hinaus

---

[1] Dies wurde deutlich bei der Behandlung des Satzes "Das hört
nicht auf." (S. 138) Es ließe sich aber auch besonders gut
bei der leitmotivischen Wiederholung der Frage "Wann, wenn nicht
jetzt?" aufzeigen.

auch Situationen, bei denen sie selbst beteiligt gewesen sein will, und
sie rechtfertigt dieses Vorgehen damit, daß es dazu diene, den Menschen, um den es geht, besser erkennbar zu machen. So ist etwa ihr Besuch
bei Christa T. im Krankenhaus im Herbst 1955 innerhalb der Romanfiktion
noch einmal 'erfunden':

> So will ich denn auf der Suche nach dem Übersehenen noch
> einmal zu ihr ins Krankenhaus gehen, an jenem Sonntag im
> Herbst ihres Hochzeitsjahres. Ich habe Ursache, diesen Gang
> zu wiederholen, weil ich nie bei ihr war, als sie wirklich
> krank lag. (S. 164)

Der Leser fragt sich, wie sie einen 'Gang wiederholen' kann, der nie
das erste Mal stattgefunden hat.

Eine andere Szene beginnt:

> Ich könnte Zeugen aufsuchen, die, wie es den Gefährten
> einer zu früh Verstorbenen angemessen ist, noch am Leben
> sind. (S. 58)

Doch auch der hier eingeführte Besuch bei der gemeinsamen Studienfreundin Gertrud Born, jetzt Frau Doktor Dölling, ist 'erfunden'. Zunächst ahnt der Leser dies nur, wenn er sieht, wie während der Beschreibung dieser Besuchsszene unmerklich die Zeitformen und Modi wechseln:

> Ich w ü r d e   a n k l o p f e n und e i n t r e t e n, (...).
> (S. 59)
> N e h m e n wir a n, ihre Freude w ä r e echt. (S. 59)
> Doktor Dölling w i r d maßvoll b l e i b e n (...). (S. 59)
> Die dort g e h t, i s t Frau Doktor Dölling, (...). (S. 60)
> Sie war, w i r d sie s a g e n, anders als andere. (S. 60)
> Sie war merkwürdig, w ü r d e Gertrud Dölling s a g e n. (S.60)
> Und ich m ü ß t e sie lange auffordernd a n s e h e n, (...).
> (S. 60)
> Das Wort l a s s e ich sich z e r s t r e u e n, es g e h ö r t
> nicht in diesen Raum und v e r g e h t schnell. (S.61)
> Sie l a c h t und l e g t die Fingerspitzen a n e i n a n d e r,
> (...). (S. 61)
> Durch ihre Vorstellungskraft, w i r d sie dann vielleicht s a g e n,
> nicht recht zufrieden mit sich. (S. 61)[1]

---

[1] Alle Hervorhebungen von mir.

An einer Stelle konzentrieren sich die unterschiedlichen Zeitformen und Modi:

> Sie b l i c k t e mich schnell an . Das w i r d der
> Augenblick s e i n, da ich die Lider s e n k e, n e h m e
> ich a n, denn daß ich mein eigenes Empfinden ruhig von
> ihr a u s g e d r ü c k t h ö r e n k a n n, i s t nicht
> d e n k b a r. (S. 61)[1]

Vollzieht der Leser bei der Szene dieses Besuchs zunächst den Irrealis ("würde") mit, so verfällt er bald der Illusion, er nähme an einer 'echten' (innerhalb der Fiktion der Romanwelt) Szene teil. Die ab und zu verwendeten Zeitformen des Präsens und Präteritums sowie die direkte Rede und die gelegentliche unmittelbare szenische Wechselrede lassen ihn annehmen, der Besuch habe 'wirklich' stattgefunden. Dieser Eindruck wird mehrmals durch einen neuen Irrealis oder eine futurale Verbform verfremdet, dann aber durch den Indikativ wieder hergestellt.

Jenes Schwanken in der Darstellungsform, das sich auch auf den Mitvollzug des Lesers überträgt, wird mitten in dem Gespräch plötzlich abgebrochen durch die Feststellung der Ich-Erzählerin:

> Ich werde nicht zu ihr gehen, ich werde Gertrud Dölling
> nicht besuchen. Das Gespräch wird nicht stattfinden, diese
> Gemütsbewegungen werden wir uns ersparen. (S. 64)

Zuweilen bleibt bis zum Schluß einer Szene offen, ob sie 'erfunden' ist oder nicht, ob die Erzählerin ein Ereignis in einer Aufzeichnung von Christa T. gelesen hat, ob es ihr von dieser erzählt wurde oder ob sie es sich nur vorstellt.

Der sehr ausführlich wiedergegebene Besuch Christa T.s beim Schuldirektor wird eingeleitet:

> Dieser Mann, von dem sie mir erzählt hat - aber ich kenne
> ihn nicht -, muß hier erfunden werden. (S. 130)

Der Schluß dagegen stellt das Erfunden-Sein in Frage:

> Vielleicht war der Mann, ihr Direktor, nicht so, aber er könnte
> so gewesen sein. Fragen kann man ihn nicht, er ist tot. (S. 134)
> So kann es gewesen sein, aber ich bestehe nicht darauf. (S. 134)

Die Erzählerin selbst läßt die Frage offen. Sie bietet dem Leser Möglichkeiten an, Alternativen. Er muß selbst entscheiden, welche 'Realität'

---

[1] Alle Hervorhebungen von mir.

ihm ein besseres Bild der Christa T. vermittelt, ob und wie dieses
sich ändert, wenn er solchermaßen dargestellte Informationsmöglich-
keiten als 'fiktiv' verwirft.

Besonders kunstfertig wird dieses Mittel der 'fiktiven Fiktion'
bei der Darstellung von Christa T.s Besuch beim Wahrsager angewendet:
Ihr Plan und ihre Fahrt zu ihm werden als 'real' beschrieben, und die
Zeile ´Wat de Generool seggt hett` (S. 99), die durch Kursivdruck als
eine Zeile aus Christa T.s Tagebuch gekennzeichnet ist, läßt ebenso wie
die am Schluß der Szene 'dokumentierten' Tagebuchsätze vermuten, die
Ich-Erzählerin habe ihr Wissen über diese Begegnung aus den Aufzeichnungen der Verstorbenen bezogen. Doch wird der Leser sofort aufgestört,
wenn es heißt:

> Und wenn sie ihn einfach erfunden hätte? Denn wenn es ihn
> nicht gab, hätte sie ihn erfunden, weil sie ihn brauchte. Aber
> den Mut zum Erfinden hatte sie nicht, darüber wird noch zu reden
> sein. Also gab es ihn, tritt er wirklich auf, wird allerdings
> zur Vorsicht gleich wieder versteckt und zurückgenommen hinter
> die ironische Überschrift. (S. 99 f.)

Nach der Wiedergabe des Gesprächs, das der Leser, verführt durch den
Gebrauch des Präsens, wieder für 'real' hält, heißt es:

> Natürlich, möchte ich hier einflechten, denn es hat mir
> keine Ruhe gelassen, natürlich hat sie den General dennoch
> erfunden, am nächsten Tag nach ihrer Sêance bei ihm, allein
> in ihrem Zimmer, (...) das Tagebuch vor sich auf dem Tisch: (...).
> (S. 102)

Der Leser wird von neuem plötzlich aus seiner Illusion gerissen. Der
Widerspruch wird nicht aufgelöst, daß einerseits diese Unterredung eine
Erfindung der Christa T. sei, daß es andererseits aber den Besuch beim
General gegeben habe. Es ist ja der "Tag nach ihrer Sêance bei ihm",
an dem sie ihn ihrem Tagebuch "erfand", "mit der besten Absicht, genau
zu sein, objektiv zu sein, des Generals Rede mit seinen Worten nieder-
zuschreiben" (S.102).

Und noch einmal fühlt der Leser sich genarrt, wenn er bald darauf
liest:

> Ich nehme mir heraus, sie zu korrigieren, und erfinde
> mir meinen General selbst. (S. 102)

Ein anderer Satz liegt auf dieser Linie:

> Da sieht er: Schon entgleitet ihm diese Dame. Es hilft
> nichts, er muß sich anstrengen, mein General. (S. 103)

Doch die weitere Aufzeichnung des Gesprächs bringt eine neue Überrasch

> Da hat sie, nach allem, das Heft schon zugeklappt, es dann
> doch noch einmal hervorgeholt: hat schließlich auch das noch
> niedergeschrieben, (...). (S. 106 f.)

Die Wiedergabe des Gesprächs wird hier beendet, als sei diese 'Erfindung' der Ich-Erzählerin rückgängig gemacht zugunsten eines 'echten'
Gesprächs zwischen Christa T. und dem General.
Anschließend zitiert die Erzählerin aus dem Tagebuch wörtlich, wie
der General Christa T. gesagt habe, ihre Ehe werde durch den Tod eines
Gatten getrennt. Offenbar findet sie diesen Satz aus dem erklärter-
maßen von ihr selbst erfundenen Gespräch paradoxerweise in dem Dokumen
Christa T.s und scheint sich nicht einmal hierüber zu wundern. Darauf
kommt es offenbar nicht an. Hans Mayer bemerkt treffend: "Sobald eine
Episode schärferen Umriß zu gewinnen droht, wird radiert und wieder
ausgewischt."[1] Es muß aber erfunden werden um der Wahrheit willen. Die
Ich-Erzählerin ist sich dieser Problematik durchaus bewußt. Der Leser
selbst soll die Episoden entwerfen und verwerfen, relativieren und
verwandeln. Indem sie selbst ihren Bericht anzweifelt, manchmal verschiedene Versionen der gleichen Szene entwirft und wieder verwirft,
zwingt sie den Leser zur Mitarbeit. Nur mit aller Behutsamkeit kann
man sich der Toten nähern:

> Was sind Tatsachen? Und schafft nicht auch -
> Nachdenken Tatsachen? (S. 74)

Die Behutsamkeit, die sie sich auferlegt beim Entdecken der Verstorbenen, ist das Gegenteil davon,"Tatsachen" über Christa T. zu finden und die Tote darauf festzulegen. Die Mutmaßungstechnik und das
Offenlassen der 'Tatsächlichkeit' vieler Ereignisse entspricht dem
manchmal skrupulösen Thematisieren des Nachdenkensprozesses:

---

[1] Hans Mayer: Christa Wolf/Nachdenken über Christa T., a.a.O., S. 182.

Darum kann man sich, leider, an die Tatsachen nicht klammern, die mit zuviel Zufall gemischt sind und wenig besagen. Aber es wird auch schon schwerer, auseinanderzuhalten: was man mit Sicherheit weiß und seit wann; was sie selbst, was andere einem enthüllten; was ihre Hinterlassenschaft hinzufügt, was auch sie verbirgt; was man erfinden muß, um der Wahrheit willen: jener Gestalt, die mir manchmal schon erscheint und der ich mich mit Vorsicht nähere.

Da überlagern sich schon die Wege, die wir wirklich gegangen sind, mit ungegangenen. Da höre ich schon Worte, die wir nie gesprochen haben. Schon sehe ich sie, Christa T., wenn sie ohne Zeugen war. (S. 31 f.)

Das Merkmal der 'fiktiven Fiktion' hindert noch mehr als die schon vorher aufgezeigten Darstellungsmittel, Christa T. auf eine greifbare Identität festzulegen. Wenn es gar nicht darauf ankommt, ob ein Geschehen in ihrem Leben stattgefunden hat oder nicht, ob sie dies oder jenes getan hat oder nicht, dann muß es offenbar auf etwas anderes ankommen. Wenn die Erzählerin mögliche Ereignisse durchspielt und wieder fallenläßt oder gegen andere auswechselt, spricht dies dafür, daß sie nicht konkrete Umrisse der Persönlichkeit der Verstorbenen schärfer hervortreten lassen will, sondern daß diese Figur ihr als Medium dient, bestimmte Aussagen zu machen, daß sie in der Figur der Christa T. ein Modell aufbauen will, welches die verschiedenen erinnerten, erfundenen und wieder verworfenen Episoden jeweils unter einem besonderen Aspekt zeigen.

IV. Zusammenfassung und weiterführende Fragen

1. Während Christa Wolf in ihrem ersten Roman die auktoriale Erzählhaltung grundsätzlich eingehalten hat, kann, wie gezeigt wurde, von einer Allwissenheit der Ich-Erzählerin in bezug auf die Figur der Christa T. keine Rede mehr sein. Die Autorin hat diese Instanz geschaffen, um den Leser am Prozeß des Entstehens ihres Romans teilnehmen zu lassen, ihm die Schwierigkeiten nicht zu verschweigen, die sie selber bei ihrer Arbeit zu meistern hatte.[1] Gerade das Aufdecken der Schwierigkeiten beim Erfassen der Bedeutung von Vergangenem für die Gegenwart, das Offenlegen des jeweils punktuellen Stands der Arbeit der Autorin, und zwar durch die fiktive Figur der Ich-Erzählerin, stellen leitende Gesichtspunkte für die Interpretation des Werks dar. Wenn die Erzählerin gelegentlich in der außenperspektivischen Ich-Erzählweise über Christa T. nachdenkt und schreibt, wird sie dadurch nicht zum allwissenden Erzähler. - Im Gegenteil! In diesem Grenzfall stellt sie vielmehr an einem Punkt äußerster Selbst- und Weltkritik sich selbst und ihre 'Zeit' in Frage und übergibt das Leben Christa T.s dem Leser zur eigenen Beurteilung und Auseinandersetzung.

2. Der Titel des Werks 'Nachdenken über Christa T.' ist nicht nur thematischer Hinweis, sondern "zugleich Definition der erzählerischen Struktur"[2]. Die Frage "Und schafft nicht auch - Nachdenken Tatsachen?" (S. 74), über die Christa T. (oder die Ich-Erzählerin; die Darstellungsform erlaubt beide Zuordnungen) reflektiert, gilt auch für die Romanstruktur. Der Gehalt des Werkes fordert und schafft sich eine adäquate Form.

Werner Brettschneider faßt die verschiedenen 'Realitätsebenen' des Romans, mit denen wir uns in der literarischen Analyse beschäftigen, folgendermaßen zusammen:

---

[1] In einem Interview spricht Christa Wolf darüber: "Mir kommt es so vor, als ob in der modernen Prosa der Autor verpflichtet ist, den Leser teilhaben zu lassen an der Entstehung der Fiktion und ihm nicht die Fiktion als zweite Wirklichkeit vor die Wirklichkeit zu stellen. (...) Diese Haltung zum Stoff und zum Leser prägt weitgehend den Stil." (In: Gespräch mit J. Walther, a.a.O., S. 131).

[2] M. Durzak, Der deutsche Roman, S. 270.

Das Berichtete befindet sich entweder als Dokument auf der
unbezweifelten Ebene der W i r k l i c h k e i t, es befindet
sich auf der Ebene der vor Irrtum nicht geschützten E r i n n e -
r u n g oder es befindet sich auf der Ebene der P o t e n t i a -
l i t ä t, des Vielleicht, des Vermuteten.[1]

Diese Bestimmung gilt, wie einsichtig geworden ist, nicht nur für
den "Bericht" der Ich-Erzählerin innerhalb der fiktiven Welt des
Romans, sondern auch für das Buch der Autorin Christa Wolf, in dem
ebenfalls ursprünglich die Erinnerung an einen verstorbenen Menschen
den Schreibvorgang anregte und bestimmte.

Viele der Ungewißheiten in einzelnen Szenen, bei denen der Leser
stockt, und viele Widersprüche, die in der Person der Christa T. und
in ihrem Verhältnis zu ihrer Umwelt begründet liegen, können nur dann
einer Lösung nähergebracht werden, wenn dieser Mechanismus des Spiels
mit den verschiedenen Wirklichkeitsebenen dem Leser vor Augen steht.
Wenn er die Auflösung auf allen Ebenen versucht, stellt er sich der
Provokation des Werks und übernimmt damit für sich jenen Prozeß des
Nachdenkens, der gerade bei wiederholter Lektüre laufend zu neuen Einsichten führt.

3. Die Vernachlässigung der Chronologie, die Ungenauigkeit bei der
Abgrenzung der unterschiedlichen Zeitebenen und der verschiedenen Personen, die Durchsetzung des Werks mit Leitmotiven, die erst nach und
nach ihre Bedeutung zu erkennen geben und häufig mehrere Interpretationen
zugleich zulassen, das oft Hypothetische und Skizzenhafte von Szenen
und das Offenlassen der Frage nach der 'realen Faktizität' bestimmter
Episoden machen deutlich, daß es der Autorin nicht um eine Art 'Ent-
wicklungsroman' geht. Das erzählende Ich im Roman bzw. das Ich des
'Selbstinterviews' würde zudem durch seine innere Beziehung zu der
Verstorbenen gehindert, diese auf einen - etwa den entwicklungspsychologischen - 'Nenner' bringen zu wollen. Statt der chronologisch-biographi-
schen Darstellung der Entwicklung eines Charakters geht es darum, an Hand
einzelner Konstellationen Bedeutung aufzuzeigen.[2] Im 'Nachdenken über

---

1 Zwischen literarischer Autonomie und Staatsdienst. Die Literatur in
  der DDR, Berlin/W., 1972, S. 126. Hervorhebungen von mir.

2 "In dem Strom meiner Gedanken schwimmen wie Inselchen die konkreten
  Episoden - das ist die Struktur der Erzählung." (Wolf, Selbstinterview, a.a.O., S. 76).

Christa T.' wird nicht erklärt, sondern auf etwas gezeigt und darüber meditiert. Da es die geschlossene Fiktion und den überlegenen Erzähler nicht gibt, wären auch die Schwierigkeiten, die beim Entwurf einer entwicklungspsychologischen Studie für die Erzählerin bzw. die Autorin entstehen würden, viel zu groß (vgl. z.B. S. 147). Nicht auf einzelne Entwicklungsstadien kommt es an - denn dann wäre Christa T. greifbar und begreifbar, könnte festgehalten und besessen werden - vielmehr darauf, "(d)aß die Zweifel verstummen und man sie sieht" (S. 235), daß sie sich zu erkennen gibt in ihren Widersprüchlichkeiten und mit ihren Möglichkeiten. Spannung entsteht also beim Leser nicht erst vom zu erwartenden Ende der Geschichte her - das erfährt er ja vielmehr schon am Anfang des Buchs -, sondern sein Interesse wird weitgehend vom Fortgang der Handlung abgezogen und auf Einzelheiten und Probleme gelenkt, die im Laufe der Entwicklung ausgebreitet werden. Diese Erwartungs- und Lesehaltung ist Wirkung der das Werk bestimmenden Grundstruktur des Erinnerns.

Dadurch, daß der Gang der Erzählung vom Reflexionsvorgang der Erzählerin konstituiert wird, erscheint das Vergangene in völlig neuem Licht. Erinnern ist nicht möglich, ohne daß sich die Erzählerin selbst ins Spiel bringt. Wenn sie Erfahrungen mit Christa T. beschreiben will, wird sie notwendigerweise die 'Tatsachen', die sie erlebt hat und an die sie sich erinnert, subjektiv anordnen und deuten. Die aufgezeigten Stilmittel rufen die Vermutung hervor, die Ich-Erzählerin könne gar nicht anders als - bewußt oder unbewußt, offen oder versteckt - "ihre eigenen Erfahrungen in die Geschichte der Toten zu projizieren"[1]. Die Identität von Anlaß, Vorgehensweise und Erkenntnisinteresse bei Ich-Erzählerin, Ich des 'Selbstinterviews' und Autorin wiederum führen den Leser zu der Vermutung, die Autorin projiziere ihre eigenen Erfahrungen in die von ihr gestalteten Figuren der Ich-Erzählerin u n d der Christa T.

4. Die Erzählerin macht die Frage ´Aber was sind Tatsachen?` (S. 218), die sie in den Notizen der Verstorbenen findet, zu ihrer eigenen und beantwortet sie: "Die Spuren, die die Ereignisse in unserem Innern hin-

---

[1] M.Reich-Ranicki, Christa Wolfs unruhige Elegie, a.a.O.

terlassen." (S. 218) Dies sind einmal Spuren, die die Ereignisse
im Innern der Christa T. hinterlassen haben, dann Spuren der literarischen Christa T. des Berichts im Innern der Erzählerin und des
fiktiven Lesers, an den sie sich wendet und den sie gelegentlich direkt
anredet. Es sind Spuren auch im Innern des Ichs, das im 'Selbstinterview'
spricht, bis es schließlich um Spuren geht, die der Roman im Innern
der Autorin und ihrer Leser hinterläßt.

Dieser Leser, der eingeladen wird, teilzunehmen am suchenden
Schreiben der Ich-Erzählerin, hält also mit dieser Ausschau nach dem,
was deren Freundin in ihrem Leben hinterlassen hat. Weiterhin beobachtet er die Erzählerin selbst, wenn er deren Suchen und deren Veränderungen im Laufe ihres Nachdenkens ins Auge faßt. Auf der nächsten Ebene
folgt er dem "Ich", das im 'Selbstinterview' sagt, daß es die verstorbene Freundin durch das Medium des Schreibens suche. Darüber hinaus
kann er noch, indem er sich mit der Rezeption auseinandersetzt, den
Spuren anderer Leser folgen und sich dabei zur Beurteilung der kulturpolitischen Situation noch einmal auf die durch Inhalt und Form des
Werks vermittelte Botschaft zurückbeziehen.

Dem Mechanismus, der diese verschiedenen 'Lesarten' möglich macht,
liegen letztlich Lebensspuren des historischen Menschen zugrunde, den
Christa Wolf gekannt hat, der hinter der literarischen Figur der Christa T.
steht und dessen Tod sie zum Schreiben des Buchs veranlaßt hat. Jene
Feststellung des "Berichts", daß Tatsachen durch Erinnern vermittelt
werden, wird also für denjenigen Leser des Romans, der sich in das
"Uns" einbeziehen will, ins Grundsätzliche gelenkt. Er ist aufgefordert,
selbst Bezugspunkte für die Aktualisierung dieses Satzes zu suchen.

5. Das 'Nachdenken über Christa T.' führt als Nachdenken über die
'reale' Person, die hinter dieser steht, über die Frage nach der Funktion
dieses Nachdenkens für Ich-Erzählerin und Autorin schließlich also zur
Frage nach der Intention des Werks. Insofern das 'Selbstinterview' das
Spiel mit den Identitäten, das wir im Roman und in den außerliterarischen
Aussagen der Autorin finden, fortsetzt, erweist es sich als Modell des
Romans. Neben diesem strukturellen Aspekt erhellt es aber auch schon
wesentliche inhaltliche Momente des Werkes und der Intention der Autorin:

Es kommt auf die Beziehungen, auf das W i e der Entsprechungen an.
Die Frage der Historizität einer außerliterarischen Christa T. wird
dann erst einmal nebensächlich.

Das Erkenntnisinteresse von Ich-Erzählerin und Autorin ist nun jedoch nicht nur, zusammenzustellen und zu reflektieren, was Erinnerung
und schriftliches Material über eine literarische oder historische
'Christa T.' bieten, sondern der Sachverhalt der gebrochenen, partiellen,
nur in Konkretionen und Funktionen ausdrückbaren Identitäten weist hin
auf das e i g e n t l i c h e Interesse der Autorin, das sie im Werk
so formuliert: "(...) innerlich beteiligtes Schreiben (hat) immer auch
mit Selbstbehauptung und Selbstentdeckung zu tun (...)." (S. 73) Dann
aber gilt: Je reicher, je lebendiger, je 'realistischer' die Geschichte
der Christa T. ist, umso besser sind die gemeinsamen Intentionen von
Ich-Erzählerin und Autorin erfüllt.

Der Leser gelangt damit an den Punkt, wo er mit der Ich-Erzählerin
"das Geheimnis der dritten Person" zu begreifen beginnt, "die dabei
ist, ohne greifbar zu sein, und die, wenn die Umstände ihr günstig
sind, mehr Wirklichkeit auf sich ziehen kann als die erste: ich"
(S. 216). Diese Erkenntnis der Ich-Erzählerin erwächst aus der "Schwierigkeit" der schreibenden Christa T., "'ich' zu sagen" (S. 214; 216).
Vor dieser Schwierigkeit stehen aber Christa T. und Ich-Erzählerin
der Handlungsgegenwart, erinnernde Erzählerin und Autorin in gleicher
Weise. Und der Leser wird genötigt, diese Schwierigkeit zu seiner eigenen zu machen, wenn er dem Werk gerecht werden will. Er entspricht nur
so einem konstitutiven Merkmal des Werkes, das auf all seinen Ebenen
präsent ist.

6. In der literarischen Analyse haben wir bisher die Werkelemente
analytisch isoliert und beschrieben in ihren Relationen zueinander
und in ihrer Funktion für den Gesamtaufbau des Romans. Wir haben weiter
gezeigt, wie die einzelnen Werkschichten durch die aufgezeigte Dynamik
des Werks hineingezogen werden in die Deutungsperspektive und wie durch
die Vielfalt der möglichen Deutungen, die im Werk angelegt sind, einzelne

Aussagen mehrschichtig und von einer anderen Bedeutungsebene her relativiert werden. Der oft kaum merkliche Wechsel der Zeitebenen und
der Erzählperspektiven, die Leitmotive, die Differenzierung der grammatischen Personen und das Spiel mit den Identitäten insgesamt, das
durch alle Schichten geht, bestimmen die Struktur des Werks und auf
einer weiteren Ebene auch seinen Aussagegehalt. Durch das Entfalten
jenes Mechanismus verwiesen wir auf die verschiedenen Lektüremöglichkeiten und zeigten, daß der hohe Grad an Strukturiertheit des Werks
die Voraussetzung für die weiterführende Deutung darstellt. Denn es
wurde erkennbar, daß der aufgezeigte Mechanismus sich auf den einzelnen
Werkebenen nicht erschöpft, sondern über das Werk hinausführt. Damit
ergab sich die 'Reihe' Christa T. - Ich-Erzählerin - Ich des 'Selbstinterviews' - Autorin - einzelner Leser - gesellschaftlicher Rezipient.
So wird über die formale 'Lösung' der Identitätsproblematik die spezifische Botschaft des Romans transportiert.

Welches sind nun die Eigenschaften dieses gesuchten Strukturmodells,
das sich in der literarischen Analyse gleichsam selbst abbildet?
(a) Durch die methodische Isolierung der Werkelemente, die zur Benennung
der Modellbestandteile führte, hat sich erwiesen, daß die enge Verknüpfung
der einzelnen formalen Elemente miteinander (z.B. das Zusammenwirken
des Wechsels der Zeitebenen und der verschiedenen Perspektive-Ebenen
und der 'authentischen Zitate' der Christa T.) ein äußerst dichtes Netz
von Relationen schafft und daß dieses, wenn man es inhaltlich besetzt,
die Relativierung von Bedeutungsinhalten bewirkt. Ein erstes Merkmal
des gesuchten Modells ist also A b s t r a k t i o n. Denn wenn gilt,
daß jede Bedeutung zunächst einmal relativiert wird, heißt das, daß
jede einzelne Bedeutung ihren konkreten Bezugsrahmen verliert. Die erste
Funktion des Modells ist also seine Ü b e r t r a g b a r k e i t. -
Daraus folgt:
(b) Es ist ein d y n a m i s c h e s Modell: Die Relativierung der
einzelnen Bedeutungselemente (etwa durch das Verschwimmen der Personengrenzen) hat einen bestimmten Duktus: Alle Bedeutungen im Werk verweisen aufeinander. Dadurch bekommt das Modell die Tendenz, die konkreten Bedeutungen - die man als Leser zunächst im Leben der Christa T.

festmacht - zu transportieren auf die jeweils darüberliegende Ebene.
Da das Werk selbst in seinen Forminstanzen (Christa T. - Ich-Erzähle-
rin - Autorin) Bezugspunkte dieser Bedeutungen in unterschiedlichen
Fixierungen vorgibt, werden die Inhalte in einen Rhythmus von Ab-
straktion und neuer Konkretisierung überführt, dessen Richtung durch
Form u n d Inhalt des Werkes bestimmt ist.

(c) Die Ebenen sind also Orte, an denen sich die transportierten Bedeutungen k o n k r e t i s i e r e n und gleichsam neu lesbar werden. Die Dynamik des Modells führt dabei über das Werk hinaus, schließt
die Autorin Christa Wolf und den Kontext ihres Schaffens mit ein und
macht auch vor dem Leser nicht halt, der sich selbst als eine solche
Bedeutungsebene sehen muß, wenn er dem Gehalt des Werkes und der Tendenz seiner Struktur gleichermaßen gerecht werden will. Das naive Verständnis seiner selbst, seiner Vergangenheit und Gegenwart wird durch
den Bezug auf die Bedeutungs- und Modellelemente des Werks zunächst
dekomponiert, dann aber einer neuen 'Lektüre' zugänglich gemacht.
In dieser konkretisiert sich die 'Botschaft' des Werkes, während seine
Form weiterwirkt. Entspricht der Leser beiden vollkommen, wird er sich
auf die Suche nach neuen sinnvollen Bedeutungsebenen begeben und so
die Dynamik des Modells zum Prinzip seiner Existenz, seines H a n -
d e l n s machen. Damit wird das Werk als literarisches Modell zum
Raster für die Verarbeitung von Erfahrung und zugleich zum Deutungs-
modell für das Verhältnis von Individuum und Gesellschaft in einer bestimmten Zeit.

7. Grundlegende Voraussetzung für diese weiterführenden Deutungen ist
damit bereits der 'Charakter' der Christa T. Über die Bedeutung der
Ich-Erzählerin (als 'zweiter Schicht'), die wiederum gebunden ist an
die Bedeutung der Christa T. für sie, kann erst danach gesprochen werden, gleichsam durch den Filter der Analyse des Charakters der
Christa T. (der 'darunterliegenden Schicht'). Die Bedeutung der Christa
T., der Ich-Erzählerin und der Beziehung zwischen beiden wird anschließend jeweils an den entsprechendenden Stellen in der Interpretation des Werkes mit dem konkreten inhaltlichen Material entfaltet
und so der Sinn des Werks auch für die Autorin und die Leser erschlossen und realisiert.

Die Frage der erinnernden Erzählerin: "Sollte nicht jede Zeit
gleich gut oder gleich schlecht für den Versuch sein, sich in und außer
sich zu suchen?" (S. 70) ist ursprünglich eine Überlegung der schreibenden Christa T., zugleich jedoch auch eine, die der Selbstverständigung der Ich-Erzählerin dient, die selbst wiederum über Christa T.
schreibt und sich dadurch 'außer sich sucht'. Ebenso stellt auch Christa
Wolf die Frage, indem sie in diesem Werk - in der literarischen Darstellung der Christa T. u n d der Ich-Erzählerin - 'sich in und außer
sich sucht' und verwirklichen will.

Diese Frage, die die verschiedenen Zeitebenen miteinander verklammert und die verschiedenen nachdenkenden und schreibenden Personen zu-
sammensieht, die jeweils in den anderen sich selbst suchen (sogar
Christa T., die über Theodor Storm schreibt), formuliert zugleich das
Thema des Buchs: die Beschreibung der Suche nach sich selbst als eines
'Versuchs, man selbst zu sein' (S. 7), und gibt uns die leitende Perspektive, mit der wir nun in den Teil B eintreten.

B. Der Roman als Erfahrungsmodell (Inhaltliche Deutung)

I. Der 'Charakter' der Christa T.

1. Funktion der Charakteranalyse

Der Tod der Christa T. ist die Voraussetzung für den Beginn des Nachdenkensprozesses der Ich-Erzählerin. Es bietet sich also an, innerhalb der inhaltlichen Deutung des Werkes als erstes den 'Charakter' der Christa T. zu beschreiben, der sozusagen die unterste Schicht bildet, über die sich die weiteren Schichten (der Erinnerungs- und Schreibvorgang der Erzählerin und der Autorin) legen.

Doch sofort erhebt sich die Frage: Darf legitimerweise mit psychologischen Kategorien an diese Gestalt herangegangen werden, nachdem soeben in der literarischen Analyse die komplexe Werkstruktur mit der mehrfach gebrochenen Perspektive und den daraus resultierenden vielfältigen Lektüremöglichkeiten aufgezeigt wurde? - Diese Rekonstruktion ist tatsächlich nicht problemlos und nur unter dem angedeuteten Vorbehalt möglich. Es kann aber dem Leser des Werks nicht entgehen, daß trotz der vielen Ungewißheiten und Mehrdeutigkeiten, die in der literarischen Werkstruktur begründet sind, sich für ihn so etwas wie ein Charakter der Christa T. herauskristallisiert. Allerdings entzieht sich ihm dieser immer sogleich wieder, wenn er gerade meint, ihn fassen zu können.

Wenn wir dennoch eine Beschreibung dieses Charakters versuchen, wird das Ergebnis unser Vorgehen rechtfertigen. Entziehen können wir uns dieser Aufgabe nicht, denn - so wird sich zeigen - es geht ja eben nicht allein um eine psychologische Beschreibung und Deutung einer literarischen Gestalt, sondern darum, die literarische Grundstruktur des Werkes erstmals als Ganzes zu betrachten, ihre Dynamik zu erfassen und ihr Funktionieren in einer konkreten 'literarischen Besetzung' anschaulich zu machen. Der Charakter der Christa T. wird dann zum Modell der Grundstruktur des Werkes und ist doch - wie sich zeigen wird -

nur eines seiner Teile, zu dessen Merkmalen es gehört, (als Modell)
über sich hinauszuweisen auf das Ganze der Werkgestalt.

2. Die Fremdheit der Person

Schon in der Art und Weise, wie Christa T. am Anfang des Romans dem
Leser vorgestellt wird, wird gleich mehrmals ihre Fremdheit im Verhältnis zu ihrer Umwelt betont: "Sie saß in der letzten Bankreihe und zeigte keinen Eifer, mit uns bekannt zu werden." (S. 10)[1] Die schon bald
einsetzenden unterschiedlichen Reaktionen ihrer Mitschülerinnen auf ihr
Verhalten deuten darauf hin, daß sie als eine Provokation empfunden
wird. Auf dem Weg zu einem Filmbesuch - Christa T. hat sich den Mitschülerinnen angeschlossen, "weil sie ebensogut bei uns sein konnte
wie anderswo, auf sie achtete keiner" (S. 13 f.) - zieht sie die Aufmerksamkeit der Leute auf sich, indem sie auf einer zusammengerollten
Zeitung einen lauten Ruf ausstößt (vgl. S. 14). Für die Ich-Erzählerin, die die Beschreibung dieses Tages leitmotivisch wiederholt
(vgl. S. 10;14;35; 148;215) und ihn nachträglich als den ersten
Augenblick ihrer Bekanntschaft ansieht, ist dieser für alle anderen
sonderbare Vorgang keineswegs überraschend; sie "hatte es einfach gewußt" (S. 14). Von nun an wirbt sie um die Freundschaft der neuen Mit-
schülerin: "Ich wollte an einem Leben teilhaben, das solche Rufe hervorbrachte, hooohaahooo, und das ihr bekannt sein mußte." (S. 16)
Das ablehnende Verhalten der Klasse ist demgegenüber darin begründet, daß Christa T. sich von Anfang an stark von ihren Mitschülerinnen
unterscheidet, deren Wertmaßstäbe sie nicht teilt.[2] Die Versuche
einiger Klassenkameradinnen, in ihre Welt Einlaß zu gewinnen, scheitern an ihrem Verlangen nach Unabhängigkeit. "Die Wahrheit war: Sie

---

[1] Vgl. auch: "Sie bewarb sich übrigens nicht um Aufnahme. Nicht um
freundliche, nicht um widerwillige. Um gar keine." (S. 12)

[2] "Das Spiel da unten wurde angepfiffen, aber ich drehte den Kopf und
starrte die Neue an, die kein Schulfach nennen wollte, das sie am
liebsten hatte, weil sie am liebsten in den Wald ging." (S. 11)

brauchte uns nicht. Sie kam und ging, mehr ließ sich über sie
nicht sagen." (S. 12)

Auf ihre Kommilitonen wirkt sie später ähnlich befremdend. Von
ihnen wird sie als "unzeitgemäß" (S. 79), "einseitig" (S. 219),
"wirklichkeitsfremd" (S. 73) bezeichnet. Durch ihre mangelnde Fähigkeit zu Festlegungen unterscheidet sie sich von den anderen Studenten, die sie entweder gar nicht beachten oder sie verwundert und
befremdet und, wie es scheint, manchmal auch ein wenig neidisch
beobachten.

Hieraus resultiert ihr Gefühl der U n t e r l e g e n h e i t,
das sie bisweilen überfällt und das sich verbindet mit ihrer Einsicht,
anders zu sein als die anderen, etwa ihre Mitstudenten, die schließlich alle 'brauchbare' Mitglieder der Gesellschaft geworden sind und
ihre Pflichten erfüllen, wie zum Beispiel die Schwester der Christa T.[1],
Gertrud Dölling und auch die Erzählerin. Ihre Mitstudenten fragen
sich: "Sie bereitet sich vor - worauf?" (S. 45) Während s i e eifrig
für ihre Prüfungen lernen, überlegt Christa T., "wie aus den Stücken
von Leben, die jedem hingehalten werden, ein ganzes Leben zu machen
wäre und ob dies überhaupt das Ziel sei... Wenn aber dies nicht, was
dann?" (S. 47) Diese Frage, die sie ihr ganzes Leben hindurch nicht
beantworten kann und die sie von den meisten anderen trennt, ist wohl
der Grund für den Eindruck, den die Ich-Erzählerin aus einem Photo
der Junglehrerin gewinnt: "Sie hat etwas zu verbergen, eine Wunde,
könnte man denken, die schwer heilt." (S. 42)

Christa T.s Feststellung als Kind "ICH bin anders " (S. 30) kennzeichnet ihr Selbstbewußtsein und bestimmt als wesentliches Motiv das
ganze Werk.[2] In ihrer Junglehrerzeit stellt sie einem Kollegen die
Rätselfrage: "Was wird aus mir?" (S.53) Ihre Antwort auf die Frage,
was sie werden wolle: "Ein Mensch" (S. 46), der Ausruf in ihrem Tage-

---

[1] Christa T. über ihre Schwester: "Sie ist doch tüchtig, die Schwester,
sie packt das Leben an, (...). Aber was tu' ich denn!" (S. 68)

[2] Vgl. bsd. auch S. 73 und unten Kp. B.IV.2.

buch: ´Nichts weiter als ein Mensch sein...` (S. 46), die Tatsache,
daß sie nur e i n Interesse hat: "Menschen" (S. 62), diese empha-
tischen Benennungen verweisen auf einen Bedeutungsaspekt des Begriffs,
den sie durch den 'empirischen Befund' nicht eingelöst findet und
den sie selbst zu verwirklichen sucht.

3. Die offenkundigen Widersprüche im Charakter

Der befremdende Eindruck, den Christa T. macht, läßt sich durch
die offenkundige Widersprüchlichkeit ihres Charakters begründen:
Sie wirkt auf ihre Mitmenschen einerseits auf verschiedene Weisen
"naiv" (S. 83), unbefangen und auch anziehend, etwa auf Gertrud Dölling, die sich trotz ihrer Bedenken von ihr in Frage stellen läßt
(S. 61), oder später auf die Bauern, von denen sie sich die Dorfge-
schichten erzählen läßt (S. 218), und auf die Bäuerinnen, die ihr
und nur ihr ihre alltäglichen Sorgen anvertrauen (S. 182). - Doch
andererseits wirkt sie wiederum unnahbar, etwa auf die Frau des
Schulleiters und die Zahnarztfrau, die sie "unheimlich" findet (S. 178
und auf den jungen Lehrer aus dem Nachbardorf, dessen Lieblingswort
"vollständig" ist (vgl. S. 48 ff.; 116).
Ähnliche Schwierigkeiten hat der Leser, wenn er sich dieser Persönlichkeit zu nähern versucht. Sobald er glaubt, einen Zug ihres
Charakters erkannt zu haben und fassen zu können, wird dieser durch
einen anderen wieder in Frage gestellt und zurückgenommen. Christa T.
wird einerseits als gefühlsstark und leidenschaftlich (vgl. S. 147;
162), andererseits als nüchtern und rational gezeigt (S. 220). Sie
wird als "scheu" (S. 43) und "schüchtern" (S. 163) bezeichnet und
verhält sich verschiedentlich unsicher und hilflos (vgl. S. 138; 146).
Sie leidet an starken Selbstzweifeln und fühlt sich häufig unterle-
gen (S. 179) und unzureichend (S. 110 etwa und in den Briefen an ihre
Schwester: S. 68 und vor allem S. 90 f.), andererseits aber wiederum
auf eine eigenartige Weise überlegen (vgl. S. 68; 175). Ihre Überlegenheit steht in Spannung zu ihrer außerordentlichen Spontaneität,
die sie zur Überraschung aller Anwesenden mitten auf der Straße den

lauten Schrei ausstoßen läßt. Sie zweifelt am Sinn ihres Lebens
(vgl. S. 90), fürchtet, den anderen zur Last zu fallen (S. 91),
und erwägt deshalb den 'anderen Weg'.[1] Dennoch entwickelt sie gelegentlich eine starke und selbstverständliche Selbstsicherheit,
ist sie überzeugt von ihrer Nützlichkeit und Notwendigkeit (S. 68).
Sie ist von tiefem Ernst erfüllt (S. 164), dann wieder spöttisch und
voller Selbstironie (S. 45). Einerseits "hielt (sie) viel auf Wirklichkeit" und "liebte (darum) die Zeit der wirklichen Veränderungen"
(S. 221), andererseits ist von "(i)hrem Hang zum Schauen, Träumen,
Geschehenlassen" (S. 66) die Rede. Ihrer Neigung während ihrer
Studienzeit, sich abzusondern, steht gegenüber "(i)hre alte Gier auf
Gesichter, wie sie wirklich aussehen" (S. 182).

Christa T. möchte ihr Leben frei und glücklich leben. Die Voraussetzung dafür ist, daß sie sich ihre Abhängigkeiten selbst wählen
kann: "Menschen, ja. Ich bin kein Einsiedler, Du kennst mich. Aber
kein Zwang darf dabeisein, es muß mich zu ihnen drängen. Dann
wieder muß ich allein sein können, sonst leide ich." (S. 91) Ihr Un-
abhängigkeitsdrang führt sie dazu, daß sie es zwar "recht",aber nicht
"billig", sondern vielmehr "teuer" findet, daß die Gesellschaft,
nachdem sie sie studieren läßt, auch eine "Gegenleistung" von ihr sehen
will:

> Sie fühlte nur einen mächtigen Widerstand in sich, wenn
> sie einen Preis zahlen sollte in fremder Währung. Daß aber
> ihre eigene Währung etwas galt, konnte sie nicht glauben,
> und es ist ja wahr - woher hätte sie den Glauben nehmen sollen?
> (S. 110, vgl. auch S. 188)

Christa T. lebt also ihr ganzes Leben hindurch in einer ständigen
S p a n n u n g. Die Feststellung der Studentin "Ich weiß nicht, wozu
ich da bin" (S. 90) wird durch ihre Hoffnung, sie "könnte der Welt
zu ihrer Vollkommenheit nötig sein" (S. 68), nicht aufgehoben. Die
Schuld an dieser Spannung sucht sie bei sich selbst, wie aus dem Brief
der Studentin Christa T. an ihre Schwester hervorgeht: "Glaub mir, man

---

[1] "Ehrenvoller, ehrlicher ist immer noch der andere Weg.
Auch stärker." (S. 91)

bleibt, was man war: lebensuntüchtig. Intelligent, nun ja. Zu empfind-
sam, unfruchtbar grübelnd, ein skrupelvoller Kleinbürger..." (S. 90)
Wenngleich sie subjektiv an diesem 'Mangel' leidet, so könnte doch
"(n)ichts (...) unpassender sein als Mitleid, Bedauern" (S. 221), so
macht sich die Erzählerin später klar. Denn gerade ihre Angst vor Fest
legungen bewahrt sie davor, sich 'einzurichten' (S. 171) und am Ziel
zu wähnen. Dadurch ist sie "trotz allem über die Dinge (gekommen)"
(S. 44), obgleich sie sich dieser ihrer Fähigkeit und damit ihrer Über
legenheit oft nicht bewußt ist. "Sie hat nicht gewußt, daß sie das
von sich sagen konnte." (S. 44)

Ein weiteres kennzeichnendes Merkmal ihrer Persönlichkeit ist ihre
U n r u h e. Schon in ihrem äußeren Auftreten wird sie dargestellt als
jemand, der in Bewegung ist: "Mühelos läuft sie vor mir her, ja, das
sind ihre langen Schritte, ja, das ist ihr schlenkriger Gang, (...)."
(S. 7)[1] Solche Beschreibungen dienen der Autorin dazu, die Dynamik
in ihrem Charakter anzudeuten. Christa T. bringt es nicht fertig, an
einem Punkt stehenzubleiben, etwas Erreichtes als Endzustand anzusehen

In den Worten der ehemaligen Mitstudentin Gertrud Dölling, die eine
geordneten Lebensweg gegangen ist und ihre Ziele erreicht hat, spiegelt sich die Unruhe Christa T.s als Gegenstand eines leisen Vorwurfs:
"Sie war - ausschweifend. Sie hat es nicht fertiggebracht, die Grenzen
anzuerkennen, die jedem nun einmal gesetzt sind. Sie verlor sich in
jede Sache, du konntest drauf warten." (S. 61) - "(S)ie war - gefährdet" (S. 60) "(d)urch ihre Vorstellungskraft" (S. 61).

Im Zusammenhang mit dem Wunsch ihrer Eltern, sich auf die Nachfolge
ihres Vaters in seiner Dorfschule einzustellen, heißt es: "(H)inter
sich lassen, was man zu gut kennt, was keine Herausforderung mehr darstellt. Neugierig bleiben auf die anderen Erfahrungen, letzten Endes
auf sich selbst in den neuen Umständen." (S. 54) Sie möchte diese
Sehnsucht auch den anderen Menschen mitteilen. Beim Blick in die abend-
lich erleuchteten Fenster fragt sie sich: "Warum blieben die Leute wach

---

[1] Vgl. auch S. 95: "Wie sie läuft, Christa T., hinter dem riesigen
weißroten Ball her, den der Wind den Strand entlang treibt, wie sie
ihn einholt, laut lacht, (...)."

Griff die Unruhe um sich? Steckte sie alle an? Und wie sollte man
ihnen Mut machen zu ihrer Unruhe?" (S. 47) Blasing, eine der Kontrast-
figuren,"glaubte, (ihre) Unruhe dämpfen zu müssen" (S. 188). In dieser Unruhe liegt auch der Grund, weshalb sie solche Angst vor endgültigen Fixierungen hat.[1] Auch die Bindung an einen Menschen ist keine
eiserne Festlegung; das könnte Christa T. nicht ertragen, und die
Beziehung zu dem Freund ihres Mannes zeigt, daß sie auch später neue
Verbindungen braucht, um sich in diesen weiterentwickeln zu können.

Das sie bestimmende Aus-Sein auf immer Neues, das ihr selbst
Schwierigkeiten macht, und ihr Alleinsein mit diesem Problem wird
von der Autorin ebenfalls durch ihr äußeres Auftreten bezeichnet:
"Christa T. ging leicht nach vorn geneigt, wie gegen einen schwachen,
aber dauerhaften Widerstand, an den man sich gewöhnt." (S. 34)
Die Ich-Erzählerin interpretiert ihre Beobachtung:

> Ich habe sie später durch andere Städte gehen sehen,
> mit dem gleichen Gang, mit dem gleichen verwunderten
> Blick. Immer schien es, als habe sie auf sich genommen,
> überall zu Hause und überall fremd zu sein, zu Hause
> und fremd in der gleichen Sekunde, und als werde ihr von
> Mal zu Mal klarer, wofür sie zahlte und womit. (S. 19)

Später meint die Ich-Erzählerin zu verstehen, worin dieser Preis besteht: Wenn sie aus Christa T.s Aufzeichnungen zitiert: Dieser ´lange,
nicht enden wollende Weg zu sich selbst` (S. 222),so ist gemeint, daß
der Preis, den Christa T. zahlt, zugleich der Preis ist, den sie er-
ringt, nämlich ihr Unterwegs-Sein, denn dieses Immer-auf-dem-Weg-Sein
ist zugleich das Z i e l ihres Weges. Von hier bekommt der Gedanke
"Die Bewegung mehr lieben als das Ziel" (S. 54) seine Bedeutung. Er
kann sowohl Christa T. wie auch - als Charakterisierung Christa T.s -
der Ich-Erzählerin zugeordnet werden. Er könnte als Motto über dem ge-
samten Leben Christa T.s stehen.

---

[1] "Daß alles, was erst einmal 'dasteht' (...), so schwer wieder
in Bewegung zu bringen ist, (...). Es muß andauernd entstehen,
das ist es. Man darf und darf es nicht dahin kommen lassen, daß
es fertig wird.
  Bloß, wie soll man das machen?" (S. 213)

4. Präsentmachen der Zukunft als verborgene Einheit der Widersprüche

Für den Leser bieten sich also die Spannungen im Charakter Christa T
zunächst als Widersprüche dar. Gibt es eine Möglichkeit, diese offenkun
digen Widersprüchlichkeiten (Unruhe, Unsicherheit, Spannung, Sehnsucht
einerseits, Realitätsbezug, Engagement, Glücklich-sein-Wollen andererseits) sinnvoll zu interpretieren, sie auf eine verborgene Einheit der
Gegensätze oder gar als 'Oberflächenphänomene' auf ein zugrundeliegen-
des 'generierendes Prinzip' zurückzuführen?

Hierzu bietet sich zunächst der Zusammenhang von D e n k e n und
F ü h l e n an, der die Grundlage von Christa T.s Wirklichkeitserfah-
rung bildet: ´Mein Denken ist dunkler, merkwürdig mit Empfindungen
gemischt. Muß es deshalb falsch sein?´(S. 94 f.) Sie verteidigt diese
sie bestimmende Einheit von Denken und Fühlen, die ein Kennzeichen
des 'ganzen Menschen' ist. So fragt sie: "Warum kann der Verstand nicht
sehen, hören, riechen, schmecken, tasten? Warum dieses Auseinander-
fallen in zwei Hälften?" (S. 94)[1]

Darüber hinaus wünscht sie sich, durch a k t i v e S e l b s t -
e r f a h r u n g sich selbst zu verwirklichen: "Ich aber weiß
nichts, ehe ich es nicht probiert habe." (S. 80) Sie möchte einen Beruf
haben, bei dem man "anfassen kann, was man gemacht hat" (S. 94). Sie
sucht neue und andere Möglichkeiten der Selbsterfahrung, bei denen sie
sich mit allen ihren Kräften zugleich beansprucht fühlen und die
"schmerzhaft empfundene Schranke zwischen Denken und Tun" (S. 66) überwinden könnte.[2]

Dieses Verlangen, sich selbst immer neu zu erfahren, will Christa T.
auch anderen zugänglich machen: "Sie liebte es, neue Sinne zu öffnen
für den Sinn einer neuen Sache: Ihren Schülern wollte sie beibringen,

---

[1] Christa Wolf selbst erinnert an die "alte Losung":
"denkend fühlen und fühlend denken". Diese Vereinigung ist das,
was sie die "Sensibilität des Menschen" nennt. (Selbstinterview, a.a.O.
S. 80).

[2] Vgl. dazu auch unten Kp. B. III. 4.

sich selbst wertvoll zu werden." (S. 221)[1] Als sie darauf ein Schüler
groß ansieht und unschuldig fragt: "Warum?", gerät sie aus der Fassung.

Ihre Sehnsucht, deren Gegenstand der Leser häufig vergeblich zu
finden sucht, richtet sich nicht immer, wie es naheläge, auf Zukünftiges, sondern Christa T. erkennt, daß man diese "freien, großmütigen
Augenblicke (...) selbst erzeugen muß und daß sie das Mittel dazu
hatte" (S. 112). Sie wird sich bewußt, daß es an ihr selbst liegt,
ob sie erfüllt lebt.

> Da Sehnsucht von "sehen" kommt: die Sucht, zu sehen, hat
> sie zu sehen angefangen und gefunden, daß ihre Sehnsucht,
> wenn sie nur ruhig und gründlich genug hinsah, mit den wirk-
> lichen Dingen auf einfache, aber unleugbare Art überein-
> stimmte. (S. 112)

Diese Übereinstimmung mit sich selbst und mit dem A u g e n -
b l i c k zeigt sich auch in ihrer ungewöhnlichen Spontaneität:
"Nichts konnte so banal sein, daß sich nicht wenigstens ein Spaß
daraus ziehen ließ, (...)". (S. 155) So kann sie über Wunderkerzen
"staunen" (S. 155) und "glücklich" sein über eine Silberdistel (S. 233 f.)
und Gräser suchen für ihre Sammlung - und beides ein halbes Jahr vor
ihrem sicheren Tod.

Diese Erfahrung der Übereinstimmung mit sich selbst im Augenblick ist nicht nur Gegenpol zu ihren gelegentlich auftretenden
Minderwertigkeitsgefühlen, sondern noch mehr Gegenpol zu ihrer
Ausrichtung auf die Z u k u n f t , die ihre Unruhe zutiefst begründet.
Für Christa T., die "sich nicht das Recht nehmen läßt, nach ihren
eigenen Gesetzen zu leben" (S. 215), ist bezeichnend, daß sie
g a n z im Augenblick und g a n z in ihrer Erwartung, ihrer Sehnsucht nach der Zukunft lebt. Veränderungen sucht sie um der Erfüllung
des Augenblicks willen (vgl. S. 221). Andererseits aber ist sie völlig
realitätsbezogen: "(S)ie sah die Dinge, wie sie waren. Sie hatte recht."
(S. 18) Dieser Spannung entspricht, daß sie nie "auseinanderhalten

---

[1] In Ihrem Aufsatz über die Schriftstellerin Vera Inber gebraucht
Christa Wolf dieselbe Formulierung: "Neue Sinne entwickeln sich,
weil sie gebraucht werden, um hinter den Sinn der neuen Sache zu
kommen." (Der Sinn einer neuen Sache - Vera Inber (1967), in: Lesen
und Schreiben, S. 57-60, dort S. 59).

(kann) den Menschen und die Sache, für die er eintritt, die nächt-
lichen unbegrenzten Träume und die begrenzten Taten im Tageslicht"
(S. 83).

Auch mit ihrem Wunsch nach der Vereinigung von Denken und Fühlen
und nach Selbstverwirklichung im Handeln verkörpert Christa T. den
Menschen der Zukunft. Damit macht sie die Z u k u n f t in der
G e g e n w a r t präsent. Diese Funktion Christa T.s, die in der
Offenheit ihres Charakters begründet liegt, macht sich die rückblickende Erzählerin klar: "Ich (...) begriff, daß der Wunsch unpassend ist,
sie irgendwo für immer ankommen zu sehen." (S. 216) Dem steht Christa
T.s Leben im A u g e n b l i c k gegenüber: "Sie hat ja gelebt.
Sie war ganz da." (S. 221) Doch der nächste Satz schon deutet wieder
auf ihr Ausgerichtet-Sein auf die Zukunft: "Sie hat immer Angst davor gehabt, steckenzubleiben, ihre Scheu war die andere Seite ihrer
Leidenschaft, zu wünschen." (S. 221) Der Grundgegensatz wird darin
ausgedrückt, daß Christa T., "die nur die G e g e n w a r t kennt"
(S. 215), andererseits "eine V i s i o n von sich selbst gehabt
(hat)" (S. 148. Hervorhebungen von mir). Das Kennzeichnende an ihr
ist die Spannung zwischen ihrem Dasein im Jetzt und ihrem Aus-Sein-Auf,
ihrem ständigen Unterwegs-Sein. Sie erscheint als eine, die ganz
da, aber auch nicht da ist. Dies ist so, weil ihr gegenwärtiges Leben immer schon auf die Zukunft ausgerichtet ist. Indem sie unterwegs ist, macht sie das Noch-Nicht präsent. Das Offene ihres Charakters, ihr Leben im Augenblick und ihr Träumen, Wünschen und Handeln
in die Zukunft hinein, ist die Bedingung der Möglichkeit der Erfüllung ihres Lebens. Durch diese 'Charaktereigenschaft' wird auch die
paradoxe Aussage im Wunsch der Erzählerin verständlich, die sagt:
"Dann werde ich sie vielleicht sehen: So, wie sie sein w o l l t e
und also w a r ." (S. 112. Hervorhebung von mir).

5. Der Charakter als Modell der Werkstruktur

Was bedeuten nun die aufgezeigten Widersprüche für die Werkstruktur als ganze und damit für die durch jene vermittelte Botschaft?
Wie werden sie dort aufgehoben?

Zu Beginn hatten wir aufgrund der literarischen Analyse festge-
stellt, daß die Werkstruktur die Rekonstruktion des Charakters der
Christa T. nur unter bestimmten Vorbehalten erlaubt. Nun erweisen
sich aber Widersprüchlichkeit und Offenheit auch als grundlegende
Merkmale ihres Charakters. Es zeigen sich also gewisse Parallelen
zwischen Charaktereigenschaften der Christa T. und formalen Eigenschaften des Werks. Das Offene der Werkstruktur im Hinblick auf die
vielfältigen Deutungsmöglichkeiten entspricht dem Offenen des Charakters. Die Problematik des Sich-Relativierens und der Mehrdeutigkeit, die die Werkstruktur kennzeichnet, bestimmt auch den ebenfalls widersprüchlichen Charakter Christa T.s. In beiden Fällen
wird der Leser aufgefordert, sich darauf einzulassen und mitzutun
bei dem "Spiel mit offenen Möglichkeiten"[1]. Das Offene der Werkstruktur, die über die 'Reihe' Christa T. - Ich-Erzählerin - Autorin
- Leser aus sich hinausverweist in die Zukunft des Deutenden ("Einmal wird man wissen wollen, wer sie war, (...). Wird sie, also,
hervorzubringen haben, einmal." S. 235), wird so für den Leser zum
Hinweis auf den offenen und widersprüchlichen Charakter der Christa T.,
die "uns das Beispiel abgegeben haben (soll) für die unendlichen
Möglichkeiten, die noch in uns lagen" (S. 210 f.).

Umgekehrt kann aber - systematisch gesehen - gesagt werden, daß
die Dynamik des C h a r a k t e r s, indem dieser die Werkelemente
(der Offenheit, Nicht-Einholbarkeit, Widersprüchlichkeit) zusammen-
faßt, Licht auf die dynamischen Gesetzmäßigkeiten der W e r k -
s t r u k t u r wirft. Damit wird der rekonstruierte Charakter zum
Erklärungsmodell für die Werkstruktur im ganzen. Indem der Leser auf
diese Weise am Beispiel des Charakters der Christa T. Einsicht in
das Funktionieren der Werkstruktur insgesamt gewinnt, erkennt er,
daß dieser über seine M o d e l l f u n k t i o n für das W e r k -
g a n z e hinaus zugleich E l e m e n t der jeweils ü b e r g e -
o r d n e t e n S y s t e m e (der Ebene der Ich-Erzählerin, der

---

[1] Wolf, Lesen und Schreiben, a.a.O., S. 195.

Autorin) wird, der generische Ausgangspunkt, der den Mechanismus in Bewegung setzt. Christa T.s Präsentmachen der Zukunft in der Gegenwart ist Hinweis auf die Grundstruktur des Charakters, welche gleichzeitig Merkmal des Werks ist, da die Dynamik des Charakters die anderen Werkschichten erst aus sich heraussetzt und sich dort weiter auswirkt:

Die Aktion des Schreibens der Erzählerin - als nächste Schicht - ist Rückschau auf den Charakter. Selbst die E r i n n e r u n g muß also - wie der Charakter - offen und dynamisch sein als Aktivität des Schreibens. Das Produkt der rückblickenden Suche ist ein offenes Werk.

II. Die Bedeutung von Christa T.s Charakter für die
Grundlegung des Erinnerungsvorgangs

1. Christa T. im Erinnerungsvorgang der Erzählerin

Im Prolog wird der Leser von der erinnernden Erzählerin mit hineingenommen in deren Ausgangssituation. Er erfährt, was in der Perspektive der Ich-Erzählerin zum Entstehen des Berichts geführt hat.
Die Zurückgebliebene fühlt, wie ihr die Verstorbene zu entschwinden
droht: "So müssen wir sie verloren geben?" (S. 7) Sie versucht, dies
zu verhindern. Wie fasziniert steht sie vor dem Grab auf dem Dorf-
friedhof, wo Christa T. "liegt (...) unter den beiden Sanddornsträuchern,
tot neben Toten" (S. 7). Die Vorstellung, daß sie dort unter den Bü-
schen langsam zuwächst, löst Protest in der Erzählerin aus: "Was hat
sie da zu suchen? Ein Meter Erde über sich, dann der mecklenburgi-
sche Himmel, (...). Sie schwindet. Kein Ohr mehr, Klagen zu hören,
kein Auge, Tränen zu sehen, kein Mund, Vorwürfe zu erwidern. Klagen,
Tränen, Vorwürfe bleiben nutzlos zurück." (S. 7)
Damit kann sie sich nicht abfinden und sucht nach einer anderen
Möglichkeit, sich der Toten zu nähern: Sie versucht, sich zu erinnern
und greift dabei zurück auf das, was ihr von jener geblieben ist:
Dokumente verschiedener Art. Doch merkwürdigerweise geschieht nun etwas
Ähnliches: Als die Ich-Erzählerin in diese Papiere hineinschaut, muß
sie feststellen: Darin ist und bleibt Christa T. so tot wie in ihrem
Grab. Auch hier bewegt sich nichts mehr. Die Erzählerin klagt, die
Briefe hätten sie "gelehrt (...), daß ich meine Erinnerung an sie,
Christa T., vergessen muß. Die Farbe der Erinnerung trügt." (S. 7)
Auch auf diesem Weg ist nicht weiterzukommen: Die Erzählerin sieht
sich erneut abgewiesen. Da sie abermals protestiert und nach neuen Möglichkeiten sucht, e r s c h e i n t ihr die Tote plötzlich; sie
'sieht' sie wie eine lebendige Erscheinung in einer Art Traumbild, wie
sie mit dem rotweißen Wasserball am Strand entlang läuft: "Ich aber
sehe sie noch. Schlimmer: Ich verfüge über sie. Ganz leicht kann ich
sie herbeizitieren wie kaum einen Lebenden. Sie bewegt sich, wenn ich
will." (S. 7)

Doch dieses Bild ruft Angst hervor. Die Erscheinung hat eine unmittelbare Faszinationswirkung auf sie, die sie genauso erschlägt wie jenes erste Bild vom Grab und wie die 'toten' Dokumente. - Aber indem Christa T. nun fortläuft, zwingt sie gleichsam die Zurückgebliebene, ihr zu folgen. Und hier, also gerade nicht im Akt des Benennens, wird der Erinnerungsprozeß möglich. Indem die Ich-Erzählerin erkennt, daß sie der Toten nur im Vollzug einer Bewegung gerecht zu werden vermag, kann der Erinnerungsvorgang einsetzen.

"In letzter Minute besinnt man sich darauf, Arbeit an sie zu wenden." (S. 9) Jetzt kommt es darauf an, sich auf sie einzulassen. "Dies ist der Augenblick, sie weiterzudenken, (...)." (S. 8) Denn "sie·soll bleiben" (S. 8). Furcht muß überwunden werden, daß sie "noch einmal sterben (könnte)" (S. 8), ebenso die Schuldgefühle, die diese Furcht begründen, denn "(n)achlässige Trauer und ungenaue Erinnerung und ungefähre Kenntnis haben sie zum Schwinden gebracht" (S. 8). Es ist gerade noch Zeit, mit dem Ihr-Nachdenken, dem Sie-weiter-Denken zu beginnen. Diese Angst der Erzählerin, "als sollte ich etwas Wichtiges versäumen" (S. 8), ist dieselbe wie die, daß sie "(f)ast (...) wirklich gestorben (wäre)" (S. 8). Die Erzählerin fürchtet, sie könnte Christa T. nicht gerecht werden. Sie droht hinter der Faktenhaftigkeit der Dokumente genauso tot zu sein wie im Grab. Aber gerade d a und s o darf sie nicht bleiben, denn ihr 'Eigentlich-Sein' war - und ist - ihr Lebendig-Sein. Schon im Prolog also wird der Erinnerungsvorgang nicht vom Ergebnis her, sondern von seinem Verlauf, als A k t i o n gesehen.

Wie im Mythos von Orpheus und Eurydike[1] wird zunächst durch das Nennen des Namens gleichsam eine Beschwörung wirksam, und Christa T. wird veranlaßt, aus dem Totenreich zurückzukommen.[2] Während der Mythos jedoch damit endet, daß Orpheus unsicher wird und sich gegen

---

[1] Der Mythos von Orpheus und Eurydike wird von Christa Wolf explizit erwähnt im 'Geteilten Himmel', S. 89.

[2] "Was ich höre, ist keine Geisterstimme: Kein Zweifel, sie ist es, Christa T. Beschwörend, meinen Verdacht betäubend, nenne ich sogar ihren Namen und bin ihrer nun ganz sicher." (S. 7 f.)

das Verbot der Herrscher der Unterwelt umdreht, danach Eurydike endgültig für ihn verloren ist und ihm nur noch die Klage bleibt, wird
der Mythos im Roman weitergeführt und damit indirekt k r i t i -
s i e r t:

Der Rückwendung des Orpheus am Ende des Mythos entspricht die
Faszination der Ich-Erzählerin durch das Bild der Christa T., das
Heraufbeschwören-Wollen der Toten, das am Anfang des Romans steht.
Doch die Erzählerin bleibt nun nicht stehen, sondern sie wird fähig,
Christa T. tot sein zu lassen und ihr im Erinnerungsprozeß in die
Vergangenheit zu folgen, in deren und damit in ihre eigene Vergangenheit hinabzusteigen und diese zu verarbeiten. Die Erzählerin ist
hier der Orpheus, der der Eurydike zum zweiten Mal folgt, doch nicht,
indem sie der Vergangenheit v e r f ä l l t, sondern der Zwang, unter
dem sie steht, ist eine eingesehene Notwendigkeit, da sie erkennt,
daß in diesem Folgen ihre einzige Rettung liegt:[1] "Nun ja - wenn es
sich um eine Wahl gehandelt hätte. Sie ist es ja, Christa T., die
mich hineinzieht." (S. 56) Die anfängliche Faszination wird durchbrochen, und die Erzählerin gelangt vom Festhalten-Wollen zur Nachfolge:

> Jetzt, wenn ich mir Zeit nehme aufzublicken, sehe ich sie
> vor mir hergehen, nie dreht sie sich um, aber folgen muß
> ich ihr wohl, hinunter, zurück. Auch wenn ich zu ahnen be-
> ginne, worauf das alles hinausläuft und was sie mit mir
> vorgehabt hat, von Anfang an. (S. 57)

Indem die Erzählerin jetzt diese Gestalt in ihrem Wesen erkennt als
jemand, der auf dem Weg ist, und indem sie d a v o r nicht zurück-
schreckt, sondern diese Bewegung in sich aufnimmt, macht sie sich
selbst auf den Weg, und zwar auf den Weg in die Vergangenheit, der -
allein schon als Schreibprozeß - ein Weg zugleich in die Zukunft
ist. Sie wird nun fähig, Christa T. gehen zu lassen, sich mit ihrem
realen Tod abzufinden. Und gerade indem sie dies kann, wird sie Christa
T.s auf neue und vorher nicht mögliche Weise gewiß. Diese Erfahrung

---

1 Vgl. die auffallende Parallele am Ende des Vorspiels von Thomas
Manns Josef-Trilogie: Dort heißt es über die erinnernde Versenkung
in die Vergangenheit: "Hinab denn und nicht gezagt!" (Joseph und
seine Brüder, Ffm.,1965 (zuerst 1948), S. 40).

drückt ihr Gedanke aus:

> Sie finden und noch einmal verlieren, war der gesuchte
> Punkt des Berichts. Beides wissen, beides annehmen. (...)
> Monatelang kein Tag ohne sie, bis nur noch übrigblieb, sie
> wieder zu entfernen. Ihren Beistand, dessen man sich gerade
> versichert hat, wieder entziehen. Oder seiner nun erst recht
> sicher sein. (S. 125)

Christa T. kann jetzt gehen; denn wenn im Mythos Eurydike in die
Unterwelt verschwindet und Orpheus trauernd zurückblickt, lebt im
Roman die Ich-Erzählerin weiter, wenn sie nun in der Erinnerung an
Christa T. ihre eigene Vergangenheit als solche anerkennen kann, sie
verarbeitet und aufnimmt in ihre eigene Persönlichkeit. Indem sie sich
Christa T. bewußt macht, wird sie sich ihrer selbst bewußt. Bei diesem
'Identisch-Werden' der beiden ist die 'Christa T.' natürlich eine
andere als der historisch-faktische Mensch, aber sie bleibt dabei sie
selbst, insofern als ihr Wesen, ihre eigene Identität, ja nichts
anderes ist als sich stets in Neuem zu konkretisieren:

> Jetzt tritt sie hervor, gelassen auch vor der Nichter-
> füllung, denn sie hatte die Kraft, zu sagen: Noch nicht.
> Wie sie viele Leben mit sich führte, in ihrem Innern auf-
> bewahrte, aufhob, so führte sie mehrere Zeiten mit sich,
> in denen sie, wie in der "wirklichen", teilweise unerkannt
> lebte, und was in der einen unmöglich ist, gelingt in der
> anderen. (S. 221)

Indem sie sich jetzt in der Ich-Erzählerin - in einer späteren Zeit -
konkretisiert, kommt sie erst richtig zu sich selbst, und jene kommt
zu sich selbst nur, indem sie jetzt Christa T. nicht nur zum Bestandteil ihres Berichts macht, in welchem sie ja beide vorkommen, sondern
indem sie sie wirklich mit ihrem Charakter, mit ihrem Ausgerichtet-
Sein in die Zukunft, in ihre eigene Persönlichkeit aufnimmt.

Hier schon also können wir deuten: Weil das Wesen der Christa T.
ihr Aus-Sein-Auf war, ihr Lebendig-Sein, kann man ihr als Lebendiger
gerade nicht gerecht werden, wenn man sich vom Bild faszinieren läßt
oder wenn man rekonstruiert, wie jemand aufgrund von Akten rekonstruiert, sondern wenn man ihr n a c h g e h t . In dem Augenblick,
in dem die Zurückgebliebene Christa T. als jemandem, der tot ist und

erscheint, nachgeht, setzt der Erinnerungsvorgang ein. Nun, da sie
auf den Weg gebracht ist, kann sie sich an die Arbeit machen. Dies
Auf-den-Weg-gekommen-Sein ist die Lösung aus ihrer Anfangssituation.
Wenn sie sich in Bewegung setzt, erlischt die Faszination durch die
Bilder der Toten; und mit der Auflösung des Ausgangsdilemmas, mit
ihrem Auf-den-Weg-gekommen-Sein wird sie gerecht dem Lebendig-gewesen-
Sein der Christa T.

Die Kritik am Mythos besagt also, daß die Anamnese der eigenen
Vergangenheit gleichzeitig das Auf-den-Weg-gebracht-Werden in die
Zukunft ist. Für die Erzählerin ergibt sich dabei analog dazu die
Dialektik von Inhalt und Tätigkeit: Der Inhalt ihres Schreibens ist
die Anamnese, während der Schreibakt gleichzeitig das ist, was sie von
jetzt an tut, in die Zukunft hinein tut. Während inhaltlich also
eine Darstellung von V e r g a n g e n e m geschieht und sie der
Toten 'zurück' folgt, wird sie durch den Akt des G e h e n s , der
analog dem Akt des Schreibens ein Akt ist, der in die Z u k u n f t
weist, in die eigene offene Zukunft geschickt. Ihre inhaltliche
Beschäftigung mit der Vergangenheit ist zugleich der erste Schritt
in die Zukunft, gibt ihr - anders als Orpheus, der im Banne der
Toten verharrt - die Möglichkeit des Weiterlebens.

Schon hier ist eindeutig, daß es sich nicht um einen "Erinnerungsroman" handelt. Während "erinnern" gewöhnlich heißt, etwas
Zurückgebliebenes, das sich nicht mehr verändern kann, festhalten,
während Erinnerung in der üblichen Wortbedeutung verfestigt, geht
es hier darum, Christa T. "leben (...) zu lassen" (S. 8), sie
"weiterzudenken" (S. 8).
Erinnern in diesem Sinn läßt sich an Hand der Philosophie
Ernst Blochs erläutern, in der es eine besondere Rolle spielt.
Er schreibt:

(K)eine Erinnerung, nicht die kleinste, kommt ohne eine
an ihr weiterlaufende Erwartung in Gang, kommt ohne sie
aus. Die Erinnerung käme ohne diese Art Betroffenheit
gar nicht zustande, sie ist gar nicht fähig, lediglich

betrachtend, lediglich eine an Gewesenes und Gewordenes
zu sein. Sondern erinnert wird einzig, was für uns (...)
noch nicht fertig geworden ist.[1]

Erinnerung an Christa T. ist also nichts Abgeschlossenes. Ihre Gestalt wird hervorgebracht und der Gegenwart angeboten, "denn es
scheint, wir brauchen sie" (S. 9). Dies ist gemeint mit "Aber
sie soll bleiben" (S. 8) und "Dies ist der Augenblick, sie weiterzudenken" (S. 8). Vor diesem Zurückbleiben in der Vergangenheit, in der sich die klaren Konturen verwischen (vgl. S. 31) und
manches endgültig verlorengehen kann, vor diesem "Vergessenwerden"
(S. 7) will die Erzählerin Christa T. bewahren. Es geht um die,
wie Bloch sagt, "Suche nach der verlorenen, nach der ebenso noch
u n a b g e g o l t e n e n Zeit"[2]. Da Christa T. tot ist, ist
sie endgültig verloren als der damalige geschichtliche Mensch,
den die Erzählerin noch so lebendig vorihrem inneren Auge sieht.
Um sie zu bewahren, muß sich die Erinnerung, deren "Farbe (...)
trügt" (S. 7), verwandeln in eine Erinnerung, die das Unabgegoltene in Christa T. zur Geltung bringt. - Noch einmal Bloch:

> Wenn Erinnerung voraussetzt, daß etwas vergessen
> worden ist, so ist Vergessen insgesamt die Unterlassung,
> woran und wogegen Erinnern und Hoffen als B e s i n n u n g
> sich letzthin begegnen. Vom Ausfall Vergessen her er-
> scheint Erinnerung als M a h n u n g , Hoffnung als E i n -
> g e d e n k e n ; beides ist im Gewissens-, Wissensbezug
> auf ein Unterlassenes, Unbesorgtes, zu Besorgendes utopisch
> geeint.[3]

Das Nachdenken darf sich nicht damit begnügen, Vergangenes zu
reproduzieren. Es bringt die Lebensgeschichte Christa T.s erst produktiv hervor. Erinnern meint nicht das Herbeiwünschen des Vergangenen, sondern zielt auf das "In-Möglichkeit-Sein"[4] des Noch-Nicht-
Vollendeten im Vergangenen. Erinnerung wird zu Erkenntnis im Sinn

---

[1] Philosophische Grundfragen I. Zur Ontologie des Noch-Nicht-Seins.
Ein Vortrag und zwei Abhandlungen, Ffm., 1961, S. 77.

[2] Ebd., S. 77.

[3] Ebd., S. 79.

[4] Bloch, Das Prinzip Hoffnung, Bd. 1, Ffm., 1974 (= Teil 1-3,
zuerst erschienen in der DDR 1954-1959), S. 241.

einer Umschreibung dessen, was werden soll. Das unvollendete Vergangene weist auf Zukunft hin. Christa T.s Leben, ihr 'Kommen und
Gehen' (S. 12) erscheinen als Mahnung, "Arbeit an sie zu wenden" (S. 9).
"Das Vergessen ist kein Gegenteil des Erinnerns, denn dessen Gegenteil wäre vollkommener Ausfall, (...) vielmehr: Vergessen ist (...)
so Mangel an Treue und wieder nicht einer Treue gegen Erloschenes,
sondern gegen Unabgegoltenes."[1] Christa T. ist gerade nichts "Erloschenes". Das Unabgegoltene in ihr, das Unsichtbare, das sich immer
wieder von neuem in unauffälligen Zeichen niederschlug, die wiederum
nur dem sichtbar wurden, dessen "Augen (...) darauf eingestellt"
waren (S. 164), gilt es, sichtbar und mitteilbar zu machen. Dies eben
ist die Treue zu ihr, jetzt, da sie gestorben ist. "Was die Zeit
nicht kann, übertragen wir unseren Gedanken." (S. 97) Wenn ihr Leben
"einfach abgeschnitten" wurde durch "diesen sinnlosen Unglücksfall",
so "muß man wohl den Versuch machen, die Linien ihres liegengelasse-
nen Lebens zu verlängern, mit der gebotenen Vorsicht, und in ihrer
natürlichen Perspektive. Daß man sie sehen kann." (S. 156) Nicht
Tatsachen, sondern die Gedanken schaffen Wirklichkeit, "(w)eil nicht
Wirklichkeit wird, was man nicht vorher gedacht hat" (S. 221).

Während ihres Lebens hat die Erzählerin Christa T. kaum beachtet.
"Wir hatten uns daran gewöhnt, nur auf starke Zeichen zu achten."
(S. 95) Erst der Tod war nötig, das schmerzhafte Erlebnis des Ver-
lusts.[2] Zu dem Moment des Schmerzes in der Erinnerung sagt Bloch:
"Auch die bittere Erinnerung (...) bezieht sich auf eine nicht ver-

---

[1] Bloch, Grundfragen I, S. 79.

[2] Im Kontext scheint sich die zitierte Stelle andeutungsweise
auf die Berliner Ereignisse vom 17. Juni 1953 zu beziehen.
Die Stelle lautet dort weiter: "Da mußte schon geschrien werden
oder gestorben oder geschossen." (S. 95) Darf man diese politischen Schreckensereignisse, deren Ursache und Verschuldung
zwar nicht thematisiert, aber durch den Bezug auf die Selbstmordgedanken Christa T.s in jenem Zusammenhang auch nicht im Neutralen
gelassen werden, parallel setzen zu dem 'starken Zeichen' des
Todes der Christa T., das nötig war, weil auf ihr Leben keiner
achtete?

gehende, nämlich nicht verjährende Vergangenheit und hat so besonders sichtbar Wendenwollen in sich."[1] - Der Schmerz über den Ver-
lust der Verstorbenen kann umschlagen in die Möglichkeit der hoff-
nungsvollen Wende in die Zukunft. Der Schmerz der bitteren Erinnerung gewinnt so eine neue Qualität. Er zwingt die trauernd Zurückgebliebene, der Verlorenen nachzuspüren. Nachdenken ist das Erproben
und Prüfen von Wahrheiten, von Möglichkeiten des Wahren, das nicht
an das Faktische gebunden ist. Der utopische Gehalt dieses Lebens
deckt sich dabei auf: "Daß man sie sehen kann" (S. 156) mit ihrer
"Vision von sich selbst" (S. 148), mit ihrem "Geheimnis" (S. 215).
Aus dem 'Erinnerungsroman' wird ein 'Zukunftsroman', und der Schmerz
wird überwunden (vgl. S. 97).

Christa T. muß vor dem Vergessen bewahrt werden, aber auch die
Ich-Erzählerin findet in dem Prozeß des Ihr-Nachdenkens, Ihr-Nach-
folgens, ein Mittel, überleben zu können. Das Nicht-Abgeschlossene,
das den 'Charakter' Christa T.s bestimmt hat, affiziert die Ich-
Erzählerin derart, daß sie sich selbst fragwürdig wird und daß sie
sich verändert. Sie wird dazu gebracht, in die Zukunft hinein zu
handeln, zunächst durch den Akt des Schreibens. Dieser Akt des
Schreibens ist ja in dem Augenblick, da sie sich zu schreiben ent-
schließt, Zukunft; und wie Christa T. in ihrem Leben immer ausgerichtet war auf Zukunft, so ist auch die Erzählerin lebendig geworden im Akt des Erzählens. Christa T.s Unruhe und ihr Suchen finden ihre Entsprechung und ihre Fortsetzung im Suchen der Erzählerin
nach den Spuren der Verstorbenen, danach, "daß sie sich zu erkennen
gibt" (S. 9), und dieses Suchen spiegelt sich wider in den Strukturen des "Berichts". Das Persönlichkeitsmerkmal der Offenheit
Christa T.s charakterisiert also den Erzählvorgang und die Schreibweise der Erzählerin, die dieser Eigenart gerecht werden muß. Aus
ihrem subjektiven Antrieb, den Erinnerungsprozeß schriftlich zu fi-
xieren, resultieren Selbsterkenntnis und Selbstkritik. So gilt auch
für die Erzählerin, was die Autorin sagt: "Zu schreiben kann erst beginnen, wem die Realität nicht mehr selbstverständlich ist."[2]

---

[1] Bloch, Grundfragen I, S. 77.
[2] Lesen und Schreiben, a.a.O., S. 209.

2. Die Bedeutung Christa T.s für den Nachdenkensprozeß der
   Autorin und des Lesers

Wenn wir uns nun auf der nächsten Ebene der Autorin C h r i s t a
W o l f zuwenden, so finden wir, daß diese wie die Ich-Erzählerin
vor der psychologischen und existentiellen Notwendigkeit steht, den
Tod des nahestehenden Menschen zu verarbeiten, aber zugleich, sich
mit dem Lebendig-Sein der Toten, das sie nachträglich fasziniert,
auseinanderzusetzen. Durch das Ich des 'Selbstinterviews' beschreibt
sie die Wirkung der verstorbenen Freundin ähnlich wie die Erzählerin im Roman: "Das hat sie und das Ich, um das ich nicht umhingekommen bin, verwandelt."[1] Im Schreibakt erfährt sie, daß "Sich-
Erinnern (heißt) gegen den Strom schwimmen" und "schreiben -
gegen den scheinbar natürlichen Strom des Vergessens, anstrengen-
de Bewegung"[2].

Ich-Erzählerin und Autorin wollen also in ähnlicher Weise verhindern, daß das Erinnern an Christa T. sich verfestigt, denn dann
wäre es nicht besser als Vergessen. Vielmehr: Indem 'sie' Christa T.
"leben (...) lassen" (S. 8), wollen 'sie' die eigene Vergangenheit
neu schaffen. Auf Autorin und Ich-Erzählerin trifft also selbst zu,
was über Christa T. gesagt wird: "Sie hat geglaubt, daß man an
seiner Vergangenheit arbeiten muß wie an seiner Zukunft." (S. 181)

Die Autorin verarbeitet ihre Vergangenheit also einerseits durch
das Medium der Ich-Erzählerin, indem sie jene schafft, um über sich
selbst in der dritten Person sprechen zu können, andererseits an
Hand des Modells 'Christa T.', indem sie deren 'Charakter' mit Hilfe
von Aspekten ihrer eigenen Fragen und Gewißheiten gestaltet. Dies ist
es, was ihr das Recht gibt, Christa T. nicht als den historischen
Menschen zu rekonstruieren, den es gegeben hat, sondern letztlich doch

_____

[1] Selbstinterview, a.a.O., S. 77.

[2] Lesen und Schreiben, a.a.O., S. 197 f. - Folgende Überlegung
Wolfs in ihrer Auseinandersetzung mit der Schriftstellerin Vera Inber
kennzeichnet auch ihre eigene Situation. Von jener sagt sie, sie
folge mit ihrem Schreiben dem Bedürfnis, "sich früherer Erfahrungen
zu versichern. Damit verquickt der Wunsch, Vergangenes möge nicht ver-
gangen, nicht tot sein, es möge sich nicht ein für allemal verfesti-
gen. Das Mittel dagegen ist die Neuschaffung der Vergangenheit, (...)."
In: Der Sinn einer neuen Sache, a.a.O., S. 57.

zu erfinden, denn "erzählen (...) heißt: wahrheitsgetreu zu erfinden auf Grund eigener Erfahrung"[1], so wie auch im Roman die Erzählerin "erfinden muß, um der Wahrheit willen" (S. 31). Und wie Christa T.
sich wehrt gegen "Verhärtung, Versteinerung, Gewöhnung"[2], so auch die
Autorin, der die Ich-Erzählerin hierbei als Medium dient. 'Beide'
halten im Schreibakt das Lebendig-Sein Christa T.s als deren Wesen
fest und kommen dadurch auf den Weg. In erster Annäherung kann also
schon hier von einem Identischwerden von Ich-Erzählerin und Autorin
einerseits und 'beider' mit Christa T. andererseits gesprochen werden, das die 'beiden' Zurückgebliebenen lebendig macht. - Dieses Identischwerden, das allerdings von besonderer - noch darzustellender -
Art ist, klingt schon im ersten Satz des Buches an: "Nachdenken,
ihr nach-denken. Dem ˝Versuch, man selbst zu sein.˝" (S. 7)
Christa T. wird hier mit ihren eigenen Worten definiert als ein Versuch der Selbstverwirklichung. Diese Suche nach dem Selbst, nach
dem später wiederholt in Großbuchstaben gesetzten ICH, ist der Erzählerin offenbar das Wichtigste an Christa T., und ihr eigener Schreibakt wird zu ihrem eigenen "Versuch, man selbst zu sein".

Da Anlaß und Antrieb bei Christa Wolf nach ihrer Selbstaussage die
gleichen waren wie bei der Ich-Erzählerin - Betroffensein vom Tod eines
nahestehenden Menschen - bedeutet auch für sie das Schreiben des Romans
Versuch der Selbstfindung.Und dieser Prozeß der Selbsterkenntnis und
Selbstkritik soll und kann auch Entsprechungen im L e s e r finden.
Auch er soll als 'Zurückbleibender' auf den Weg gebracht, lebendig gemacht werden. Er wird in seiner 'Leser-Gegenwart' aufgefordert: "Dies
ist der Augenblick, sie weiterzudenken" (S. 8), und er soll sich einbeziehen lassen im "(E)s ist unseretwegen, denn es scheint, wir brauchen sie". (S. 9) Da e r Christa T. nicht gekannt hat, sondern die
Autorin diese durch den Nachdenkensprozeß und den Bericht der Erzählerin vor ihn hinstellt, gestaltet sie sich für ihn aus dem, was die
Ich-Erzählerin über die Freundin berichtet, also aus deren subjektiver

---

1 Lesen und Schreiben, a.a.O., S. 199.
2 Ebd., S. 196.

Auswahl und oft zufälliger Kenntnis. Sein Bild von ihr entsteht aus
dem Spannungsverhältnis von Ich-Erzählerin und Christa T., wie es
ihm in dem Ergebnis des Nachdenkensprozesses: dem abgeschlossenen Bericht der Erzählerin, dem fertigen Buch der Autorin, erscheint. Wie
Christa T.s Offenheit sich spiegelt in der Schreibweise und den Strukturen des Berichts der Erzählerin, so spiegelt sich das Suchen der
Autorin nach den Spuren ihrer Freundin wider in der Werkstruktur des
Romans. Damit wird das den Schreibvorgang konstituierende Moment
der Bewegung an den Leser weitergegeben. Wenn er die Mühe dieser
Suche auf sich nimmt, sich also auf Christa T. als Lebendige einläßt,
wird auch er erfahren, "wie alle Geschichten (...) sich von selbst
zu ihr, zu Christa T., in Bezug bringen" (S. 22). Wenn er sie 'leben
läßt' (S. 8),wird er wie die beiden Schreibenden in eine offene
Zukunft hineingebracht.

III. Christa T.s 'Rückzug' als Moment ihrer Selbstverwirklichung

Der Leser kann sich des Eindrucks nicht erwehren, daß Christa T.s Leben mit seinen verschiedenen Stationen sich auf einen immer kleineren Wirkungsbereich konzentriert. Die Autorin selbst fragt durch das Ich des 'Selbstinterviews': "Deutet sich hier etwas an wie Rückzug in die Innerlichkeit, Ausflucht ins Privatleben?" und urteilt dann: "Ich finde nicht."[1] Denn entgegen den meisten der vorliegenden Interpretationen[2] sind Heirat, Plan und Bau des Hauses in der Intention der Autorin keine Versuche Christa T.s, vor dem Leben zu fliehen und sich zu isolieren. Sie sind vielmehr motiviert als Selbstverwirklichungsversuche in neuen Lebenssituationen. Diese ziehen aber tatsächlich eine ständig fortschreitende I s o l i e r u n g Christa T.s nach sich. Dieses Faktum in seiner Ambivalenz und in seiner Bedeutung für ihr Selbstverwirklichungsstreben zu verstehen ist eine der Aufgaben, die das Werk stellt.

1. Positive Aspekte des Rückzugs

Bei ihrem Entschluß zu heiraten war Christa T. von der Hoffnung bewegt, in dieser neuen Lebensform weitere Möglichkeiten der Selbstverwirklichung zu gewinnen. Diese Hoffnung scheint sich zunächst zu erfüllen; Möglichkeiten, die sie bisher noch nicht kennt und die nur im Zusammenhang mit dieser neuen Lebensform erlangt werden können, scheinen sich ihr durch diese Entscheidung zu eröffnen. Auf den Photos jener Zeit erkennt die Erzählerin, daß Christa T. damals glücklich war: "Schön und eigenartig durch Glück, (...). Auf den Bildern sieht man, wie sie lachen konnte, sogar, daß sie noch staunen konnte über Wunderkerzen." (S. 155) Die Erzählerin deutet die Ursache für diese Wandlung: "Was man nicht sieht, ist, sie machte Ernst mit sich. Sie schuf sich noch mal neu, von Grund auf, für Justus, (...)." (S. 155)

Daß die Entscheidung für ihren Mann nicht das Ende ihrer Entwicklung für sie ist, zeigt sich darin, daß sie diese Bindung nicht als

---

[1] Selbstinterview, a.a.0., S. 79.

[2] Vgl. z.B. M. Reich-Ranicki: "Was bleibt, ist Kapitulation: Rückzug in einen windstillen Winkel des Arbeiter- und -Bauern-Staates, Flucht in den Alltag der Ehefrau und Mutter." (Christa Wolfs unruhige Elegie, a.a.0.)

Ziel ihrer bisherigen Bemühungen ansieht, sondern als eine Stufe in ihrem Leben, wobei die weiteren Stufen noch in der Zukunft liegen und in der Gegenwart ungewiß bleiben.

Auf der Linie dieser Selbsterfahrung liegt es, wenn es bei der Begegnung, die die Entscheidung der beiden füreinander bringt, von Christa T. heißt: "Es gab gar keinen letzten Schritt, das war ein Schritt von vielen." (S. 151) Keinen Endpunkt bedeutet diese Entscheidung, sondern einen neuen Ausgangspunkt, der neue Erfahrungsbereiche eröffnet. Dies schlägt sich zunächst in Christa T.s Beziehung zu ihrer Umwelt nieder: Alles, was sie sieht und erlebt, erscheint ihr auf dem Hintergrund der neuen Erfahrung, zu einem Menschen zu gehören, als neu und verlockend.[1] Gerade in ihrer neuen Bindung erfährt sie eine besondere Weise von Freiheit: ´Immer neu sich verbinden und immer wieder davongehen dürfen...´(S. 145)

Doch nach ihrem langen Zögern vor dieser Entscheidung scheint jetzt auch ein gewisser W e n d e p u n k t in ihrer inneren und äußeren Lebensführung erreicht: "Das Spiel mit Varianten hat aufgehört" (S. 173) lautet ein Satz aus ihren Aufzeichnungen. Ihre Grundhaltung scheint sich nun zu wandeln. Sie macht den anderen, die sie an jenem abendlichen Fest mit Justus beobachten, wortlos klar:

> Warum so lange warten? Warum, da es doch unvermeidlich ist, nicht mit ein paar Schritten selbst auf die Bühne springen, erst mal ein paar Rollen durchprobieren, ehe man sich festlegt, diese und jene als Zumutung zurückweisen, andere mit geheimem Neid schon besetzt finden - endlich aber eine annehmen, (...)? (S. 151)

Das Ende des "Spiel(s) mit Varianten" gibt ihr Ruhe und Ausgeglichenheit: "Es kann nicht mehr die Rede davon sein, nach Wunsch die Bühne zu wechseln oder einfach hinter dem Vorhang zu bleiben." (S. 173)

Aber nur scheinbar spricht sie hier für die Endgültigkeit von Lebensstationen und Entscheidungen. Eine Rolle annehmen heißt nicht, damit

---

[1] "So frisch und neu tritt ihr alles entgegen, jedes Gesicht, jede Bewegung, die ganze Stadt, sie duldet nichts Fremdes, lebt in der Gegenwart, verlockt von Farben, Gerüchen, Tönen." (S. 145)

auf jede weitere Aussicht der Selbsterfahrung in neuen Umständen
zu verzichten, sondern diese eine ergriffene Möglichkeit ausnutzen und
in ihr neue Erfahrungen machen. So lautet der oben zitierte Satz
weiter: "(...) endlich aber eine (Rolle) annehmen, bei der alles
auf die Auslegung ankommt, also von mir selbst abhängt?" (S. 151)
Gerade aufgrund der großen Bedeutung, die dem Ich in einer solchen
Entscheidung zukommt, hängt es hier mehr als in anderen Lebensbe-
reichen von diesem selbst ab, diese Möglichkeiten zu ergreifen, die
"Auslegung" in Theorie und Praxis auf einmalige und einzigartige
Weise zu leisten. Sie selbst hat jene Art von Anpassung nicht als
Einschränkung ihrer Möglichkeiten gewählt, sondern: "Sie ist, für
sich selbst, jemand mit Aussichten, mit geheimen Möglichkeiten ge-
blieben." (S. 171) Nicht Flucht, sondern, so Frauke Meyer, einen
"weitere(n) Wechsel des Kampfplatzes"[1] stellt dieser Schritt für
Christa T. dar. Die Interpretin schreibt: "Sie gibt ihre Flucht vor
Verbindlichkeiten und Bindungen auf, sie stellt eine existentielle
Probe mit sich an, in der sie ihren Anspruch auf Verantwortlichkeit
einlösen muß."[2]

2. Zur Problematik des Rückzugs

Dies alles beleuchtet die p o s i t i v e Seite der Heirat
Christa T.s; dennoch erscheint dieser Schritt in seinen Auswirkungen in einer eigenartigen Ambivalenz. Im zweiten Teil des Buchs
scheinen Melancholie und Resignation stärker zu werden. Verschiedene,
oft nur winzige Hinweise könnten als Belege dieser lautlosen Wandlung dienen:
Über die eigentlichen Motive ihrer Heirat werden kaum Aussagen
gemacht. Die wenigen Andeutungen, die es gibt, sprechen nicht für
einen begeisterten Entschluß. Als sie eines Tages bei einem Gang
durch die Straße die vielen Menschen sieht, heißt es von ihr:

---

[1] Zur Rezeption von Christa Wolfs "Nachdenken über Christa T.", in:
alternative, 1975, 100, S. 26-31, dort S. 30.
[2] Ebd., S. 30.

(L)auter einzelne Leute, aber jeder ist ihr fremd - auf einmal hält sie an, erschrickt. Mach' ich mir auch nichts vor? Wie lange kann man noch warten? Hab' ich wirklich noch Zeit? Und wer gehört mir, genaugenommen? (S. 146)

Auf dem Weg zu einem Besuch bei ihrem zukünftigen Mann denkt sie über die für ihre Person bezeichnende Unentschlossenheit nach:

(J)ung und grün ist man auch nicht mehr, sechsundzwanzig inzwischen, man hat schon gespürt, daß man auch zu unent- schieden sein, daß man auch aus Unbescheidenheit - oder wie soll man das nennen? - den Augenblick verpassen kann, für Liebe, für Leben, für alles, wofür es keinen Ersatz gibt. So muß man sich binden? (S. 154)

Liegt hier die Vorstellung zugrunde, allein in der Ehe sei das Glück zu finden? Wird in diesen Sätzen etwas wie Torschlußpanik an- gedeutet, Furcht, es könne zu spät sein, wenn sie sich nicht bald entscheidet? - Als ein weiteres Motiv taucht das Bedürfnis nach Sicherheit auf:

Natürlich hat sie auch Schutz gesucht, vielleicht hätte man das früher sagen sollen, und wer würde es ihr verdenken? Dämme bauen gegen unmäßige Ansprüche, phantastische Wünsche, ausschweifende Träume. Einen Faden in die Hand nehmen, der in jedem Fall, unter allen Umständen weiterläuft, an dem man sich, wenn es not tut, halten kann. (S. 154)

Keines dieser Motive steht in unmittelbarer Beziehung zu ihrem Mann. Es scheint fast, als ob Christa T.s Entschluß zum persönlichen Ein- satz in der Beziehung zu Justus eingedenk der in der Beziehung zu Kostja geübten Passivität eine Art Höhepunkt einer fortschreiten- den Verunsicherung darstellt. Bedürfnis nach Sicherheit war bisher etwas für Christa T. völlig Untypisches. Im Gegenteil hat sie sich im- mer wieder den angebotenen Sicherungen und Rückendeckungen entzogen, die die Gesellschaft allen und auch ihr anbietet. Nun gibt sie ihren Beruf ohne zu zögern auf und definiert sich von ihrem Mann her "iro- nisch natürlich" als "Tierarztfrau" (S. 173). Ihre neuen Aufgaben:

Handgriffe und Tätigkeiten, die man nicht nach Belieben aus- führen oder unterlassen kann, weil sie das Leben selbst in Gang halten. Kinder zur Welt bringen, alle Mühen auf sich nehmen, denen sie ihr Leben verdanken. Tausend Mahlzeiten zubereiten, immer aufs neue die Wäsche in Ordnung bringen. Die Haare so tra- gen, daß sie dem Mann gefallen, lächeln, wenn er es braucht, zur Liebe bereit sein (S. 154 f.),

alle diese neuen Aufgaben werden in einer Gesellschaft, die sich mit
der Rolle der Frau so ernsthaft theoretisch und praktisch auseinandersetzt wie die der DDR, keineswegs als unproblematisch und als
höchstes Frauenglück angesehen. In allen Erzählungen Christa Wolfs
üben die Frauengestalten qualifizierte Berufe aus oder bereiten
sich darauf vor: Die Ärztin in der 'Moskauer Novelle', die Lehrer-
Studentin im 'Geteilten Himmel', die Studentin in der Erzählung
'Unter den Linden', die Biologin im 'Selbstversuch'. Bei Christa T.
jedoch wird die Frage der Fortsetzung ihrer Berufstätigkeit gar
nicht in Erwägung gezogen; vielmehr beschränkt sie sich nach ihrer
Heirat wie selbstverständlich auf Haushalt und Kinder und arbeitet
allenfalls ihrem Mann zu, indem sie etwa Telephongespräche erledigt
oder Auskünfte erteilt.

Diese Überlegungen zeigen, daß die enge Bezogenheit der Frau auf
den Mann, die Definition der Frau vom Mann her, wie sie besonders
im letzten Zitat deutlich wird, für Christa T.s Selbstverwirklichungsstreben ein Problem darstellt. Einige Andeutungen im Text bringen
dies auch zur Sprache: Wenn ihr auch zunächst die vielen sich täglich wiederholenden Tätigkeiten Freude machen, so wird Christa T.
sich doch bald dieser Problematik bewußt:

> Auf die Frage: Was willst du werden? hätte sie jetzt zu
> antworten. Ich will, hätte sie zu sagen, jeden Tag früh auf-
> stehen, um zuerst das Kind zu versorgen und dann für uns
> beide, Justus und mich, das Frühstück zu machen; ich will,
> während ich hin und her gehe, hören, was er mir aufträgt;
> ich will mir merken, daß ich den Kreistierarzt anrufen muß
> (...). (S. 173 f.)

Hatte sie einst, von ihren Kommilitonen gefragt, was sie werden
wollte, geantwortet: "Ein Mensch" (S. 46) und damit Kopfschütteln
hervorgerufen, so wird nun, bei der Aufzählung ihrer täglichen
Handgriffe, der Kontrast zu den damaligen Erwartungen und Träumen
betont. Ihre damalige Antwort implizierte die Entfaltung all ihrer
Fähigkeiten und Möglichkeiten, das Zu-sich-selber-Kommen und die
Überwindung von Fremdbestimmung. Die oben zitierten 'Absichtserklä-
rungen', die in der Brechung durch die Gedanken der Ich-Erzählerin

wiedergegeben werden und mit denen Christa T. sich ihre eigene Lage
vor Augen führt und in Gedanken die Frage nach ihren Berufsplänen beantwortet, werden in dieser Art weitergeführt bis zur morgendlichen
Verabschiedung ihres Mannes, die ebenfalls in eine 'Absichtserklärung'
gefaßt ist:

> Dann will ich ihn losfahren sehen, will langsam nach
> oben gehen und den Tag über alles tun, was getan werden
> muß, eins nach dem anderen, so daß meine Arbeit den Tag
> voranschiebt, so kommt es mir manchmal vor.
> Aber er hat ein Gewicht, gegen das meine beiden Hände
> auf die Dauer nicht ausreichen. (S.174)

Die zuvor (vgl. S. 154 f.) positiv bewerteten Handgriffe im Haus
werden von ihr selbst jetzt als Behinderungen empfunden.

Die Ich-Erzählerin vergegenwärtigt sich Christa T.s Lage:
"Die unverbrauchten Gefühle fingen an, sie zu vergiften." (S. 198)
Während hier die außenperspektivische Ich-Erzählerin ihre Deutung
formuliert, wechselt im folgenden Satz die Perspektive, und es
wird aus der Sicht der Christa T. gesprochen: "Zum erstenmal fragte
sie sich, was in aller Welt sie mit diesem Haus wollte, was sie
sich denn immer noch einredete, was sie aus diesem halbverpfuschten
Leben denn noch machen wollte." (S. 198) Durch die Erzählstruktur
wird das Wort vom "halbverpfuschten Leben" in die Gedanken der
Christa T. gelegt, nicht in die der Erzählerin. S i e hält
Christa T.s Leben keineswegs für halbverpfuscht, und auch dem Leser
legt sie durch die Tendenz, mit der sie Christa T.s Charakter darstellt, diese Deutung keineswegs nahe. Dennoch gelingt es Christa T.
nicht, den Zustand zu überwinden, in dem sie sich ihrer Freiheit beraubt fühlt und der sie mit Apathie und Lethargie erfüllt: "Christa
T. ging in ihrer Wohnung herum wie in einem Käfig." (S. 199) Sie
kann sich hier weniger denn je befreien von ihrer "Angst, (...)
spurlos zu verschwinden" (S. 43) und von dem Gefühl, um ihre Ein-
malikeit betrogen zu werden.[1]

---

[1] "Sie wußte, daß sie nichts denken konnte, was nicht schon
millionenmal gedacht, kein Gefühl aufbringen, das nicht in
seinem Kern durch Abnutzung verdorben war, und daß jeder
ihrer Handgriffe von jeder anderen an ihrer Stelle gemacht
werden könnte." (S. 199)

Sie selbst bemerkt diesen unhaltbaren Zustand früh, ja sie steht ihm plötzlich verwundert und fremd gegenüber, als sei nicht sie selbst es gewesen, die diese Lebensform gewählt hat: "Die Verwunderung darüber, daß sie war, wo sie war, die kennen wir schon an ihr. In den letzten Jahren nimmt sie zu, bis zum Unglauben." (S. 177) Die eigene Wohnung, die gewöhnliche Umgebung, erscheint ihr umso fremder, je vertrauter sie ihr wird.[1] Wenn sie plötzlich in Gegenwart anderer in ihrer eigenen Wohnung steht und scheinbar grundlos staunt, ist es nicht verwunderlich, wenn ihre Nachbarinnen nichts mit ihr anzufangen wissen. Christa T. jedoch muß erfahren, daß das "Geheimnis", das sie "lebensfähig machte", das Bewußtsein ihrer Einzigartigkeit und Unauswechselbarkeit, das "Bewußtsein dessen, wer sie in Wirklichkeit war" (S. 199), ihr langsam, aber unaufhaltsam verloren geht, daß ihre geheime Hoffnung,"sie selbst (...) könnte der Welt zu ihrer Vollkommenheit nötig sein" (S. 68), sich hier nicht realisieren läßt.

Die Langeweile, die nun von Christa T. Besitz nimmt, weil sie sich nicht ausgefüllt fühlt, erzeugt mit der Passivität auch eine Lähmung, eine Unfähigkeit, sich aufzuraffen. Ihr-Nicht-tun-Können, bisher begründet in der ihr eigenen Nachdenklichkeit und Unentschlossenheit, auch in der mangelnden Fähigkeit, sich in der Gesellschaft gegen die Angepaßten zu behaupten, mit denen sie laufend zu tun hat, ist jetzt auch noch durch ihre ä u ß e r e n Lebensumstände bedingt.

So machen sich bald Anzeichen bemerkbar, die auf eine beginnende Krankheit hindeuten. Angesichts der nun einsetzenden "verräterische(n) Müdigkeit" (S. 175) Christa T.s überlegt die Erzählerin: "Soviel ist sicher: Niemals kann man durch das, was man tut, so müde werden wie durch das, was man nicht tut oder nicht tun kann." (S. 175 f.)

Die Verallgemeinerung durch dieses "Man" veranlaßt den Leser zu der Annahme, daß die Erzählerin hier wiederum auch von sich selbst spricht. Hat sie ähnliche Erfahrungen des Nicht-tun-Könnens gemacht,

---

[1] "Man soll sich nicht, besonders nicht, wenn man Gäste hat, in seiner eigenen Wohnung umsehen, als wäre sie einem todfremd, als könnten die Möbel jeden Augenblick Beine kriegen und die Wände Löcher." (S. 178)

und wenn nicht damals in der Handlungszeit, dann vielleicht jetzt
in ihrer Gegenwart, in der sie mehr als einen jener ehemaligen Konflikte Christa T.s selbst erlebt? Fragt die Autorin hier in dem
"Man" den Leser, wie es mit s e i n e r "Müdigkeit" steht?

3. Christa T.s Erkenntnis der Problematik und ihre Überwindungsversuche

Christa T. meint zunächst, dem Anspruch der Gesellschaft gerecht
werden zu können, indem sie sich in ihrem beschränkten Wirkungskreis
voll einsetzt und entfaltet und indem sie diesen so gestaltet, daß
der Einsatz in ihm immer wieder neu sinnvoll wird. Doch es zeigt
sich, daß dieser Schritt in die Zurückgezogenheit ihr Problem nicht
lösen kann. Sie kann sich nicht 'einrichten' (S. 171), auch mit ihrer
Heirat nicht. Gerade weil sie jedoch mit diesem Schritt einem gewissen Sich-Einrichten, 'Am-Ziel-Sein', nicht entgehen kann, steht
sie plötzlich voller Verwunderung vor dem, was mit ihr geschehen
ist: "Daß nichts Merkwürdiges dazwischenkam, schien über die Maßen
merkwürdig. Und ihr Gefühl sagte ihr, wie gefährlich Gefahrlosigkeit
sein kann."(S. 177) - Dieser Gefahr der Gefahrlosigkeit erliegt etwa
die Zahnarztfrau, die als Kontrastfigur dargestellt wird. Ihr kann
in ihrem wohleingerichteten Leben nichts wirklich Neues widerfahren,
vor allem läßt sie sich nicht mehr in Frage stellen. Dies ist deshalb gefährlich, weil man sich gewöhnt, ohne sich gewöhnen zu dürfen. Christa T. kann nicht plötzlich davon lassen, alles - auch das
scheinbar Selbstverständliche - zu hinterfragen, das Gewöhnliche
als fremd zu sehen. Ihre für ihren Charakter konstitutive Fähigkeit
zu staunen tritt in den verschiedensten Bereichen hervor. Wie in
ihrem bisherigen Leben lebt sie auch weiterhin "auf Abruf" (S. 171).
Ihrer neuen Rolle als Ehefrau und Mutter steht sie plötzlich befremdet, sogar mit Bestürzung (vgl. S. 173) gegenüber, als wäre sie aus
langem Schlaf in unbekannter Umgebung erwacht. Der Zahnarztfrau
stellt sich der Kontrast zwischen Selbstverständlichem und Nicht-
Selbstverständlichem im Erleben Christa T.s in einem Lächeln dar,
"wie man hier nicht lächeln soll" (S. 178). Verunsichert durch dieses
eigenartige, unmotivierte, halb abwesende Lächeln Christa T.s hat sie

> mehr als einen Tag damit zu tun (...), ihr ordentliches
> Leben wieder gegen dieses Lächeln aufzubauen, sich selbst
> zu bestätigen, daß sie eine achtbare Hausfrau und Gattin
> ist und ihren Platz in der sittlichen Rangordnung der Welt
> hat - nicht den letzten Platz übrigens. (S. 178)

Sie fühlt sich angegriffen und gefährdet durch Christa T.s Lächeln,
das gar nicht anzugreifen beabsichtigt, und sieht sich zur Vertei-
digung veranlaßt, wie hier die stilistische Form des Erzählens aus
ihrer Sicht anschaulich zeigt.[1] Wenn sie Christa T. "ein bißchen
unernst" (S. 178) nennt, so hat sie damit nicht ganz Unrecht.
Christa T. sieht die verschiedenen Werte, auch die Werte von Handlungen, in die man Phantasie und Anstrengung investiert, sehr relativ: Sie stellt ihre eigenen Wertungen her, selbständig und unabhängig. So hält sie ihren Haushalt dauernd in einem "Schwebezu-
stand" (S. 175), der verrät, daß sie sich hier mit Improvisieren
begnügt, ohne daß deshalb "das Ganze (...) zusammenbrach" (S.175).
Aber ihr eigentliches Leben spielt sich nicht hier ab, sondern
ihre Unruhe, ihr Aus-Sein auf Zukunft, bleibt. Immer noch ist sie
auf der Suche nach Neuem, nach etwas, das den alltäglichen Aufgaben im Haushalt ihren richtigen Stellenwert gibt. Noch immer gilt,
was Gertrud Dölling ihr vorwarf: "Immer hat sie alles wie zum
Spaß gemacht, versuchsweise. Immer konnte sie mit allem wieder auf-
hören und ganz was anderes anfangen, wer kann das schon?" (S. 64)
Ihre nur angedeutete Liebesaffäre mit dem Freund ihres Mannes
ist hierfür wieder ein Beispiel. In plötzlichem Trotz stellt
Christa T. ihre bisherige Rolle infrage: "Und warum nicht? fragte
sie herausfordernd. Findet ihr, daß ich dazu bestimmt bin, treu
zu sein?" (S. 196) - Sie erlebt diese Bekanntschaft als eine weitere Möglichkeit, nach all den bisherigen Versuchen, den Festlegungen zu entgehen, das "Spiel mit Varianten" nicht beendet sein zu

---

[1] Diese innenperspektivische Erzählweise ruft auch beim Leser das
Erlebnis der Fremdheit Christa T. gegenüber hervor, da ihm hierdurch nahegelegt wird, sich mit der Zahnarztfrau zu identifizieren
und Christa T. mit ihren Augen zu sehen.

lassen. Auch hier "neugierig(...) auf (...) sich selbst in den neuen
Umständen" (S. 54) verteidigt sie sich gegen ihre eigenen Bedenken:
"Sie will sich wünschen, alles wäre vorüber, aber das kann sie nicht,
wie soll man wünschen können, daß das Leben vorüber sei?" (S. 197)
Die Bekanntschaft mit diesem Mann erscheint ihr in dieser Situation als ein Weg, "den toten Kreis zu verlassen" (S. 199), der Auflösung "in eine unendliche Menge von tödlich banalen Handlungen
und Phrasen" (S. 199) und der drohenden Gefahr, sich zu verlieren,
zu entgehen.[1]

Diese Beziehung, ein geheimer Protest gegen das Bestehende und
Verordnete, wäre, so meint die Erzählerin, in der Rückschau wissend
um den frühen Tod der Freundin, "nicht der letzte Beweis dessen
(geblieben), daß sie sich mit den Gegebenheiten nicht abfand" (S. 200).
Die Ich-Erzählerin verweist auf die Möglichkeit, "daß Unglück ein
angemessener Preis sein kann für die Verweigerung der Zustimmung"
(S. 200). Indem sie über Christa T. diese Aussage macht, differenziert sie zwischen ihrer Einsicht damals, als sie selbst diesen Preis
fürchtete, und ihrer jetzigen Erkenntnis, die sie durch Christa T.s
Verhalten und Schicksal erlangt hat. Damit schließt sie für sich
die Möglichkeit nicht aus, für eine vielleicht ähnliche Verweigerung
eventuell einen ähnlichen Preis zahlen zu müssen.

Auf der nächsten Ebene fragt sich die Autorin, wie i h r
Preis für eine mögliche "Verweigerung der Zustimmung" aussieht,
und sie bietet den Lesern an, dem Satz, indem sie ihn nachsprechen,
eine Bedeutung in ihrer jeweiligen Situation zu geben. Es geht dabei
um eine Zustimmung zu den gesellschaftlichen Normen, die beanspruchen,
für alle individuellen Probleme die Lösungen bereitzustellen.[2]

Die Ich-Erzählerin reflektiert nun über Christa T.s Abgleiten aus
den Kategorien der vorprogrammierten Lebensläufe, nach denen sich das

---

[1] In seiner Gegenwart, "wenn sie nur eine Teetasse über den Tisch
reichte, war sie plötzlich wieder sie selbst" (S. 199).

[2] Ähnlich kritisiert Karl-Heinz Jakobs in seinem von Christa Wolf ge-
schätzten Roman 'Beschreibung eines Sommers' (Berlin/DDR, 1961) diesen Anspruch von Partei und Staat: "Grit und ich, wir lieben uns,
und das geht die Partei, geht niemand irgend etwas an." (Ebd., S. 165.
- Vgl. zu diesem Werk auch: Wolf, Ein Erzähler gehört dazu (Rez.), in:
NDL 1961, H. 10, S. 129-133).

Leben - wie die Literatur - zu richten hat: "Da kamen wir uns ja
noch wie Figuren in einem gut gebauten Stück vor, dessen Ende
unfehlbar die Auflösung aller Verwicklungen und aller Konflikte
war, (...)." (S. 200) - Christa T. dagegen muß, so meint sie,
"damals aus der Hand dieses überaus freundlichen, aber recht banalen
Stückeschreibers gefallen sein" (S. 200). Sie wehrt sich dagegen,
daß in der Gesellschaft, in der sie lebt, nicht nur in literarischen
Werken sich regelmäßig alle Konflikte glücklich lösen und nach der
offiziellen Doktrin diesen Verlauf nehmen m ü s s e n, sondern auch
den M e n s c h e n das entsprechende Verhalten abverlangt wird:
"Woll'n doch mal mein Gesicht sehen, wenn noch einmal alles in Frage
steht." (S. 200) Der Endgültigkeit eines Zustands, den sie selbst
durch die Heirat herbeigeführt hat, setzt sie den Versuch entgegen,
"mit den wenigen Dingen, die man wirklich in der Hand hat, noch
einmal zu spielen, den Einsatz noch einmal zu erhöhen" (S. 200).

Die Veränderungen, die mit Christa T. in dieser Zeit vor sich
gehen, bleiben bei der Ich-Erzählerin nicht unbemerkt: "Alles deutet
auf Übergang." (S. 179) Dies bedeutet: Die langsam zunehmende Tendenz
zur Passivität bei der Freundin wird gewiß nicht das Letzte bleiben.
Etwas Neues wird sich ereignen, das neue Dimensionen des Lebens und
Erlebens eröffnet. Der Leser ist durch mehrere leise Andeutungen wie
im letzten Zitat darauf vorbereitet, nach dem vielen Negativen, das
bis hierher angesprochen wurde, nun das Positive gespannt zu erwarten.

4. Selbstverwirklichungsversuch im Hausbau

Eines abends im Strandhotel - es ist der Abend jenes glücklichen
Julitages an der Ostsee, der sich als Bild des Glücks durch das Werk
zieht (vgl. S. 7; 95 f.) - teilt Christa T. ihren Freunden mit, daß
sie einen Plan hat:

> Sie fing nach einer Weile an, Zahlen auf einen Bierdeckel
> untereinander zu schreiben, rechnete sie zusammen, und als
> wir wissen wollten, was sie trieb, sagte sie in vollem Ernst
> und für uns zum erstenmal: Das Haus. (S. 189)

Dieses Kapitel beginnt die Erzählerin mit einem Satz aus Christa T.s
Aufzeichnungen: ´Man selbst, ganz stark man selbst werden.`(S. 188)
Mit diesem Satz deutet sie das Programm an, unter das Christa T.
sich mit diesem Plan stellt, und die Perspektive, in der sie selbst
Christa T. im folgenden sieht.

Dieser Plan des Hausbaus, der von Christa T. angeregt wird, läßt
die Freundin in der Handlungsgegenwart jedoch vermuten, daß er zu
einem weiteren Rückzug Christa T.s führen wird: "Und du wirst dich
vergraben." (S. 191) Christa T. widerspricht lächelnd: "Ich grab'
mich aus." (S. 191) Sie versucht, im Erbauen von Sichtbarem und Faß-
barem sich selbst zu finden, der Melancholie durch Aktivität entgegen-
zutreten.

Christa T.s Handlungshemmung, die ihr durch die äußeren Bedingungen
aufgegeben ist, korreliert mit ihren gelegentlichen ziellosen Tag-
träumen, wie sie vor allem bei ihrer Beziehung zu dem Freund ihres
Mannes auftreten, "diesem gefährlichen gegenstandslosen Verlangen"
(S. 201). Nun konzentrieren sich diese Träume auf den Plan des Hausbaus. Ihren spontanen Wunsch von einst, "(e)twas tun, mit meinen
Händen arbeiten, daß ich es sehen kann: Die Bank zimmern, (...).
Das Beet umgraben" (S. 94), diesen Wunsch, der sie damals in der
Zeit tiefster Depression überkam und den sie instinktiv und richtig als Heilmittel empfand, erfüllt sie nun im Planen und Verwirk-
lichen dieses Hauses. Im Realisieren dieses Hauses realisiert sie
sich selbst. _But not completed una die._

Für den Leser geht es hier nicht um ein psychologisches Nach-
vollziehen der Motivation Christa T.s, sondern er kann bei Christa T.s
Handeln eine von der Autorin mitgemeinte Dimension erfassen, die
Hans Freyer folgendermaßen formuliert:

> Pläne für die Umgestaltung der gesellschaftlichen Ver-
> hältnisse, besonders solche, die bis in die Einzelheiten
> hinein ausgedacht waren und auf eine endgültige Ordnung ab-
> zielten, sind (...) immer zunächst für einen geschlossenen
> Raum entworfen worden.[1]

---

[1] Zit. nach: Wolf Lepenies, Melancholie und Gesellschaft, Ffm., 1972
(zuerst 1969), S. 192.

Der kleine Raum des neuen Hauses, den Christa T. allen Schwierigkeiten (Geldknappheit, Lieferschwierigkeiten beim Material, Mutlosig-
keit) zum Trotz hervorbringt, bedeutet für sie die Möglichkeit,
wenn auch nicht die Gesellschaft im großen, so doch diesen kleinen
Lebensbereich dahingehend selbst zu gestalten, daß sich die sie
ständig quälende Kluft zwischen ihren Ansprüchen und der sie umgebende
Realität schließt.[1] Wie die Heirat ihr - zunächst - einen neuen
Lebensbereich öffnet und sie sich selbst in den neuen Umständen neu
sehen und erleben kann, kann sie auch in dem Hervorbringen dieses
Hauses sich selbst hervorbringen.

Christa Wolf steht mit dieser Darstellung der positiven Funktion
des Hausbaus für Christa T. im Kontext und in der Tradition der
marxistischen Anthropologie, in der die menschliche Arbeit positiv
gewertet wird als zielgerichtete und bewußte Aneignung von Welt,
eine Aneignung, in der der Mensch sich selbst verwirklicht, wie
Karl Marx vor allem in seinen Frühschriften immer wieder heraus-
stellte.[2] Der arbeitende Mensch gestaltet die objektive Wirklichkeit
und macht auf diese Weise aus ihr eine menschliche Wirklichkeit, das
heißt, ein Ergebnis der menschlichen Arbeit. Christa Wolf konkretisiert ihre Vorstellung von dem, was Selbstverwirklichung bedeutet, in
diesem marxistischen Sinn: Sie will den "Zeitgenossen (...) ermutigen, er selbst zu werden - das heißt, sich dauernd,sein ganzes Leben lang, durch schöpferische Arbeit zu verwandeln"[3]. Schöpferische

---

[1] Horst Haase nivelliert meines Erachtens den Konflikt, wenn er
schreibt: "Sie findet ihre Heimat im umfassendsten Sinn des Wortes
in der ersten von humanistischen Prinzipien regierten Gesellschaftsordnung auf deutschem Boden" und "Ihre Idee, sich hier ein Haus
zu bauen", sei "nur ein Symbol für dieses Nach-Hause-Finden".
(Nachdenken über ein Buch, a.a.O., S. 176) Der Konflikt Christa T.s
mit der Gesellschaft wird durch den Hausbau gerade n i c h t gelöst!

[2] Vgl. Karl Marx, Nationalökonomie und Philosophie (1844), in:
Karl Marx, Die Frühschriften, hsg. Siegfried Landshut, Stuttgart,
1971, dort S. 225-316.

[3] Selbstinterview, a.a.O., S. 79.

but have connection

Arbeit also als Weg, man selbst zu werden. Selbstverwirklichung
im marxistischen Sinn und im Verständnis von Christa Wolf ist nicht
irgendwann am Ziel, d.h. 'fertig', sondern im Streben nach Selbstverwirklichung strebt der Mensch dauernd über sich hinaus und
d a d u r c h gerade zu sich selbst. In diesem Sinn schreibt Ernst
Bloch:

> Besonders in der schöpferischen Arbeit wird eine eindrucks-
> volle Grenze überschritten, die die Übergangsstelle zu einem
> Noch-Nicht-Bewußten (objekthaft: Noch-Nicht-Gewordenen) be-
> zeichnet. An ihr hebt sich, bei gelingendem Durchbruch, das
> Land, wo noch niemand war, ja das selber noch niemals war.[1]

Der "winddurchpfiffene" Rohbau, den Christa T. der Freundin vorführt und der nichts gemein zu haben scheint mit dem "Traumhaus"
(S. 202) auf der Planskizze, die sie einst so selbstverständlich
herumreichte, setzt der Urheberin Widerstand entgegen, den sie überwinden muß . Er ist für Christa T. ein Mittel der Bewährung: "(S)ie
hatte auch erfahren, daß das wirkliche Material sich stärker widersetzt als Papier und daß man die Dinge, solange sie im Werden sind,
unerschütterlich vorwärtstreiben muß." (S. 202)
Hier ist wohl nicht allein von dem unfertigen Haus die Rede, sondern die angedeutete Notwendigkeit der Bewältigung von Widerständen
charakterisiert auch Christa T.: Sie ist mit ihrer Kompromißlosigkeit nicht bereit, bei Vorläufigem stehenzubleiben, sich mit Halb-
fertigem zufriedenzugeben, mit Nicht-Eindeutigem abzufinden, so wie
es bei ihren vielen Zusammenstößen mit den Menschen um sie herum
immer neu ans Tageslicht tritt. So wie sie den Hausbau in Angriff
nimmt, so verhält sie sich auch in ihrem gesellschaftlichen Umfeld,
indem sie andere auf den Weg bringt.
Christa T.s Tätigkeit im ganzen wird derart durch den Hausbau
verbildlicht, daß die Autorin die äußere Beschreibung des Hauses
als Metapher für Christa T.s Persönlichkeit verwenden kann:

---

[1] Grundfragen I., S. 16.

Da stand es dann, nackt und roh, sehr einsam unter dem großen wolkenreichen Himmel, und kleiner, als es in unserer Vorstellung gewesen war. Es kam uns unterstützungsbedürftig vor in seinem Kampf gegen den großen, bewegten See und den dunklen Himmel. Wir sahen, daß es tapfer Posten bezogen hatte, aber auch, daß die Natur sich widersetzte, doch wir verloren kein Wort darüber. (S. 201 f.)

Wie die Art des Verhaltens Christa T.s zu den verschiedenen Zeitpunkten zugleich das Produkt ihrer Vergangenheit, also Ziel ist und sie gleichzeitig immer auf dem Weg ist, so ist auch der Rohbau das Produkt ihres Schaffens, also Ziel, weil er den Weg als ganzen versinnbildlicht. Und wie die Art und Weise, wie Christa T. jeweils tätig ist, ihren 'Charakter' konstituiert, so werden auch die Produkte ihrer Tätigkeit ('Haus' und 'Sozialismus') vergleichbar und machen sich im Bild gegenseitig anschaulich.

Der Hausbau impliziert utopische Momente, die sich auf Christa T.s Ungenügen an der Gesellschaft beziehen. Das unfertige Haus, das "weiter von seiner Vollendung entfernt war als das Traumhaus an jenem glücklichen Abend auf den Skizzen im Strandhotel, das weiß und schön auf dem Papier dagelegen hatte" (S. 202), ist ein Bild für die unfertige sozialistische Gesellschaft, die gewöhnlich auf dem Papier sehr ideal und problemlos beschrieben und angepriesen wird. Es ist ein Bild der Wirklichkeit, die noch wenig Gemeinsamkeit mit dem Ideal hat und sich dennoch nach der Überzeugung der Autorin auf dieses Ziel zubewegt. Der Rohbau verhält sich also zu Christa T.s Traum von dem fertigen Haus wie die gegenwärtige Gesellschaft zu ihrem Traum vom zukünftigen Sozialismus, an dem sie mitwirkt.

Um das Wesen Christa T.s geht es an dieser Stelle also, aber nicht nur um ihres, sondern um das des entstehenden Sozialismus, der noch gegen viele Widerstände kämpfen muß. In Christa T.s Phantasie, in ihren "Nachtträume(n)" und "Wachträume(n)" (S.191)[1]

---

[1] Zur zentralen Bedeutung des "Traums", speziell auch der Begriffe "Nachttraum", "Tagtraum" und "Wachtraum" bei E. Bloch vgl. bsd.: Das Prinzip Hoffnung, Bd. 1, 2. Teil ('Das antizipierende Bewußtsein'), a.a.O., S. 47 ff., dort bsd. Kp. 15, ebd., S. 86-128. Einer der wesentlichsten Aspekte ist hier: der Traum als "Wunschphantasie" (S. 87), als "Hang, das uns Gewordene zu verbessern" (S. 86).

existiert das Haus bereits, "vollkommen in seiner Art" (S. 191),
so wie in ihrer Phantasie auch ihre "Vision von sich selbst" und
die Utopie der sozialistischen Gesellschaft (die nicht trennbar
sind) existieren. Die, denen sie ihre Pläne erklärt, "sahen es
auf einmal alle daliegen, ihr Haus, wir sahen ein, daß einer es
sich hatte ausdenken müssen, nun war es da." (S. 191)

"Weil nicht Wirklichkeit wird, was man nicht vorher gedacht hat"
(S. 221), ist jemand wie Christa T. nötig für den gesellschaftlichen Fortschritt hin zum Sozialismus. - Aber was eben gedacht wird,
kann auch Wirklichkeit werden: Das "Nun war es da" nimmt die zu-
künftige Wirklichkeit vorweg.

Diese konkrete Utopie, die Christa T. verkörpert, ist die Botschaft des Buchs. Christa Wolf steht damit in der marxistischen
Tradition. Beim jungen Marx heißt es: "Es wird sich dann zeigen,
daß die Welt längst den Traum von einer Sache besitzt, von der sie
nur das Bewußtsein besitzen muß, um sie wirklich zu besitzen."[1]
Wie das "Traumhaus" (S. 202) nach seiner Konkretisierung drängt, so
Christa T.s Traum[2] von der Gesellschaft nach seiner Realisierung.

Erst nach Christa T.s Tod geht der Erzählerin plötzlich etwas
auf, von dem sie sich wundert, daß sie es nicht früher begriffen hat:
was nämlich Christa T. meinte mit ihrem "Ich grab'mich aus.":

> Auf einmal durchfuhr es mich, daß ich bis zu diesem Augen-
> blick nicht begriffen hatte, warum sie hier leben wollte und
> wozu sie sich dieses Haus gebaut hatte. Ich war darüber mehr
> verwundert als betroffen, denn nun lag es doch klar auf der
> Hand und war staunenswert, daß dieses ganze Haus nichts weiter war
> als eine Art Instrument, das sie benutzen wollte, um sich
> inniger mit dem Leben zu verbinden, (...). (S. 193)

Das Haus ist nicht die "'poetische Enklave' des 'Selbst'", wie H.
Kähler meint[3], sondern "ein Ort, der ihr von Grund auf vertraut war,

---

[1] Brief an Arnold Ruge vom September 1843, in: K. Marx, Die Frühschriften, S. 167-171, dort S. 171.

[2] Dieser Terminus ist auswechselbar gegen die häufig gebrauchten wie
"Vision", "Hoffnung", "Sehnsucht", "Wünsche", "Phantasie".

[3] Christa Wolfs unruhige Elegie, a.a.O., S. 258. In ähnlichem Sinn deutet
eine ganze Reihe west- und ostdeutscher Kritiker den Hausbau.
Günter Zehm überschreibt seine Rezension: 'Rückzug ins private Glück
im Winkel' (in: 'Welt der Literatur', Hamburg, vom 3.7.1969).

weil sie ihn selbst hervorgebracht hatte, und von dessen Boden aus sie sich allem Fremden stellen konnte" (S. 193). Dieser Ort soll schließlich das Ende jener Zeit in Christa T.s Leben anzeigen, für die gilt, was schon in ihrer Schulzeit benannt wird: "überall fremd zu sein, zu Hause und fremd in der gleichen Sekunde" (S. 19). Das Haus soll ein Bild für "Heimat" im Sinne von E. Blochs Verwendung dieses Wortes sein. Es versinnbildlicht das Erreichen eines Ziels, aber nicht als Endgültiges, sondern als 'Sein-im-Werden'.[1]

---

[1] Vgl.: "Das Grundthema der Philosophie, die bleibt und ist, indem sie wird, ist die noch ungewordene, noch ungelungene Heimat, wie sie im dialektisch-materialistischen Kampf des Neuen mit dem Alten sich herausbildet, heraufbildet." (Prinzip Hoffnung, Bd. 1, S. 8).

IV. Selbstverwirklichungsversuch im Schreiben

Christa T.s Leben läßt sich interpretieren als eine Folge von Versuchen, sich selbst zu finden und zu verwirklichen. Eine Möglichkeit dazu sieht sie im bewußten Umgang mit Sprache: Ihr Selbstfindungsversuch im Schreiben spielt gegenüber ihren anderen Versuchen eine besondere Rolle, denn indem es im Werk und durch das Werk selbst immer thematisiert und als Problem gegenwärtig ist, hat das Schreiben die Funktion, die verschiedenen Werkebenen miteinander zu verknüpfen. Schreiben konstituiert den Erinnerungsvorgang bei Erzählerin und Autorin und auch bei Christa T., die sich schreibend an ihre Kindheit erinnert - und das Buch selbst ist ein Produkt des Schreibprozesses.

Christa T. schreibt ein Tagebuch und macht schriftstellerische Versuche. Bei ihrer Beschäftigung mit Theodor Storm in ihrer Examensarbeit stellt sie die Frage, "wie man denn - und ob überhaupt und unter welchen Umständen - in der Kunst sich selbst verwirklichen könne" (S. 120). Die Erfahrungen, die sie beim Schreiben macht, sind sehr vielschichtig.

1. Schwierigkeiten im Umgang mit der Sprache

Schon als Kind beginnt Christa T. zu schreiben[1] und entdeckt dabei den "Trost (...) in den geschriebenen Zeilen. Das Staunen vergißt man nicht mehr, auch nicht die Erleichterung." (S. 28) Die Brüchigkeit ihrer Welterfahrung jedoch führt sie früh zur Erkenntnis "unserer Unfähigkeit, die Dinge so zu sagen, wie sie sind" (S. 44)[2]. Deshalb ist sie mißtrauisch gegen die Sprache, die vorgibt, die Wirklichkeit festzuhalten, während diese sich den Benennungen immer wieder entzieht. "Sie hielt das Leben für verletzbar durch Worte." (S. 217)[3] So bricht sie ihre Versuche zu dichten immer wieder ab, weil

---

[1] Die Zehnjährige schreibt in ihr Tagebuch: ´Ich möchte gerne dichten und liebe auch Geschichten.` (S. 23)

[2] Über Rita dagegen heißt es im 'Geteilten Himmel': "Indem sie die Zeit ihre Arbeit tun ließ, hat sie die ungeheure Macht zurückgewonnen, die Dinge beim richtigen Namen zu nennen." (Berlin - Schöneberg, 1967, S. 275).

[3] Vgl. auch: "Sie zweifelte ja, inmitten unseres Rauschs der Neubenennungen, sie zweifelte ja an der Wirklichkeit von Namen, mit denen sie doch umging; sie ahnte ja, daß die Benennung kaum je gelingt und daß sie dann nur für kurze Zeit mit dem Ding zusammen-

sie sich vor den "ungenauen, unzutreffenden Wörtern" (S. 217) fürchtet. "Sie wußte, daß sie Unheil anrichten, das schleichende Unheil
des Vorbeilebens, das sie fast mehr fürchtete als die großen Kata-
strophen." (S. 217) Schreiben birgt also die Gefahr in sich, Ersatz
zu werden für die eigene Erfahrung. Christa T. erlebt das bei
Kostja, der lange in dem "verantwortungslosen Bereich der bloßen
Wort-Existenz" (S. 217) befangen bleibt und die Kunst für das Leben
selbst nimmt. Ihm hält Christa T. entgegen: "Alles, alles hast du
in deinen Büchern schon erlebt, die Wirklichkeit könnte dich nur
noch beschmutzen. Ich aber weiß nichts, ehe ich es nicht probiert
habe." (S. 80)

Neben der Gefahr des Vorbeilebens erkennt Christa T. auch die Gefahr, die Widersprüche zwischen Anspruch und Wirklichkeit, die sie
täglich schmerzvoll erlebt, zuzudecken durch "eiserne(...) Defini-
tionen" (S. 180). Worte können die Dynamik zerstören, weil

alles, was erst einmal "dasteht" - dieses Wort schon! -
so schwer wieder in Bewegung zu bringen ist, daß man also
schon vorher versuchen muß, es am Leben zu halten, während
es noch entsteht, in einem selbst. Es muß andauernd entstehen, das ist es. (S. 213)

Hiergegen hilft, den semantischen Inhalt der Wörter selber zu bestimmen, z.B. "Sehnsucht" auf "sehen" zurückzuführen (S. 112), "dichten"
auf "dicht machen" (S. 23; 27). Denn für Christa T. ist die Welt
nicht fertig. Sie muß immer neu entdeckt, erkannt und geschaffen werden.

Die angedeuteten Probleme sind die Gründe, warum Christa T. kaum
mehr als Skizzen hinterläßt, kaum eine ihrer Geschichten zu Ende

---

fällt, auf das sie gelegt wurde." (S. 46)
    (Im 'Geteilten Himmel' hieß es schon vorsichtig: "Manchmal glau-
ben wir, etwas zu verändern, indem wir es neu benennen." S. 269)
    Durch das "Uns" setzt die rückblickende Erzählerin sich und die
"Wir"-Gruppe, die damals anders dachten, von Christa T. ab. Daß die
Rückblickende inzwischen zur Erkenntnis bzw. zur Fragehaltung
Christa T.s, die diese schon d a m a l s auszeichnete, gefunden
hat, zeigen die leisen Hinweise, die durch die Partikel "ja" und
"doch" gegeben werden.

schreibt und auch nie so weit kommt, etwas zu veröffentlichen, obwohl ihr das von verschiedenen Seiten vorgeschlagen wird.

Wie Christa T. durch Schreiben ihre Angst, sich zu verfehlen,
und die Angst vor den äußeren Verhältnissen überwinden will, so versucht auch die E r z ä h l e r i n, schreibend die Angst zu bewältigen, Christa T. zu verlieren oder in der Faszination befangen zu
bleiben und im Bann ihres Bildes zu verharren. An vielen Stellen
thematisiert sie diese Furcht.[1]

Daß sie ebenfalls die Angst kennt, "durch Aussprechen zu verfesti-
gen" (S. 56), davon legt ihr Bericht Zeugnis ab, für den konstitutiv
ist, daß er immer wieder einmal beschriebene Szenen durch Variationen
der Beschreibung ersetzt (etwa das Kennenlernen von Christa T. und
Justus) oder auch ganz zurücknimmt (etwa Christa T.s Besuch bei ihrem
Schuldirektor). Da Christa T. sich nicht festlegen kann und auch
nicht festzulegen ist, so daß man ihr nur in "allen ihren Gestalten",
in "allen ihren Verwandlungen" (S. 216) gerecht werden kann, so muß
die Erzählerin vermeiden, sie durch Sprache dingfest machen zu wollen.[2]

Gerade die offene Zukunft, die Christa T. immer vor sich hat und
die sie selbst verkörpert, verbietet ihr dies. Und auch der Leser
soll jede fest Bedeutung, die er erkannt zu haben glaubt, wieder in
Zweifel ziehen oder auch verwerfen. Darüber hinaus zwingt ihn die Un-
bestimmtheit und Offenheit der Sprachstruktur, selbst nach weiteren
Deutungen zu suchen und den Schreibversuchen im Rahmen des Romans
durch die Erprobung verschiedener Lektüremöglichkeiten gerecht zu werden.

---

[1] Vgl. besonders den Prolog.

[2] "Behutsam (wird berichtet werden), wenn möglich, da Tote verletzbar
sind, das leuchtet ein. Was ein Lebender berichtigen kann, indem
er lebt, würde einen Toten endgültig töten: Leichtfertigkeit."
(S. 31) - Im Text steht "berichten" statt "berichtigen", doch in
einem Brief (vom 19.2.1976) bestätigte mir die Autorin meine Vermutung, daß es sich hier um einen Druckfehler handelt.

2. Schreiben als Therapie

Trotz ihrer Zweifel an der Aussagbarkeit der Wirklichkeit ist Christa T.s Grunderfahrung, ˝(d)aß ich nur schreibend über die Dinge komme!˝ (S. 44; 122). Schreiben wird für sie das Mittel, die Kluft zwischen sich und der Welt zu überwinden. Ihre "äußerste Abneigung gegen das Ungeformte" (S. 22) drängt sie, im 'Dicht-Machen' (S. 23) Halt zu suchen. Die Sprache ist Schutz vor der 'anderen' Welt: "Die Hände, beide Hände auf die Risse pressen, durch die es doch immer wieder einströmt, kalt und dunkel..." (S. 27)[1] Schreiben muß sie, weil sie aus der dunklen in die "schöne, helle, feste Welt, die ihr Teil sein sollte" (S. 27), eintreten will. Die Erfahrung, 'nur schreibend über die Dinge zu kommen', macht sie etwa, als sie in einer Zeit starker Depressionen ihrer Schwester einen Brief schreibt, in dem sie nach dem Sinn ihres Lebens fragt (vgl. S. 89 ff.). Sie erfährt Schreiben also, ebenso wie die Autorin es für sich selbst sagt, als "Therapie"[2]. Es kann helfen gegen eine "Müdigkeit", eine "Lähmung, die von Trauer ausgehen kann"[3]. So "kann (man) auch schreiben, (...) (u)m gesund zu werden"[4].

Diesem Versuch der Selbstvergewisserung durch Schreiben dienen vor allem Christa T.s Tagebuchaufzeichnungen, etwa die über ihren Besuch beim Wahrsager, von dem bis zuletzt offenbleibt, ob er tatsächlich stattgefunden hat oder nicht. Die Tagebuchaufzeichnung jedenfalls konnte erfolgen - als Erfindung oder als wahrheitsgetreuer Bericht,

---

[1] Dieselbe Erfahrung mit der Sprache macht Malte Laurids Brigge: "Ich habe etwas getan gegen die Furcht. Ich habe die ganze Nacht gesessen und geschrieben, (...)." Rainer Maria Rilke: Die Aufzeichnungen des Malte Laurids Brigge, Ffm., 1973 (zuerst 1910), S. 19.

[2] Wolf, in: Gespräch mit J. Walther, a.a.O., S. 125.

[3] Wolf, Nachwort zu: Anna Seghers: Glauben an Irdisches (1968), in: Lesen und Schreiben, S. 83-111, dort S. 98.

[4] Wolf, in: Gespräch mit J. Walther, a.a.O., S. 125.

denn auf die "Tatsachen" kommt es ja nicht an. Sie 'braucht' diesen
Besuch, und "wenn es ihn nicht gab, hätte sie ihn erfunden, weil sie
ihn brauchte" (S. 99).

In diesem Sinn 'erfindet' die Ich-Erzählerin Christa T.; so 'erfindet' Christa Wolf Christa T. und die Ich-Erzählerin und fordert durch
die offene Schreibweise den Leser auf, s e i n e Lektüre zu finden: in der Überzeugung, daß er und die Gesellschaft, in der er
lebt, die 'Realisierung' des vorgeschlagenen Lösungsmodells 'brauchen'.

Es ist bezeichnend, daß Christa T. immer dann im Schreiben Hilfe
sucht, wenn sie die Erfahrung von Bosheit und Ungerechtigkeit macht.
Zu einer solchen Grunderfahrung wird für sie das Erlebnis in ihrer
Kindheit, wie die Zigeuner aus dem Dorf vertrieben werden. Seit jenem Abend hört sie auf, "sich selbst mit Namen zu nennen, wie alle"
(S. 29) und notiert: ˈKind am Abendˈ. Zum ersten Mal erfährt das Kind
bei diesem Ereignis: "ICH bin anders." (S. 30) Und der Schmerz über
das Erlebte bleibt zurück: "Sehnsucht, ein bißchen Angst, Schmerz
und etwas, was einer Geburt ähnelt." (S. 30) Ihr Ich wird derart getroffen, daß es dem nicht standhalten kann. Dieser quasi-psychischen
Vernichtung durch die Verhältnisse entzieht sich das Kind in einem
spontanen Akt, indem es schreibend "Ich" sagt und sich damit in
einer punktuellen elementaren Fluchtbewegung von sich selbst distanziert. Indem das Kind schreiben kann: "Kind am Abend", macht es sich
für sich selbst gegenwärtig und verdoppelt sich. Christa T. ist das
Kind, und sie ist diejenige, die schreiben kann: "Kind am Abend",
wodurch das Kind schreibend repräsentiert wird. Dieses schreibend repräsentierte Kind wird später das Substrat, das das Anders-Sein des
Ich auf sich ziehen kann.

Dieses Erlebnis wird von Christa T. (und von der Erzählerin) in
Verbindung gebracht mit späteren Erfahrungen, die schon in die Zeit
der im Aufbau befindlichen sozialistischen Gesellschaft gehören: Als
sie erleben muß, daß andere bereit sind, sich anzupassen, sich 'aus-
zulöschen', in einer Situation also, wo Menschen wieder gehindert

werden, "ich" zu sagen (vgl. S. 72), beginnt sie, Skizzen über ihre Kindheit zu schreiben, und beschreibt auch jene Begebenheit der Zigeunervertreibung. Dem "Mechanismus", den 'ins Dunkel getauchte Zahnräder, Schnüre und Stangen' (S. 72) bestimmen, setzt sie ihr ´Kind am Abend` entgegen, denn

> wie jeder nicht nur die Leiden, sondern auch die Ermutigungen hat, die zu ihm passen, so hat sie, (...) doch die Genugtuung gehabt, das Kind am Abend wieder aufstehen zu sehen: ängstlich, an die Latten der Gartenpforte geklammert, den Auszug der Zigeunerfamilie beobachtend. Schmerz empfinden, Sehnsucht, etwas wie eine z w e i t e G e b u r t. Und am Ende "ich" sagen: Ich bin anders. (S. 73. Hervorhebung von mir)

Dieses Element des Schreiben-Könnens ist für die Persönlichkeit Christa T.s die Möglichkeit schlechthin, sich den Verhältnissen zu e n t z i e h e n, aber auch, sich ihnen e n t g e g e n s e t z e n z u k ö n n e n. Allein in dieser Spannung, die in dem "Ich bin anders" liegt, hat die Dialektik der Erfahrung von Selbstfinden und Fremdsein für Christa T. überhaupt ein Substrat. Man könnte diese Grundvoraussetzung des Schreibprozesses das 'Geheimnis der ersten Person' nennen.

3. Schreiben als Versuch der Identitätsfindung

Das Schreiben soll Christa T. helfen, zu sich selbst zu kommen. Wie die Ich-Erzählerin, für die Schreiben heißt, "Beispiele anbieten" (S. 57), bietet auch Christa T. Beispiele an.

Wichtig ist hierfür vor allem ihre E x a m e n s a r b e i t über T h e o d o r S t o r m. Bei der Beschäftigung mit ihm wird ihr besonders die "Verwandtschaft" (S. 121) in der Anstrengung, überhaupt zu schreiben, bewußt.[1] So wie Storm sich bemüht hat, trotz und entgegen seiner Zeit, als Leidender, ein Werk zu schaffen, wie er niederschrieb, ´was sein empfindsames Gemüt verletzt, ehe die Konflikte ihre

---

[1] "Aber er hat, was er immerhin besitzt, wirklich erobert, und unter welchen Bedingungen!" (S. 121)

volle Höhe und Schärfe gewinnen können" (S. 123), so tut das auch
Christa T. Indem ihre Auseinandersetzung mit dem Dichter notwendigerweise zur Auseinandersetzung mit sich selbst wird, verarbeitet sie
in der Darstellung seiner Konflikte ihre eigenen. So enthält ihre Arbeit
"Bekenntnisse" und wird zum Dokument einer "Selbstprüfung" und "fast
unverhüllte(r) Selbstdarstellung" (S. 120). Hierbei vermeidet sie,
ihre eigene Meinung in der "Ich"-Form zu formulieren: "Ein 'Wir', ein
'Man'" (S. 122), aber der "Ton des Getroffenseins" (S. 123) entgeht
der Erzählerin nicht. Partikel wie "ja" oder "doch" in Christa T.s
Arbeit verraten ihr, daß jene hier über jemanden schreibt, den sie lebendig vor sich hat (vgl. S. 122 f.).[1] - Wir erleben hier ein weiteres
Mal die 'psychische Synthese' der oben analysierten grammatischen Personen und gewinnen einen tieferen Einblick in die Bedeutung ihrer
Funktion. - Christa T. parallelisiert in ihrer Arbeit ihre eigenen
Kindheitserinnerungen derart mit denen Storms, daß die Textstruktur
nicht mehr erlaubt, eindeutig zu entscheiden, von wem die Rede ist
(vgl. S. 124). So dient Storm ihr schließlich als Modellfigur für
sich selbst.

Doch nicht allein im Schreiben über andere beschreibt Christa T.
i h r e Erfahrungen, sondern sie schreibt auch in T a g e b u c h -
a u f z e i c h n u n g e n und kleineren Erzählungen und Skizzen
über sich selbst in der dritten Person. So artikuliert sie ihre eigenen Probleme im Umgang mit der Sprache, indem sie wie über eine andere Person spricht: ´Es faßte sie plötzlich eine große Angst, daß sie
nicht schreiben könne, daß es ihr versagt sein werde, je in Worte
zu fassen, was sie erfüllte.` (S. 146) - Die Ich-Erzählerin kommen-
tiert:

> Dabei redet man vorsichtshalber in der dritten Person, man
> selbst kann es sein oder irgendeine, die man zum Beispiel "sie"
> nennt. Von der kann man vielleicht eher wieder loskommen, (...)
> man kann sie neben sich stellen, sie gründlich betrachten, wie
> man sich angewöhnt hat, andere zu betrachten. (S. 146)

---

[1] Genau in derselben Weise verraten die Partikel "ja" und "doch", die
sich im Bericht der Ich-Erzählerin finden, deren Betroffenheit von
Christa T. Vgl. z.B. die am Anfang dieses Kapitels zitierte Stelle S. 46.

Indem sie hier Christa T.s Vorgehen deutet, tut sie selber das
gleiche wie jene, und zwar aus demselben Grund und mit derselben
Absicht, die sie für jene annimmt. Wie Christa T. in ihren Aufzeichnungen probiert die Erzählerin Rollen durch (vgl. S. 151) und bietet
Beispiele an (vgl. S. 57).

An einem sehr späten Punkt ihres Erinnerungsprozesses denkt sie
angesichts der Manuskripte Christa T.s nach:

> SIE, mit der sie sich zusammentat, die sie sich hütete,
> beim Namen zu nennen, denn welchen Namen hätte sie IHR
> geben sollen? SIE, die weiß, daß sie immer wieder neu zu
> sein, neu zu sehen hat, und die kann, was sie wollen muß.
> SIE, die nur die Gegenwart kennt und sich nicht das Recht
> nehmen läßt, nach ihren eigenen Gesetzen zu leben. (S. 215)

Nun erschließt sich der Erzählerin

> das Geheimnis der dritten Person, die dabei ist, ohne
> greifbar zu sein, und die, wenn die Umstände ihr günstig
> sind, mehr Wirklichkeit auf sich ziehen kann als die erste:
> ich. Über die Schwierigkeit, ich zu sagen. (S. 216)

Wenn Christa T. über "sie" schreibt, statt "ich" zu sagen, liegt
hierin ihr Versuch, "sich in und außer sich zu suchen" (S. 70), ihrem
von ihr gesuchten Ich näherzukommen, einem Ich, das schon als Vision
in ihr gegenwärtig ist (vgl. S. 148). Dieses "Sie" ist Ausdruck der
Distanz zwischen ihren Möglichkeiten und ihrer Wirklichkeit. Es nieder-
schreiben ist ein weiterer Schritt auf dem Weg zu sich selbst.

Auch die dem nachdenkende I c h - E r z ä h l e r i n spricht in
den zitierten Sätzen von sich, wenn sie über Christa T. feststellt,
daß jene in der dritten Person über sich spricht. Doch darüber hinaus
handelt vermittelt ihr ganzer Bericht über Christa T. von ihr selbst,
da sie sich in einer neuen gesellschaftlichen Epoche auf demselben
Weg wie jene und vor demselben noch in der Zukunft liegenden Ziel
stehend erlebt. Auch sie versucht eine "Selbstbefreiung" durch Schreiben[1]. Während dies Christa T. nicht gelingt, gelingt es jedoch der

---

[1] Wolf verwendet diesen Ausdruck in: Gedächtnis und Gedenken - Fred
Wander: Der siebente Brunnen (1972), in: Lesen und Schreiben, S. 135-
146, dort S. 142.

Erzählerin in dem Sinne, daß sie durch Nachdenken über Christa T.
zu sich selbst findet - aber nicht, als wäre sie jetzt am Ziel,
sondern sie ist jetzt durch Christa T. auf den Weg gebracht, richtet sich aus in die Zukunft, ist sich des Noch-nicht-Gewordenen
in sich selbst und ihrer Gesellschaft bewußt geworden und übernimmt
Christa T.s Utopie als ihre eigene.

Die zitierte Stelle gilt aber auch für die A u t o r i n. Sie,
der das Werk ebenfalls zur "Selbstprüfung" und "Selbstdarstellung"
(S. 120) dient, deren Bemühung ebenfalls ihrer Selbstfindung gilt,
spricht an jener Stelle in der dritten Person über sich selbst,
indem sie die Erzählerin in der dritten Person von sich selbst sprechen
und feststellen läßt, Christa T. spreche in der dritten Person von
sich selbst... Darüber hinaus spricht sie in dem ganzen Roman, wenn
sie die Ich-Erzählerin ihren Erkenntnisprozeß darstellen läßt, vermittelt über sich selbst. (Sie hütet sich, der einen Hauptfigur einen
Namen zu geben; der anderen gibt sie ihren eigenen Namen.)

Wie die Erzählerin durch ihre Selbstidentifikation mit Christa T.
ihren eigenen Selbstverwirklichungsversuch thematisiert, so gesteht
die Autorin ihren eigenen Selbstfindungsversuch, indem sie sich in
dieser Hinsicht - nämlich in der A n s t r e n g u n g - mit den
beiden Romangestalten identifiziert. Die U n t e r s c h i e d e
liegen jeweils in den spezifischen geänderten sozialen Verhältnissen
und den wechselnden Epochen, bei Storm, Christa T., Ich-Erzählerin,
Autorin und schließlich beim Leser, der eingeladen wird, sich um seine Selbstverwirklichung angesichts s e i n e r gesellschaftlichen Bedingungen zu bemühen. Wie Christa T. und wie die Erzählerin wehrt Christa Wolf sich gegen die "Übermacht der Dinge" (S. 44).
Indem sie das Leben Christa T.s und das Ihr-nach-Leben der Erinnernden als zwei verschiedene Versuche, dasselbe Ziel zu erreichen, beschreibt, verteidigt sie ihren eigenen und den "Anspruch" jedes einzelnen Menschen auf "Selbstverwirklichung. Sein Recht auf Individua-

lität und Entfaltung seiner Persönlichkeit. Seine Sehnsucht nach Freiheit"[1].

4. Schreiben als 'utopisches Handeln'

Schreiben dient also Christa T. dazu, die gesuchte bessere Wirklichkeit zu setzen, "(w)eil nicht Wirklichkeit wird, was man nicht vorher gedacht hat" (S. 221). So dienen Märchen zur bildlichen Darstellung erhoffter und ersehnter Wirklichkeit.[2] So erfindet Christa T. für die Krötengeschichte einen besseren Schluß, der davon "zeugt (...), daß sie sich mit der nackten, wahren Wirklichkeit nicht abfinden wollte" (S. 138). In der erdichteten Version nämlich bereut der Schüler seine Tat. "Diesen Schluß - wie mag sie ihn sich gewünscht haben. Wie stimmen wir im Innersten überein mit allen, die solche Schlüsse, je weniger sie stattfinden, um so heftiger begehren." (S. 139) Die Ich-Erzählerin erklärt hier im Blick auf Christa T., daß Schreiben Vorwegnahme des Ziels, utopische Erfüllung der Hoffnung aufscheinen lassen will[3], und zwar für "uns". Diese Bemerkung der Ich-Erzählerin über die Bedeutung der positiven Schlüsse, die Christa T. und auch die fiktiven Leser einbezieht, formuliert auch Wolfs Überzeugung vom Utopie-Charakter von Literatur und richtet sich in dem "Wir" demnach auch an die realen Leser.

---

[1] Wolf, Die zumutbare Wahrheit - Prosa der Ingeborg Bachmann (1966), in: Lesen und Schreiben, S. 121-134, dort S. 130. - Auch Christa Wolfs Essays über andere Schriftsteller tragen häufig eindeutige Züge von Selbstdarstellung. Zu vergleichen sind hier besonders ihre Arbeiten über Fred Wander, Ingeborg Bachmann, Vera Inber und Anna Seghers (alle in: Lesen und Schreiben) und teilweise auch ihr Nachwort zu Erzählungen Kasakows, in: Juri Kasakow, Zwei im Dezember, Leipzig, 1972, dort S. 215-218, und neuerdings ihr Essay: Max Frisch, beim Wiederlesen oder: Vom Schreiben in der Ich-Form, in: Text + Kritik (Zeitschrift für Literatur, hsg. Heinz Ludwig Arnold) Nr. 47/48, Max Frisch. München, 1975, S. 7-12.

[2] Vgl. die Geschichte ihrer Tochter Klein-Anna: S. 184 f.

[3] Vgl. auch: Wolf, Lesen und Schreiben, a.a.O., bsd. S. 220 und E. Bloch, Prinzip Hoffnung, Bd. 1, bsd. S. 242-258.

Christa T. stellt diesen utopischen Gehalt auch bei den Erzählun-
gen Storms fest, denn die ´stillen Orte` seiner Kindheit sind dem
Dichter ´zur Sehnsuchtslandschaft` (S. 124) und seine Dichtungen zum
´Sehnsuchtsbild menschlicher Schönheit` geworden (vgl. S. 124 f.).
Die Sehnsucht nimmt ihren Halt aus der Vergangenheit, doch, so
H. Moor, "verklärte Vergangenheit wird zu einem Element der Zukunfts-
erwartung"[1]. Christa T.s Feststellung über Storm gilt auch für
ihre eigenen Kindheitserinnerungen. Auch das Leitmotiv der siebzehn
Pappeln begleitet sie als Erinnerungsbild und als Metapher für ihre
utopische Hoffnung. Dieser Zusammenhang von Erinnerung und Zukunfts-
erwartung gilt ebenso für die Ich-Erzählerin[2], und er hat auch
seine Bedeutung für die Autorin, insofern sie ihre Erwartungen an
Gegenwart und Zukunft ihres sozialistischen Staats mit ihrer Erzählerin teilt. Dichtung - so Christa Wolf - hat das "Ziel":
"Wahrhaben, was ist - wahrmachen, was sein soll."[3] In diesem
Sinn schreibt Christa T. das Krötenerlebnis auf, erfindet aber
einen positiven Schluß; in diesem Sinn beschreibt die Ich-Erzählerin das Leiden eines "Mensch(en), der innerlich stirbt"[4], einer
Frau aber auch, die letztlich doch "'zu sich gekommen'" ist
(S. 226), die "in der Zeit, die ihr gegeben war, voll gelebt
hat"[5]; in diesem Sinn beschreibt die Autorin den Erkenntnis- und
Wandlungsprozeß der Erzählerin, die - richt nur, aber auch - aus
eigener Schuld und Verblendung bisher an ihrem wirklichen Leben
vorbeigelebt hat und nun, spät erst, selbst lernt, die "Schwierigkeit, 'ich' zu sagen" (S. 222), nicht nur als Christa T.s Problem,

---

1 Sehnsucht, a.a.O., S. 213.

2 Vgl. auch oben Kp. B. II.

3 Die zumutbare Wahrheit, a.a.O., S. 121.

4 Wolf, in: Gespräch mit J. Walther, a.a.O., S. 123.

5 Selbstinterview, a.a.O., S. 78.

sondern auch als ihr eigenes zu erkennen und zu bewältigen. Christa
Wolf macht hier "wahr, was sein soll": Das Zu-sich-selber-Kommen
Christa T.s, deren Auf-dem-Weg-Sein als ihre Erfüllung erscheint,
das Zu-sich-selber-Kommen der Ich-Erzählerin, das - wie bei Christa
T. - nicht im definitiven Erreichen eines Ziels besteht, sondern
im 'Hervorbringen' Christa T.s (vgl. S. 235) und im Wunsch, zu verwirklichen, was jene in die Welt gebracht hat - also im A u f b r u c h
So wie bei Christa T. und durch sie bei der Ich-Erzählerin die Erfüllung im Schon-und-Noch-Nicht des 'Seins-im-Werden' liegt, so
auch bei Christa Wolf, für die das Buch keine Endstation bedeutet,
sondern der Versuch, etwas zu erfahren, was sie vorher nicht wußte[1],
der Versuch, "die Grenzen unseres Wissens über uns selbst weiter
hinaus(zu)schieben"[2]. Denn die Aufforderung, Christa T. 'hervorzubringen', das "Wann, wenn nicht jetzt?" Christa T.s und der Ich-
Erzählerin richtet sie auch an sich selbst. Sie sieht also auch für
sich die Erfüllung ihres Lebens nicht im Erreichen eines endgültigen Ziels, sondern in der ständigen Verwandlung. Schreibend will
sie Christa T. 'hervorbringen', da "'schreiben' nur ein Vorgang
in einem verwickelteren Prozeß ist, für den wir das schöne, einfache Wort 'Leben' haben"[3].

Was Christa Wolf als Aufgabe des Schriftstellers ansieht, was
sie am Beispiel Christa T.s und der Ich-Erzählerin darstellerisch
entfaltet, richtet sich als Aufforderung und angebotene Möglichkeit
an den Leser. Das heißt nicht, daß jeder Zeitgenosse schreiben solle,
aber ihr Werk soll "auf noch ungebahnten Wegen in das Innere" des
Lesers eindringen, "dorthin, wo der Kern der Persönlichkeit sich
bildet und festigt"[4]. Es soll "dem Zeitgenossen, den vielen einzelnen, an die (es) sich wendet, große Fragen (...) stellen, nicht

---

[1] Vgl. Ebd., S. 78.
[2] Lesen und Schreiben, a.a.O., S. 220.
[3] Ebd., S. 216.
[4] Ebd., S. 207.

locker (...) lassen in (seinen) Forderungen an ihn. Ihn (...) ermutigen, er selbst zu werden"[1].

Christa Wolf 'macht' Christa T. 'groß' (vgl. S. 221) und fordert auf, 'sie großzusehen' (S. 221). Sie macht auch 'wahr, was sein soll', indem sie schreibend Christa T. als Modell des 'Menschen im Sozialismus' hinstellt. So "liefert" sie in ihrem Schreiben "Entwürfe über sich selbst hinaus"[2], denn Schreiben ist "nicht (...) Selbstzweck", sondern "ein Mittel, Zukunft in die Gegenwart hinein vorzuschieben, und zwar im einzelnen"[3].

Die Ich-Erzählerin zitiert einen längeren Abschnitt aus Christa T.s Examensarbeit über Storm:

> ´Manche der Gedichte und Novellen dieses Dichters werden nicht vergehen. Nur werden sie von den späteren glückliche-ren Menschen anders verstanden werden. Weniger einsame Trauer wird aus ihnen rinnen. Eher wird ein hohes Lebensgefühl sich in ihnen wiederfinden, eine Schwermut des Glücks in den ein-samen Stunden, die zu allen Zeiten auch der heiterste Mensch braucht. Storms schönste Dichtungen werden als Sehnsuchts-bild menschlicher Schönheit noch länger gelesen und geliebt werden.´ (S. 124 f.)

Diese Stelle bietet einen Schlüssel für die Intention, die Christa Wolf mit ihrem Buch verbindet. Ihr Roman, das weiß sie, kann als Buch voll von 'einsamer Trauer', als Ausdruck sogar von Resignation und Pessimismus gelesen werden - solange nämlich Christa T.s Leben als ein unerfülltes verstanden wird. Dies wird der Fall sein bei Menschen, die selber ihr Leben als unerfülltes erfahren. Gerade weil das Buch nicht das Modell des Sozialismus als Endzustand, son-dern als W e g zu ihm abbildet und für den Leser bereithält, wendet es sich an den heutigen Menschen, und zwar deshalb, weil Christa Wolf davon überzeugt ist, daß dieser im Noch-Nicht und Doch-Schon lebende Mensch, der dieses Moment von Utopie in sich aufnehmen kann,

---

1 Selbstinterview, a.a.O., S. 79.
2 Wolf, in: Max Frisch, Beim Wiederlesen, a.a.O., S. 11.
3 Lesen und Schreiben, a.a.O., S. 207.

in der DDR (gegenüber der bürgerlichen Gesellschaft) immerhin schon
da ist und mindestens ansatzweise das 'hohe Lebensgefühl', das Sehn-
suchts- und Hoffnungsprinzip in ihrem Werk entdecken kann.[1] Die
Utopie, die Literatur für Christa Wolf enthält, ist nämlich d a n n
präsent, wenn Wolfs kritischer Erkenntnisprozeß über die Vergangenheit und Gegenwart ihrer Gesellschaft, den sie im Reflexions- und
Erkenntnisprozeß der Ich-Erzählerin darstellt, von den Menschen ihrer
Gesellschaft vollzogen wird und wenn die utopische Vorwegnahme des
'neuen Menschen' und der 'neuen Welt', die Christa T. a u c h verkörpert, aufgenommen wird - denn dann sind die Menschen auf dem
Weg.

Christa Wolf gibt keine konkreten Verhaltensanweisungen - entgegen den Erwartungen vieler Leser, die gerade, weil sie vergeblich
nach solchen oder nach greifbaren Lösungen in dem Buch suchen, das
Buch gegen die Intention der Autorin als ein pessimistisches verstehen, ohne zu erkennen, daß das Werk als ganzes modellhaft Rück-
schlag und Entfaltung als Momente der Selbstverwirklichung erfahrbar
machen will, die unter realen Umständen und Widerständen die konkrete Geschichte weitertreiben.

---

[1] "Übrigens wäre es eine Überlegung wert, inwiefern Literatur
mit utopischen Zügen in einer Gesellschaft, die eine reale
Perspektive hat (anders als in der bürgerlichen) an Verbindlich-
keit und vielleicht auch an Schärfe gewinnt. Was nichts anderes
bedeutete, als daß diese unsere Gesellschaft schon in der Lage
wäre, ihre eigenen Widersprüche produktiv zu machen (und die Konflikte, die Autoren gestalten, als Mittel zu begreifen und zu
benutzen)." (Wolf, in: H. Kaufmann, Gespräch mit Christa Wolf,
a.a.O., S. 109).

V. Christa T. und das Schon-und-Noch-Nicht des Sozialismus

In diesem Kapitel werden unter verschiedenen Aspekten die Beziehungen Christa T.s zu der sie umgebenden gesellschaftlichen Wirklichkeit analysiert, wobei ihr Charakter mit seinen tragenden Merkmalen, der besondere Verhaltensweisen begründet, als Basis ihres Agierens und Reagierens herausgestellt wird. Inhaltliche Elemente, die für dieses Thema exemplarisch sind, werden durch den Roman hindurch verfolgt, und ihre Bedeutung für die verschiedenen beteiligten Personen auf den verschiedenen Zeit- und Wirklichkeitsebenen (Christa T. und ihre Umwelt, Ich-Erzählerin "damals" und "heute", Autorin, Leser) wird aufgezeigt. Die Rechtfertigung für dieses Vorgehen gibt uns die oben analysierte Werkstruktur, die ermöglichte, ein literarisches Modell zu entwerfen, dessen Linien über das Werk hinaus in die historische Wirklichkeit und in die Gegenwart und Zukunft des Lesers verweisen. Die den Roman konstituierende Grundstruktur des Erinnerns, der zwischen Rückzug und Selbstverwirklichung vermittelnde 'Charakter' Christa T.s und schließlich die alle Werkebenen verbindende Bedeutung des Schreibens als Versuch, das Noch-Nicht präsent zu machen, wirken zusammen, um die Interpretation der Vergangenheit durch die Ich-Erzählerin und die Autorin zur Botschaft für den Leser werden zu lassen, die dessen Gegenwart und Zukunft betrifft.

1. Die Abwendung von der Vergangenheit

Christa Wolfs Buch ist in einer ganz konkreten historischen Situation verankert. Die Autorin schreibt über das Schicksal ihrer Generation und wendet sich zunächst auch an Mitglieder ihrer Generation in ihrer Gesellschaft. Diese Voraussetzung muß immer mitbedacht werden, gerade wenn man den in der Werkstruktur begründeten Verallgemeinerungswert sachgerecht erschließen will, der den inhaltlichen Aussagen des Romans zukommt.

Christa T., Ich-Erzählerin und Autorin gehören in gleicher Weise der Generation an, die den Hitlerfaschismus noch bewußt miterlebt hat, aber zu jung war, um Einfluß nehmen zu können. Erst nach dem politischen Zusammenbruch von 1945 werden diese Menschen genötigt, sich mit ihrem zeitweiligen jugendlich-begeisterten Dabei-gewesen-Sein auseinanderzusetzen. Das Resultat dieser Auseinandersetzung bestimmt notwendig auch das Verhältnis der Menschen dieser Generation zu den

Idealen, die ihnen danach, in der Aufbauphase der DDR, angeboten
werden.

Zu Beginn dieser Zeit sind Christa T. und die Erzählerin durch
die Fluchtereignisse getrennt. Christa T.s Neuorientierung wird durch
einen körperlichen Zusammenbruch markiert (vgl. S. 38). Die Autorin
beschreibt das Wiedertreffen in Leipzig, und dies ermöglicht ihr,
zwischenzeitliche Ereignisse einzublenden und die Entwicklung der
beiden Hauptfiguren darzustellen, und zwar in der Perspektive der
schon erfolgten neuen inneren Ausrichtung.

Es geht in diesem Gespräch explizit darum, was beide inzwischen
erlebt haben, besonders Christa T.; doch die eigentliche Thematik
ist die innere Umorientierung der beiden, die erst nachträglich erfassen, was hinter ihnen liegt. Jede bemerkt nun in der anderen
dieselbe Wandlung, die Hoffnung auf die neue Gesellschaft, die sie
selber inzwischen erfahren hat. Beiden fällt dieses Gespräch nicht
leicht. Es dauert lange, bis sie "den Mut endlich finden, aus unseren halben Sätzen ganze zu machen, die Unschärfe aus unserer Rede
tilgen" (S. 36). Eine politische Entscheidung ist gefallen, für
beide unabhängig voneinander, aber in gleicher Weise:

> Unschärfe? Das Wort mag befremden. Hat es doch den Jahren,
> von denen zu reden wäre, an Schärfe nicht gefehlt. Den
> Schnitt machen zwischen "uns" und "den anderen", in voller
> Schärfe, endgültig: das war die Rettung. Und insgeheim
> wissen: Viel hat nicht gefehlt, und kein Schnitt hätte "das
> andere" von uns getrennt, weil wir selbst anders gewesen
> wären. Wie aber trennt man sich von sich selbst? (S. 36)

Die beiden beziehen sich in das Mißtrauen gegen "die anderen" ein,
und auch die Abkehr von der politischen Vergangenheit sowie von
der politischen Alternative, wie sie im Nachbarstaat existiert und
der sie nur durch historischen Zufall entgangen sind, verbindet die
beiden, ohne daß viel darüber gesprochen wird. Die Abkehr von der eigenen Vergangenheit kommt der Aufgabe der alten Identität und der Anstrengung, eine neue zu gewinnen, gleich.

Christa T. hat inzwischen diese Abkehr dokumentiert, indem sie
ihre alten Tagebücher verbrannte. "(D)a gingen die Schwüre in Rauch

auf und die Begeisterungen, deren man sich nun schämte, die Sprüche und Lieder." (S. 39) Für die wissend zurückbleibende Ich-Erzählerin hingegen ist klar, daß "(d)ie Lebenszeit (...) nicht ausreichen (wird), wieder davon sprechen zu können, i h r e Lebenszeit nicht. Für diese Sache bis zum Schluß die halben Sätze..." (S. 39)

Die Ich-Erzählerin macht die Erfahrung, daß es gerade den Jüngeren sehr schwer fällt, über das Vergangene zu reden. Diejenigen, die wissen, daß sie keine Schuld trifft, haben die Vergangenheit auf andere Weise zu bewältigen als die zur Zeit des Hitlerfaschismus Erwachsenen: "Diese entsetzliche Dankbarkeit über den Mangel an Gelegenheit wird man nicht vergessen." (S. 38) Dieses 'Glück', zufällig zu jung gewesen zu sein oder zufällig nicht besonderen Konfliktsituationen ausgesetzt gewesen zu sein, beschämt die Betroffenen und hat ein starkes Mißtrauen dieser jungen Menschen gegen sich selbst zur Folge, weil sie nicht wissen, wie sie sich selbst verhalten hätten. In Erinnerung an ihren Schulkameraden Horst Binder, der damals seinen Vater wegen Abhörens feindlicher Sender angezeigt und später seine Mutter und sich erschossen hat, überlegt die Erzählerin: "Wir könnten uns fragen, warum wir verschont geblieben waren, warum uns die Gelegenheiten nicht zugetrieben waren. Welche denn hätten wir ergriffen: Alle, keine? Und was wußten wir von uns, wenn wir das nicht wußten?" (S. 37 f.)

Das Sich-selbst-fremd-Werden derer, die meinten, sich selbst zu kennen, resultiert aus dem Schock der Erkenntnis, der Christa T. bei ihrem Rückblick überwältigt, als ihr bewußt wird, wie groß die Anfälligkeit des einzelnen für verbrecherisches Verhalten, wie ambivalent damit seine Schuldlosigkeit ist.

Im Bild: "Der Reiter, hinter dem nichts lag als ein zufällig festgefrorener See, fiel vom Pferd, als er erfuhr, was er hinter sich hatte." (S. 38 f.) Der Kontext dieses Satzes läßt ihn als eine Erfahrung Christa T.s erscheinen, jedoch die Formulierung dieser Erfahrung an Hand eines Motivs aus der Literatur[1] erlaubt dem Leser, diese

---

[1] Es handelt sich um die Ballade 'Der Reiter und der Bodensee' von Gustav Schwab.

Erfahrung auch auf die Erzählerin zu beziehen, doch bei ihr gilt dieses Gefühl der 'entsetzlichen Dankbarkeit' in der Handlungszeit (das Wiedertreffen wird in das Jahr 1951 oder 1952 gelegt) in anderer Weise als später in der Erinnerungszeit, in die der Leser diese Reflexion ebenfalls situieren kann. - Die Autorin selbst hat wie Christa T. und die Ich-Erzählerin ihre Kindheit und Jugend zu verarbeiten, und wie ihre literarische Produktion zeigt, tut sie das seit Kriegsende bis in die Zeit der Abfassung des Romans.[1] Sie erfuhr dabei, daß die Erlebnisse der Vergangenheit nicht nur ihr, sondern ihrer ganzen Generation zu schaffen machten und bestimmte Auswirkungen auf deren Denkweise und Verhalten hatten. 1973 äußert sie sich hierüber:

> (W)ahr ist: die Umwälzung der bewußten Denk-Inhalte (...) war eine erschütternde, die ganze Person ergreifende Erfahrung, und wer sich jene Untaten, zu denen wir alle ausersehen gewesen und denen wir ohne unser Verdienst knapp entgangen waren, ernsthaft vor Augen hielt, konnte, wie der Reiter über den Bodensee, an dem Schock nachträglich zu Boden gehen. Da ist wohl damit zu rechnen, daß eine tiefe Unsicherheit, ein fast unausrottbares, wenn auch häufig unbewußtes und durch rastlose Tätigkeit überdecktes Mißtrauen gegen sich selbst in vielen Angehörigen dieser Generation zurückgeblieben ist, das sich in ihrem gesellschaftlichen Verhalten (...) ausdrücken muß.[2]

---

[1] Dies gilt auch später noch, wie ihr 1976 gedruckter Roman 'Kindheitsmuster' zeigt. Vgl. dazu: Diskussion mit Christa Wolf, in: Sinn und Form 1976, H. 4, S. 861-888.

[2] Über Sinn und Unsinn von Naivität (1973), in: Eröffnungen. Schriftsteller über ihr Erstlingswerk, hsg. Gerhard Schneider, Berlin/ DDR, Weimar, 1974, S. 164-174, dort S. 171 f. Dort schreibt Wolf auch: "Achten Sie nur einmal darauf, worüber Angehörige meiner Generation fast nie von sich aus reden und welche Gesprächsstoffe, wenn sie doch gestreift werden, öfter Affektausbrüche auslösen, so wissen Sie mehr über jene 'unbewältigten' Einlagerungen in unsere Lebensgeschichten, die das Selbständig- und Erwachsenwerden beeinträchtigten." (Ebd., S. 171) - Zum Problem ihrer Generation und dessen Bewältigung in der Literatur, speziell bei ihr selbst, vgl. außerdem: Wolf, in: Gespräch mit J. Walther, a.a.O., S. 130, und ihren Diskussionsbeitrag beim VII. Schriftstellerkongreß der DDR, 14.-16.11.1973, Berlin, Protokoll. Arbeitsgruppen, Berlin/DDR, Weimar, 1974, dort S. 147-152, und Wolf, in: Gespräch mit Hans Kaufmann, a.a.O., S. 102 ff.

Christa T. und die Ich-Erzählerin dienen der Autorin also als
Modell für Erfahrungen ihrer Generation, die auch in der Gegenwart
der Autorin noch eine Bedeutung haben und die auch der Leser, der
ihrer Generation angehört, noch zu bewältigen hat. Die beiden haben
modellhaft erlebt und verarbeitet, was auch vom Leser erfahren
wird. Gerade weil die beiden jedoch nicht 'Vorbilder' im Sinne des
"sozialistischen Realismus" sind, ist dem Leser eine über das Modell
vermittelte Identifizierung möglich. Er soll sich mit der Autorin
in das "Wir" der zuletzt aus dem Roman zitierten Sätze (S. 37 f.)
einbeziehen und sich selbst diese Fragen stellen. Denn das "Wir"
in diesen Fragen, die aus den Überlegungen der Erzählerin stammen,
umgreift sie selbst und Christa T. in der Handlungszeit, aber zugleich umschließt es alle Vertreter ihrer Generation, diejenigen,
die erst nachträglich erfassen, was geschehen ist, und nicht begreifen
können, wie es damals zum Sieg des Faschismus in Deutschland hat
kommen können. - Doch auch die jüngeren Leser sollen sich ihres
schicksalhaften 'Glücks' bewußt werden und sich angesichts der modellhaften Konstellation fragen, wieweit sie sich selbst kennen.[1]
    Die geschichtliche Entwicklung hin zum Sozialismus spielt sich,
so will Christa Wolf in 'Nachdenken über Christa T.' zeigen, auf dem
Hintergrund der nationalsozialistischen Vergangenheit ab, die die
Menschen geprägt hat, und die angestrebte neue Gesellschaft ist
nicht erreichbar ohne eine tatsächliche Verarbeitung dieser Vergangenheit.[2]

---

[1] Diese Intention formuliert Wolf auch explizit, wenn sie angesichts
der Notwendigkeit der "Verarbeitung dieses Konflikts" sagt, daß er
"das Zeug in sich hat zu m o d e l l h a f t e n D a r s t e l -
l u n g e n, da er ja nicht nur eine Generation betrifft". (Über
Sinn und Unsinn, a.a.O., S. 173. Hervorhebung von mir).

[2] Deshalb sagt Wolf: "Nicht, um unnötigerweise gesellschaftliche
Kräfte an die Vergangenheit zu binden, sondern um sie produktiv
zu machen für die Gegenwart, hat eine andauernde unerschrockene
Arbeit gerade an jenen Vergangenheitskomplexen stattzufinden, deren
Berührung schmerzt. Ein Vorgang, der, mit Konsequenz betrieben, zu
literarischen Entdeckungen führen könnte, auf die wir nicht gefaßt
sind." (Über Sinn und Unsinn, a.a.O., S. 173).

2. Erwartungen und Enttäuschungen angesichts der neuen Gesellschaft

Nach der Enttäuschung durch den Nationalsozialismus, dessen Idealen gemäß sie in ihrer Kindheit und Jugend erzogen worden ist, sieht Christa T. während der Zeit ihrer Vorbereitung auf den Beruf der 'Neulehrerin' im Studium der frühen sozialistischen Literatur und der marxistischen Lehre ein Mittel zu ihrer Selbstverwirklichung. Hier findet sie eine Identifikationsmöglichkeit.

> Drei Jahre. Die Dachkammer mit den schrägen Wänden, der Stapel schlecht gebundener Hefte mit dem grauen, dicken Papier, die neuen Namen auf den Buchdeckeln: Gorki, Makarenko, die neuen Broschüren, die, so wichtig wie die tägliche Nahrung, jedem in die Hand gegeben werden, der seine Hände nicht zumacht. Ihr kommt, merkwürdig genug, manches bekannt vor, was sie da liest, ihr leuchtet ein, daß es gedacht werden konnte, (...). (S. 40 f.)

Durch die Realisierung dieser Ideen könnte aus dieser Möglichkeit i h r e Wirklichkeit werden: "Ja, so wird es sein. Dies ist der Weg zu uns selber. So wäre diese Sehnsucht nicht lächerlich und abwegig, so wäre sie brauchbar und nützlich." (S. 41) Dieser "Weg zu uns selber" bezeichnet das "Zu-sich-selber-Kommen des Menschen" (Motto). Er ist hier gebunden an die "neuen Namen auf den Buchdeckeln" (S. 40) und die damit verknüpften Entwürfe mit ihrer "vernünftigen Klarheit" (S. 41)[1], die sich auf die gesellschaftliche Umwälzung beziehen. Zwischen Christa T. und der Ich-Erzählerin besteht hierüber unausgesprochenes Einverständnis.[2] Diese jungen Menschen der Aufbruchgeneration stoßen zuerst auf die T h e o r i e der Gesellschaft, die sie dann übernehmen und an der sie den entstehenden Staat messen. Dieser tritt ihnen gleichsam als Vision einer gesellschaftlichen Zukunft entgegen, ausgestattet mit subjektiven Erwartungen, wobei in der Beschreibung dieser Erwartung Termini aus dem religiösen Sprachgebrauch

---

[1] "Vernunft" und "Sozialismus" sind auch für Christa Wolf zwei Namen für eine Sache. (Vgl.: Eine Rede (1964), in: Lesen und Schreiben, S. 19-22, dort S. 22).

[2] "Zwei, drei Titel im Höchstfall, nüchterne philosophische und ökonomische Begriffe: Werde ich Bescheid wissen?" (S. 41)

den Utopie-Charakter dieser Erwartung verdeutlichen. Die Ich-Erzählerin erinnert sich an jene

> herrlichen ausschweifenden nächtlichen Gespräche(...)
> über die Beschaffenheit des Paradieses, an dessen Schwelle
> wir, meistens hungrig und Holzschuhe an den Füßen, mit
> großer Gewißheit standen. Die Idee der Vollkommenheit hatte
> uns erfaßt, aus unseren Büchern und Broschüren war sie in
> uns eingedrungen, und von den Podien der Versammlungen kam
> die Ungeduld dazu: Wahrlich, ich sage dir, heute noch wirst
> du mit mir im Paradiese sein! Oh, wir hatten das Vorgefühl
> davon, es war unleugbar und unersetzbar, wir vergewisserten
> uns seiner, indem wir stritten: Würde es mit Atomstrom beheizt
> sein, unser Paradies? Oder mit Gas? Und würde es zwei Vorstu-
> fen haben oder mehr, und woran würden wir es, wenn es end-
> lich einträte, erkennen? Wer aber, wer würde würdig sein, es
> zu bewohnen? Die Allerreinsten nur, das schien doch festzu-
> stehen. (S. 67)

Während Christa T. und die Ich-Erzählerin hier in die "Wir"-Aussagen, die die Hoffnungen der jungen Generation am Anfang der fünfziger Jahre beschreiben, eingeschlossen sind, wechselt innerhalb des folgenden Satzes plötzlich die Zeitebene: "Also unterwarfen wir uns erneut den Exerzitien, lächeln heute, wenn wir uns gegenseitig daran erinnern." (S. 67) Da "heute" Christa T. nicht mehr lebt, ist sie, wenn nun die Erzählerin von sich und der "Wir"-Gruppe spricht, von diesem Satz an nicht mehr mitgemeint:

> Werden noch einmal, für Minuten, einander ähnlich, wie
> wir es damals durch diesen Glauben jahrelang waren.
> Können uns heute noch an einem Wort, einer Losung erkennen.
> Blinzeln uns zu. Das Paradies kann sich rar machen, das ist
> so seine Art. Soll den Mund verziehen, wer will: Einmal im
> Leben, zur rechten Zeit, sollte man an Unmögliches geglaubt
> haben. (S. 67)

Es bleibt hier noch offen, wieweit Christa T. sich diesen Gedanken, die der Ich-Erzählerin nur im Rückblick möglich sind, anschließen und sich einbeziehen würde in das spätere Verzichten auf "diesen Glauben", auf die Hoffnung auf "Unmögliches". Doch ihre Entwicklung und die der Ich-Erzählerin werden später auseinandergehen. Für die erinnernde Erzählerin bedeutet diese Bemerkung das Eingeständnis einer Diskrepanz zwischen den damaligen Erwartungen und dem späteren Verzicht auf die Erfüllung jener Hoffnungen.

Christa T.s Perspektive dagegen ist eine andere. Sie kann das, was sie in den "neuen Broschüren" liest, nicht relativieren. Es gibt ihr den Maßstab für ihre Sicht der Vergangenheit und der Zukunft: "(S)ie begreift nicht, wieso danach, nach dieser vernünftigen Klarheit, das Äußerste an Unvernunft noch möglich gewesen sein soll." (S. 41) Die konkrete historische Epoche des Hitlerfaschismus wird hier angesprochen. Er ist es, den es durch diese Lektüre der Klassiker des Sozialismus und deren Umsetzung in die Wirklichkeit zu überwinden gilt. Diese ohne Abstriche zu realisieren ist für Christa T. die Aufgabe, die Gegenwart und Zukunft nun stellen. Konkret heißt dies: Erziehung der Jugend nach den neuen humanen Grundsätzen und Umwälzung der Produktionsverhältnisse im Sinn des Sozialismus. Beides muß zusammenwirken, um den 'neuen Menschen' möglich zu machen, wie er beispielsweise in Anton S. Makarenkos Roman 'Der Weg ins Leben'[1] als Ziel der neuen Erziehungsweise dargestellt wird.

Christa T. liest Makarenko und Gorki, jedoch:

> (S)ehr früh, wenn man es heute bedenkt, fing (sie) an, sich zu fragen, was denn das heißt: Veränderung. Die neuen Worte? Das neue Haus? Maschinen, größere Felder? Der neue Mensch, hörte sie sagen und begann, in sich hineinzublicken. (S. 71 f.)

Es genügt ihr nicht, eine höhere Stufe der menschlichen Entwicklung gleichzusetzen mit der Steigerung der Produktion. Nach ihrer Meinung stellt der Sozialismus die Verwirklichung einer höheren Stufe in der Gestaltung der Beziehungen der Menschen zur Natur und den Dingen und der Menschen untereinander dar.

Um den Hintergrund dieses Konflikts zu verstehen, darf nicht vergessen werden, daß in den ersten zwei Jahrzehnten des Bestehens der DDR unter großen Opfern und Anstrengungen ein neuer Staat und eine

---

[1] 'Der Weg ins Leben' (geschrieben 1933-1936) gehörte zum Pflichtkanon der Lehrerausbildung jener Zeit in der DDR.

neue Gesellschaft entstanden, geleitet von jungen Technologen und
Ökonomen, deren Eltern weithin noch Arbeiter und Kleinbauern waren.
Zudem steht die DDR wie alle Industrienationen unter starken Leistungs-
zwängen und ist gekennzeichnet durch eine enorm forcierte "wissen-
schaftlich-technische Revolution", die zusammen mit dem ökonomischen
Aufschwung einen nahezu bedingungslosen technologischen Optimismus
und eine Wissenschaftsgläubigkeit hervorbrachte, die alle gesellschaftlichen Probleme allein unter dem Aspekt ihrer technischen und
wissenschaftlichen Lösbarkeit in den Blick kommen ließ.[1]

Christa T. erlebt, daß es in dieser ihrer Gesellschaft auch nach
und trotz der wirtschaftlichen Umwälzung noch Unrecht gibt; wie
die Umgestaltung der Wirtschaft allein noch nicht zu mehr Freiheit,
sondern zu ganz neuen Erscheinungsformen von Unfreiheit führt und
wie die Aufbruchstimmung versandet. Nach und nach stellen sich
'Lösungen' ein. Christa T. dagegen sitzt abends noch als letzte,
"bis keiner mehr da war" (S. 74), in den Seminaren und liest, erfüllt von der Furcht, "hier könnte schon auf jede Frage eine Antwort
stehen" (S. 68).

> Die Stimmen, die tagsüber nicht mehr stritten - denn der
> heftige Streit der früheren Jahre war in Einstimmigkeit
> übergegangen, Monologe nach dem immer gleichen Textbuch
> wurden gehalten -, nachts in ihr kamen sie wieder auf. (S. 74)

Dieses Fehlen einer wirklichen Auseinandersetzung und einer tatsäch-
lichen Revolutionierung der gesellschaftlichen Verhältnisse, diese
Stagnation ist es, mit der Christa T. nicht fertig wird und gegen
die sie sich ihr Leben lang aufzulehnen versucht. Sie konfrontiert
die Lehren des Marxismus mit der sie umgebenden Wirklichkeit. Die
Ideen des Sozialismus bejahend, gerät sie mit dessen gesellschaftlichen Ausformungen in Widerspruch, da sie diese nur als Deformationen
empfinden kann. Ihre Kritik an der Gesellschaft richtet sich gegen

---

[1] Zu diesen Problemen vgl. Wolfs Satire 'Neue Lebensansichten
eines Katers' (1970), in: Unter den Linden. Drei unwahrscheinliche
Geschichten, Berlin/DDR, Weimar, 1974, S. 63-96.

das Auseinanderklaffen von Hoffnung und Versprechen und eingetrete-
ner Wirklichkeit, der "Macht der Tatsachen" (S. 74). Nicht Rückkehr
zum Kapitalismus, sondern Durchbruch zu einer wahrhaft sozialistischen Gesellschaft ist ihr Wunsch und ihre Forderung. Darum kann sie
die Verselbständigung des Partei- und Verwaltungsapparats, der
die Diskussionen der Aufbruchphase hat ersticken lassen, die wirkliche Revolutionierung der gesellschaftlichen Verhältnisse verhin-
dert und damit zugleich den "Weg zu uns selber" (S. 41) verstellt,
nicht ertragen. Sie fühlt, "wie die Worte sich zu verwandeln beginnen, wenn nicht mehr guter Glaube und Ungeschick und Übereifer
sie hervorschleudern", wie sie es von der unmittelbaren Nachkriegs-
zeit kennt, "sondern Berechnung, Schläue, Anpassungstrieb" (S. 71).
Dieselben Worte haben zu verschiedenen Zeiten unterschiedliche Bedeutungen, und diese hängen ab von den Menschen, die sie gebrauchen.[1]
"Anpassung. Anpassung um jeden Preis" (S. 141) ist jetzt die Parole,
also das Gegenteil von Durchsetzung der angeblichen Ideale sowie
der individuellen Verwirklichung der eigenen Möglichkeiten. "Der
Kern der Gesundheit ist Anpassung." (S. 141)[2]

Christa T. jedoch protestiert nicht etwa; vielmehr "gab (sie)
sich ja Mühe hineinzupassen, sie fiel nicht aus bloßem Übermut
heraus. Sie hatte ja den guten Willen, sich einen der Namen zuzulegen,
die auf andere so vorzüglich zutrafen, (...)". (S. 45) Aber sie kann
dieser Forderung nach Anpassung nicht nachkommen.[3] Sie fürchtet sich

---

[1]   "Unsere Worte, nicht einmal falsch - wie leicht wäre es sonst! -,
      nur der sie ausspricht, ist ein anderer. Verändert das alles?"
      (S. 71)

[2]   Der Arzt, den sie wegen ihrer Depressionen aufsucht, diagnosti-
      ziert: "Neurose als mangelnde Anpassungsfähigkeit an gegebene Um-
      stände" (S. 92) und rät ihr: "Sie werden begreifen müssen, worauf
      es ankommt. (...) Sie werden sich anpassen lernen." (S. 93) -
      Christa T. verzichtet auf seine Therapie.

[3]   In Brigitte Reimanns nachgelassenem Roman 'Franziska Linkerhand'
      (München, 1974, zuerst Berlin/DDR, 1974), der unter dem Einfluß
      von 'Nachdenken über Christa T.' steht, sagt die Ich-Erzählerin
      über ihren älteren Bruder Wilhelm (es handelt sich um dieselbe

davor, "sich selbst einen Namen aufzudrücken, das Brandmal, mit welcher Herde in welchen Stall man zu gehen hat" (S. 46). Dennoch immer wieder zum Rollenspielen genötigt, erlebt sie den Druck von außen als Behinderung ihrer Identitätsfindung. Im "Frühsommer dreiundfünfzig", als 'geschrien, gestorben und geschossen wurde' (S. 95), heißt es von ihr: "Anpassen lernen! Und wenn nicht ich es wäre, die sich anzupassen hätte? - Doch so weit ging sie nicht." (S. 95). Jetzt, da ihre Enttäuschung und ihre Verzweiflung einen Höhepunkt in Selbstmordgedanken erreichen, schreibt sie an ihre Schwester: "Eine Kälte in allen Sachen. Die kommt von weit her, durchdringt alles. Man muß ihr entweichen, ehe sie an den Kern kommt. Dann fühlt man sie nicht mehr. Verstehst Du, was ich meine?" (S. 91)[1]

Aufgrund der literarischen Analyse wissen wir, daß diese 'rekonstruierte' Haltung Christa T.s nicht auf einer Erzählebene, der Handlungszeit, isoliert werden kann, sondern daß sie mehrfach deutbar ist. Sie gewinnt für die Ich-Erzählerin, die Autorin und die Leser jeweils neue Bedeutung. Vor allem die "Man"- und die "Wir"-Kategorie, die bei der Schilderung jener Haltung benutzt werden, erlauben und fordern diese weiterführenden Deutungen:

---

historische Situation als Hintergrund): "Er mußte an sich selbst zweifeln, wenn er nicht an der Gesellschaft zweifeln wollte. Er versuchte sich einzuordnen - einzuordnen, sage ich, nicht anzupassen wie ein Tier, das sich mit einer Schutzfarbe schlau dem Wald anpaßt, (...). (S. 62) - Auch hier geht es um das Gesellschaftsproblem, das zum individuellen Problem wird: "(W)ir waren unserer alten Welt abtrünnig, und die neue nahm uns nicht auf (...)". (S. 62)

[1] Ein ähnliches Bild dient im 'Geteilten Himmel' für eine ähnliche Erfahrung: "(E)s gibt einen Sog der Leere. Der ist (...) nicht ungefährlich. Eine eiskalte Zone, wo einem alles gleichgültig wird." (S. 223) - E. Bloch reklamiert dagegen den "W ä r m e s t r o m des Marxismus" (Prinzip Hoffnung, Bd. 1, S. 241). Zu dessen Bedeutung vgl. ebd., S. 235-242.

Die I c h - E r z ä h l e r i n setzt sich rückblickend mit den beschriebenen Verhältnissen auseinander: "(M)an erfreute sich an der absoluten Perfektion und Zweckmäßigkeit des Apparats, den reibungslos in Gang zu halten kein Opfer zu groß schien - selbst nicht das: sich auslöschen, Schräubchen sein." (S. 72) Im Gegensatz zur Erzählerin gehört Christa T. nicht zu den "Man". Sie wehrt sich gegen das Verschwinden der Menschen hinter Versprechungen und Parolen, durch die die Erzählerin rückblickend jene Zeit charakterisiert: "Denn die Menschen waren nicht leicht zu sehen hinter den überlebensgroßen Papptafeln, die sie trugen, und an die wir uns, was sehr merkwürdig ist, schließlich sogar gewöhnten." (S. 72) Die Nachdenkende betrachtet sich hier selber kritisch, indem sie sich in das "Man" und das "Wir" einbezieht, in die Gruppe derer, die sich daran "gewöhnten". Die nachträgliche Einschätzung der hier beschriebenen Anpassung als "merkwürdig" weist darauf, daß die Erinnerung an Christa T. für sie Anstoß und Ermöglichungsgrund zur Selbsterkenntnis und Selbstkritik wird. Nicht von Christa T., wohl aber von sich selbst spricht sie bei ihrer Überlegung: "Wir hatten den Maßstab angenommen und - beklommen, erschrocken - begonnen, uns mit jenen (den "schrecklich strahlenden Helden der Zeitungen, Filme und Bücher") zu vergleichen. Es war dafür gesorgt, daß der Vergleich zu unseren Ungunsten ausfiel." (S. 72)

Für wie gefährlich Christa Wolf die aus den letzten drei Zitaten hervortretende Haltung der "Wir"-Gruppe hält, zeigt ihr Aufsatz über Ingeborg Bachmann von 1966, in dem sie von der "unheimliche(n) Versuchung" spricht, "durch Anpassung, Blindheit, Billigung, Gewöhnung, Täuschung und Verrat zum Kumpan der tödlichen Gefahren zu werden, denen die Welt ausgesetzt ist"[1].

Alles dies, was Christa T. nicht hat ertragen können, wird der Erzählerin erst jetzt - im zeitlichen Abstand - bewußt.[2] Erst "heute",

---

[1] Die zumutbare Wahrheit, a.a.O., S. 122.

[2] "Und erst heute kommt das rechte Erstaunen darüber bei uns an: So weit ist der Weg der Gefühle." (S. 72)

in der Erzählergegenwart, erscheint i h r die Möglichkeit real, in
der Erkenntnis dieser Gegebenheiten einen Schritt zu tun auf dem Weg
zu sich selbst. Nachträglich sieht sie, daß dieses Nicht-Übereinstim-
men mit sich selbst für sie nicht nur in den objektiven Voraussetzungen lag, von denen die Rede war, sondern auch in der Tatsache, daß
sie sich, wie die meisten, daran gewöhnt und dieses 'Schräubchen-
Sein' und 'Sich-Auslöschen' nicht einmal mehr bemerkt hat.

In einem Bild deutet sie an, daß die Kluft zwischen dem anfäng-
lichen Aufbruch und der Stagnation, unter der Christa T. schon damals gelitten hat, auch "heute" noch vorhanden ist: Während es beim
Wiedertreffen der beiden Studentinnen in Leipzig heißt: "In den
Straßen fegte Staub vor uns her" (S. 33), bemerkt die Erzählerin
später, als sie "Zeugen" (S. 58), die Gertrud Dölling, aufsucht, auf
dem Platz vor der Universität: "Der Staub, das wird mir auffallen,
der damals über den Platz trieb und uns immer zur Eile zwang, hat
sich wirklich gelegt." (S. 58) Dies ist nicht eine einfache Feststellung, sondern das "wirklich" deutet behutsam auf eine emotionale
Regung: Erstaunen oder Enttäuschung, denn: Die Bewegung des Anfangs
ist vorbei. - Sie fährt fort: "Das war das letzte, was ich erwarten
konnte, jedoch die Rabatten erklären das auch." (S. 58) Jetzt, sehr
viel später also, ergreift die Enttäuschung über das Ersterben des
Windes, über die Regungslosigkeit, auch die Erzählerin. Es gibt
"nichts Selbstangelegtes (mehr) wie unsere unbeholfenen Beete in unserem Patenkindergarten, auf denen Günter, der sommersprossige
Günter, verbissen Tomaten und Feuerbohnen zog" (S. 58). Sie sind
den genormten Blumenrabatten gewichen: Die Zeit, in der Eigeninitia-
tiven sich entfalten konnten, ist vorbei.

Es gibt nun Hinweise, daß die literarische Darstellung von
Christa T. und Erzählerin (bei dieser in Handlungs- u n d Erinnerungszeit) C h r i s t a W o l f dazu dient, ihre eigene Entwicklung zu verarbeiten. Die Überzeugung: "Dies ist der Weg zu uns selber" (S. 41), die ursprünglich Christa T. und die Erzählerin ver-
band, war damals auch Christa Wolfs Bekenntnis: Sozialismus als Er-

möglichung des Zu-sich-selber-Kommens, als Weg, die menschlichen
Möglichkeiten zu realisieren.[1] Doch wie ihre Erzählerin hat die
Autorin sich inzwischen in eine Richtung entwickelt, die sie von
Christa T. wegführte. Die Haltung, die sich hieraus ergab, kriti-
siert sie nun in ihrer 'Autorgegenwart' durch die Rolle der rück-
blickenden Erzählerin. Sie versucht, ihre eigene Vergangenheit zu
bewältigen, etwa wenn jene über das Verhältnis zur gesellschaftlichen Wirklichkeit, das für die meisten "damals" zutraf, sagt:
"Man überlegte nicht lange,fischte sich fast, ohne hinzusehen, ein
Leben heraus, fragte nicht viel, ob es paßte, lebte es eben, da wurde es passend. Oder jedenfalls glaubte man das mit der Zeit."(S. 54 f.)
In differenzierter Form kritisiert die Autorin ihre ehemaligen
Zeitgenossen und auch sich selbst, wenn sie die Erzählerin in der
dritten Person eingestehen läßt, "man" sei damals mit einem Leben
aus zweiter Hand zufrieden gewesen und sei dem Anpassungsdruck, dem
Christa T. sich leidend widersetzt hat, erlegen. Denn nach irgend-
einem Leben greifen und sich diesem wie einem vielleicht unpassenden
Kleid anpassen heißt, auf die Findung der eigenen Identität verzichten, die Möglichkeit der Verwirklichung der eigenen Persönlichkeit ab-
schreiben.

Die Ich-Erzählerin reift in der Zeitspanne zwischen Handlungs-
und Reflexionszeit auch in dem Sinne, daß sie ein Verantwortungsgefühl
Christa T. gegenüber entwickelt: Während Gertrud Dölling glaubt,
Christa T. sei traurig, "weil die Leute nicht so sein wollten, wie sie s
sah" (S. 63), gibt jene zu bedenken: "Oder (...) weil sie nicht so
sein konnte, wie wir sie haben wollten?" (S. 63) Christa T.s 'Mangel',
sich nicht anpassen zu können, trifft hier der Anspruch der "Wir"-
Gruppe, sie nach dem vorgeschriebenen Bild zu formen und sie nicht

---

[1] Die Frage, die die Autorin ihrem Buch als Motto voranstellte,
hat bei Johannes R. Becher eine Antwort. Die Stelle lautet dort
im Zusammenhang: "Was ist das: dieses Zu-sich-selber-Kommen des
Menschen? Es ist die Erfüllung aller der Möglichkeiten, wie sie
dem Menschen gegeben sind." (In: Auf andere Art so große Hoffnung.
Tagebuch 1950. Eintragungen 1951, Berlin/DDR, Weimar, 1969, S. 224).

sie selbst sein zu lassen. Damit ist die selbstkritische Frage gestellt, w e r es nötig hatte, sich zu verändern.

Christa Wolf war in der Zeit der fünfziger Jahre zeitweise von ähnlichem unkritischen Optimismus und ähnlicher Autoritätsgläubigkeit und sogar Dogmatismus geprägt, wie sie die "Wir"-Aussagen der Erzählerin, in die Christa T. n i c h t einbezogen ist, kennzeichnen.[1] Später versucht sie, dieses Verhalten ihrer Generation mit den historischen Erfahrungen zu erklären, die sie bestimmten: Mit dem "tiefen, nachhaltigen Entsetzen vor der Barbarei, die (...) von unserm Land ausgegangen war, ist es nicht getan; auch nicht mit einer Ernüchterung, die sich nur auf vergangene Geschichtsabläufe bezieht".[2] Die "Denk-Fehler" waren zwar "erkannt, bereut, unter nicht geringer Anstrengung korrigiert (...), Ansichten und Meinungen, das ganze Weltbild (hatten) sich radikal verändert"[3], aber ein Erbe wurde von der Vergangenheit übernommen:

> (...) die A r t zu denken war nicht so schnell zu ändern, und noch weniger waren es bestimmte Reaktions- und Verhaltensweisen, die, in der Kindheit eingeschleust, die Struktur der Beziehungen eines Charakters zu seiner Umwelt weiter bestimmen: die Gewohnheit der Gläubigkeit gegen übergeordnete Instanzen, der Zwang, Personen anzubeten oder sich doch ihrer Autorität zu unterwerfen, der Hang zu Realitätsverleugnung und eifervoller Intoleranz. (...) Das alte hypertrophe Selbstbewußtsein (...), verdientermaßen zerstört, war nicht

---

[1] Dies läßt sich erkennen an verschiedenen literaturkritischen Arbeiten Christa Wolfs in den fünfziger Jahren, die in der Literaturzeitschrift 'Neue Deutsche Literatur' abgedruckt sind, z.B. 'Kann man eigentlich über alles schreiben?' in: NDL 1958, H. 6, S. 3-16; oder: 'Eine Lektion über Wahrheit und Objektivität', in: NDL 1958, H. 7, S. 120-123. - Zu Wolfs Entwicklung als Literaturkritikerin vgl. auch: Alexander Stephan, Christa Wolf, S. 117 ff. Die Autorin selbst spricht später von ihrer ehemaligen "rein ideologisierenden Germanistik" (in: Gespräch mit J. Walther, a.a.O., S. 129).

[2] Über Sinn und Unsinn, a.a.O., S. 172.

[3] Ebd., S. 172.

einfach durch ein fertiges neues zu ersetzen. Um aber doch
weiterleben zu können, griff man begierig auch nach nicht
vollwertigen Ersatz-Teilen, einem neuen blinden Glaubenseifer
zum Beispiel (...) und der anmaßenden Behauptung, ein für
allemal im Mitbesitz der einzig richtigen, einzig funktionie-
renden Wahrheit zu sein.[1]

Indem die Autorin diese besondere Situation ihrer Generation, die
sie zu erklären, aber nicht zu entschuldigen versucht, in dem Roman
in der Figur der Ich-Erzählerin darstellt, gibt sie dem Leser die
Möglichkeit, in einem Spiel mit partiellen Identifizierungen sich
selbst mit Christa T. oder den "Wir"-Aussagen, die jene - nicht aber
Christa T. - einbeziehen, wiederzuerkennen und sich durch dieses ge-
brochene Einlassen auf die Modellfiguren mit seiner eigenen Vergangenheit auseinanderzusetzen. Die Tatsache, daß die Autorin diese
Auseinandersetzung auch zur Zeit der Abfassung des Romans, also Mitte
der sechziger Jahre, noch für nötig hält, deutet darauf hin, daß
ihrer Meinung nach diese Arbeit noch nicht abgeschlossen und daß
die Bewältigung von Mißständen, die Christa T. zum Außenseitertum
verurteilen, noch nicht beendet ist.[2]

Daß diese Provokation verstanden wurde - ohne daß man hingegen
das Konstruktive in Christa Wolfs Kritik begriff - zeigen die zor-
nigen Angriffe gegen die Autorin nach Erscheinen des Buchs, die

---

[1] Über Sinn und Unsinn, a.a.O., S. 172. Die verspätete Reife
ihrer Generation ist wiederholt Thema ihrer Auseinandersetzung
mit sich selbst. 1966 schreibt sie hierzu, rückblickend auf
den Beginn der fünfziger Jahre: "Begeistert und überzeugt
wiederholten wir seine (Brechts, C.T.) Thesen vom 'Anbruch
des wissenschaftlichen Zeitalters', fühlten uns selbst angesprochen, wenn er sagte: 'Die Menschen des wissenschaftlichen
Zeitalters werden...', und wußten nicht, k o n n t e n nicht
wissen, daß er durch uns hindurch sah auf jene, die wir nach
unerhörter Anstrengung vielleicht einmal sein würden; oder sonst
auf die, die nach uns kommen." (Brecht und andere (1966), in:
Lesen und Schreiben, S. 54-56, dort S. 55).

[2] "Namens der toten Christa T. fordert und erwartet Christa Wolf
die unbedingte Ehrlichkeit gegenüber der Frühgeschichte dieses
Staates." (J. Beckelmann, Versuch, a.a.O.)

genau diesen Punkt treffen: M.W. Schulz bemerkte 1969 auf dem VI.
deutschen Schriftstellerkongreß in seinem Grundsatzreferat, in dem
er auch Christa Wolf hart angriff:

> Im übrigen, das sei hier nebenbei, aber mit Betonung ver-
> merkt, haben wir absolut keinen Grund, die klar aufsteigende,
> ungebrochene Linie unserer gesellschaftlichen Entwicklung von
> 1945 bis heute politisch, historisch oder schöngeistig teil-
> weise in Frage zu stellen.[1]

Christa Wolf stellt dem entgegen: Wo das Problem, das sie aufdecken
will, nicht gesehen wird, ist es noch nicht gelöst. Und wir können
sagen: Das Buch ist solange notwendig, wie seine Modellfiguren und
-situationen noch polemisch zurückgewiesen werden. Gegen die dogmatische Geschichtsbetrachtung, wie sie sich in Schulz' Äußerung widerspiegelt, und angesichts solchen Leidens, wie Christa T. es erfährt,
das es auch in der Zeit der Abfassung des Werkes in der DDR noch gibt
und das nicht zuletzt durch jene dogmatische Geschichtsbetrachtung
mitverursacht wird, mahnt Christa Wolf noch 1974: "Es geht um nicht
mehr und nicht weniger als die Überwindung von Entfremdung, nicht
wahr? Wir sollten nicht zu früh denken, wir hätten das hinter uns."[2]

Auch in der Figur des Manfred im 'Geteilten Himmel' (1963) zeichnet Christa Wolf eine Persönlichkeit, die von der unzulänglichen gesellschaftlichen Realität getroffen wird: Als er aufgrund von Intri-
gen und Ungerechtigkeit seiner "Möglichkeit, schöpferisch zu sein"[3],
beraubt wird, resigniert er und kehrt der DDR den Rücken. Für Christa
T. käme diese Lösung nicht in Frage, denn "(u)nter den Tauschangeboten ist keines, nach dem auch nur den Kopf zu drehen sich lohnen
würde..." (S. 66). Nach Ansicht von Christa Wolf werden die Konflikte
- typisch für bisher alle geschichtlichen Augenblicke eines Umbruchs
zwischen verschiedenen Gesellschaftsformen - in dieser Zeit des

---

[1] Das Neue und das Bleibende, a.a.O., S. 36.
[2] In: Hans Kaufmann, Gespräch mit Christa Wolf, a.a.O., S. 109.
[3] Eine Rede, a.a.O., S. 21.

Umbruchs zum Sozialismus hin "nicht schwächer, sondern eher schärfer, moralischer, das heißt: menschlicher"[1]. Die Möglichkeit und die Versuchung, sich aufgrund der persönlichen negativen Erfahrungen zurückzuziehen und dahin zu gehen, wo man meint, es leichter zu haben, weist Christa T. eindeutig ab. Jedoch wird diese Möglichkeit von der Autorin im 'Geteilten Himmel' im Gegensatz zum sonstigen Usus in der DDR-Literatur nicht verteufelt. Manfreds Übersiedlung nach Westberlin wird von ihr nicht entschuldigt und gerechtfertigt, aber sie versucht, die Motive aufzuzeigen. Sein Handeln wird verstehbar, denn "(d)ie Gefahr, bestimmte persönliche Erlebnisse, bestimmte Zeitereignisse zu über- oder zu unterschätzen, bedroht jeden"[2].

Manfred und Christa T. haben auffallende Gemeinsamkeiten: Beide gehören der Generation derer an, die in ihrer Kindheit und Jugend vom Hitlerfaschismus geprägt worden sind und in der neuen Gesellschaft ein neues Selbstverständnis suchen müssen. Beide gehören weder zu den "Stumpfen"[3] noch zu den "Nachplapperer(n)"[4], die alle mit Sozialismus nichts zu tun haben. Beide gehören vielmehr zu den Unzufriedenen und Unangepaßten. Gemeinsam haben sie auch, daß sie zu den nicht sehr zahlreichen "Empfindlichen" gehören, von denen Schwarzenbach im 'Geteilten Himmel' sagt, daß gerade sie gebraucht werden.[5] Sie unterscheiden sich insofern, als bei Manfred ein durchgehender Skeptizismus überwiegt, der in Bitterkeit umschlägt, wogegen Christa T. ähnlich wie die Figur der Rita in jenem Werk mit einer gewissen Naivität an das Gute im Menschen glaubt.[6]

---

[1] Eine Rede, a.a.O., S. 21.

[2] Ebd., S. 22.

[3] Der geteilte Himmel, S. 137.

[4] Ebd., S. 269.

[5] Ebd., S. 137.

[6] Vgl. die Cousine von Christa T.s Mann, die herablassend über Christa T. (in der personalen Erzählform) sagt: "Sie hat aber gar nichts gegen Leute, die weiter an das Gute im Menschen glauben wollen, oder wie sie es nennen, über ihr fünfundzwanzigstes Jahr hinaus, wirklich nicht." (S. 159)

Christa Wolf erkennt an: Es gibt "Tausende von einzelnen, oft komplizierten, den ganzen Menschen aufwühlenden Antworten auf die alte Frage"[1] nach der Möglichkeit der menschlichen Selbstverwirklichung. Manfred versucht es auf seine Weise. Christa T. versucht es auf ihre Weise, und ohne Frage steht die Autorin hinter ihr.

Mit Recht stellt Manfred Jäger fest, daß die Regierenden in der DDR und die Wortführer der dortigen Literaturkritik das Angebot zum Nachdenken, das Christa Wolf ihnen mit der Figur der Christa T. machte, ablehnten, daß sie aber die Provokation und das Angebot, das sie ihnen mit der Figur des Manfred gemacht hatte, gar nicht erst erkannten.[2]

3. Eine Konfliktsituation und ihre Wirkungen

Aufgrund ihrer vom Üblichen abweichenden Vorstellungen von Sozialismus und ihrer Forderungen nach der Einlösung der Erwartungen in der Gegenwart erlebt Christa T. immer wieder Konfliktsituationen, in denen sie auf die Diskrepanz von Ideal und Wirklichkeit stößt. Ihr Verhalten bzw. auch ihr Nicht-Verhalten, ihre Passivität, werden für die Ich-Erzählerin Anlaß und Möglichkeit zur Auseinandersetzung mit dieser Gestalt und damit auch mit der Gesellschaft, in der beide leben. An einer exemplarischen Konfliktsituation soll diese Diskrepanz zwischen Christa T. und ihrer Umwelt und damit die Diskrepanz zwischen dem sozialistischen Anspruch und der realen gesellschaftlichen Wirklichkeit aufgezeigt werden.

Ein schwerer Schlag ist für Christa T. das Erlebnis der Anpassung und Heuchelei ihrer Schüler, die bei ihrem Deutschaufsatz über "eines der Pflichtthemen jener Jahre: Bin ich zu jung, meinen Beitrag für die Entwicklung der sozialistischen Gesellschaft zu leisten?"

---

[1] Eine Rede, a.a.O., S. 21.

[2] Vgl.: Auf dem langen Weg zur Wahrheit. Fragen, Antworten und neue Fragen in den Erzählungen, Aufsätzen und Reden Christa Wolfs, in: Ders., Sozialliteraten. Funktion und Selbstverständnis der Schriftsteller in der DDR, Düsseldorf, 1973, S. 11-101, dort S. 61.

(S. 128) sozialistische Überzeugung vorgeben und ihr erklären, "daß niemand sie zwingen könne, durch Dummheit die Zensur zu versauen" (S. 129). Sie muß sich von der Klasse belehren lassen "über gewisse Spielregeln des praktischen Lebens" (S. 129), von einer Klasse, die ihren Zorn aufnimmt "als Zorn einer Unerfahrenen (...), ein Gefühl, das längst hinter ihnen lag" (S. 129).[1]

In ihrer Not geht Christa T. zu ihrem Direktor, um seinen Rat zu holen. Mit "Mitleid, vermischt mit Neid" (S. 131) betrachtet er die junge Frau, die ihm aufgeregt berichtet. "(V)or langer Zeit" hat er - bezeichnenderweise Historiker - solche Fälle "ein für allemal durchdacht, an Beispielen, die ihm entfallen sind, aber die Lehre ist geblieben" (S. 131 f.). Er setzt voraus, daß Erfahrungen prinzipiell übertragbar sind. "Man kann nicht jeden neuen Fall von vorne behandeln." (S. 132) Christa T. spürt den Anflug von Routine. Nicht zum ersten Mal hört sie, man müsse "Wesentliches von Unwesentlichem unterscheiden" (S. 132). "Ihr wollt alles auf einmal haben, sagt er, nachdenkend. Macht und Güte und ich weiß nicht, was noch." (S. 132) Verwundert erkennt Christa T., daß er von sich selbst spricht, indem er zu ihr redet; daß er "sich erzogen" hat, "nur so viel zu wollen, wie er erreichen kann" (S. 132 f.); daß er hierzu genötigt war, andernfalls er gar nicht mehr lebte oder jedenfalls nicht hier säße. (Vgl. S. 133) Hat er einst im Zuchthaus gesessen - wahrscheinlich wegen Kompromißlosigkeit in politischen Fragen zur Zeit des Nationalsozialismus -, so hat er später lernen müssen, sich zu bescheiden. Beim Aufbau des Sozialismus, der seiner Grundüberzeugung entsprach, hat er seine rigorosen Forderungen wahrscheinlich gar nicht mehr gestellt. "Das bißchen Hintergrunddenken lernen, das einem das Leben doch immer wieder möglich gemacht hat" (S. 131), ist ihm sehr schwer gefallen. Er weiß: "Nie werden (die Jungen) uns ganz begreifen" (S. 131).

---

[1] Die Diskrepanz zwischen Christa T.s Menschenbild, das sie ihren Schülern vermitteln will, und der realen Einstellung dieser jungen Menschen kommt zum Ausdruck, indem zwischen den Worten der Lehrerin: "Edel sei der Mensch" und "Denn das unterscheidet ihn..." sich ein Mädchen "verstohlen" das Haar kämmt. (Vgl. S. 128)

Achtungsvoll und verständnisvoll von der Autorin gezeichnet, die sich
bewußt ist, daß sie das G l ü c k hatte, nicht zu seiner Generation
gehört und vor Entscheidungen gestanden zu haben, in denen er gestanden hat, bietet er dennoch jetzt das Bild eines deformierten
Menschen,der einen Teil seines Selbst aufgeben mußte, um existieren
zu können. Er bietet das Bild eines Menschen, der Sätze, die Ausdruck wirklicher Identität sind, wie: "Wie man denkt, soll man auch
handeln" oder: "Das Leben aus einem Guß" oder: "Keine Kompromisse;
die Wahrheit und nichts als die Wahrheit" (S. 133) einst auch rea-
lisierte, der sich jedoch bescheiden lernte und für seine Person
auf die Übereinstimmung von erhoffter und tatsächlicher Wirklichkeit
verzichtet hat.

Christa T. dagegen erkennt erstaunt, wie recht er hat mit seiner
Bemerkung, sie wolle "Macht und Güte" auf einmal. "Ihr war nicht ein-
gefallen, daß man das nicht alles sollte haben wollen." (S. 132)
Nun erkennt sie in dem, der dies ausspricht, das Bild dessen, der
darauf verzichtet hat, beides zugleich zu wollen. Sie spürt instinktiv und erfährt real, daß die Macht zu haben noch nicht heißt, der
Güte den Weg zu bereiten, die gegenwärtige Macht noch nicht zukünfti-
ge und schon gar nicht gegenwärtige Güte garantiert; daß vielmehr
die neue Macht zu neuen Deformationen der Persönlichkeit und der
menschlichen Beziehungen führen kann und führt. Bei der Aburteilung
ihres Kollegen Günter wegen seiner Unterrichtsstunde über Schillers
'Kabale und Liebe', wo er "für die Tragödie in der modernen Liebe
stritt" (S. 86), hat sie ein eklatantes Beispiel hierfür erlebt. Die
"große Hoffnung" (S. 214), die ihren Charakter konstituiert, läßt
sie auf dem Heimweg plötzlich darüber "froh (sein), daß sie Wünsche
hat, die über sie hinausgehen" (S. 134).

Die Autorin verallgemeinert die Szene, indem sie die Ich-Erzählerin, die diese wie manche andere erfindet, feststellen läßt, "daß
nicht notwendig sie es war, Christa T., die da vor dem Mann gesessen
hat". (S. 134) Die Erzählerin selbst thematisiert an dieser Stelle
den Modellcharakter dieser Figur. Christa T. wird hier nicht als einzig-

artig hingestellt, sie kann auch nicht im negativen Sinne als "Fremdkörper" abgetan und "überwunden" werden. Hier wird sie vielmehr aus
dem rein Individuellen herausgenommen, indem Züge von ihr - hier
der, der sich in dem Gespräch mit dem Direktor herauskristallisiert -
für eine größere Gruppe von Menschen in der DDR - vor allem junge
Menschen - reklamiert werden.

Im Roman wird Christa T. zwar faktisch als einzelne hingestellt,
die bei den anderen auf Kopfschütteln und Achselzucken trifft, die
selber ihre Umwelt immer wieder neu und wie zum ersten Mal sieht und
nicht verlernt hat zu staunen und die sich nicht an Deformationen
des Menschen und der Beziehungen der Menschen untereinander gewöhnen
kann. Dennoch wird in ihr eine menschliche Möglichkeit gezeigt, die
nicht auf eine einzelne Person beschränkt bleibt, sondern die mehr
oder weniger offenkundig an verschiedenen Stellen der gesellschaftlichen Wirklichkeit auftauchen und Verwirrung stiften oder wie ein
geistiger Katalysator Einfluß ausüben und Veränderungen bewirken
kann.

Rückblickend und zugleich vorausweisend reflektiert die Erzählerin mit ihrem Nachdenken über Christa T. auch ihren eigenen Platz,
wenn sie die Freundin in dieser Szene für "austauschbar gegen eine
Menge Personen ihres Alters" (S. 134) erklärt. "Gegen eine Menge,
nicht gegen alle. Die Zeit, sich zu unterscheiden, rückte allmäh-
lich heran, aber wir ahnten es nicht." (S. 134) Christa T. hat zu
denen gehört, die sich unterscheiden. Die Erzählerin läßt anklin-
gen, daß sie selbst damals noch nicht dazu gehört hat. Sich und
die meisten Menschen ihrer Umwelt - nicht aber Christa T. - bezieht
sie hier in das "Wir" ein und setzt die "Wir"-Gruppe damit von
Christa T. ab:

> Die Wahrheit ist: Wir hatten anderes zu tun. Wir nämlich
> waren vollauf damit beschäftigt, uns unantastbar zu machen,
> (...). Nicht nur nichts Fremdes in uns aufnehmen - und was
> alles erklärten wir für fremd! -, auch im eigenen Innern nichts
> Fremdes aufkommen lassen, und wenn es schon aufkam - ein Zwei-
> fel, ein Verdacht, Beobachtungen, Fragen -, dann doch nichts
> davon anmerken zu lassen. (S. 65)

Es bedurfte erst weiterer Ereignisse, etwa derjenigen von 1956
in Budapest (vgl. S. 167 f.), und weiterer lauter Zeichen wie etwa
1953 in Berlin (vgl. S. 95). Es bedurfte weiterer Erfahrungen mit
Christa T., die jene "Zweifel, ein(en) Verdacht, Beobachtungen, Fragen"
(S. 65) nicht zu unterdrücken vermochte und auch nicht verbarg, und
ihres Todes, des erzwungenen Abstandes und des durch diesen ermög-
lichten Nachdenkens über die Verstorbene, bis die Erzählerin zu Einsichten kommt, die Christa T., wenn auch mehr ahnungsweise und gefühls-
mäßig denn reflektiert, schon zu ihren Lebzeiten besitzt. Das "Sie
braucht uns nicht. (...) (E)s ist unseretwegen, denn es scheint,
wir brauchen sie" (S. 9) zieht sich als Motiv der Beschäftigung mit
der Verstorbenen durch den ganzen Bericht der Erzählerin, durch das
ganze Buch der Christa Wolf und soll vom Leser für seine konkrete
gesellschaftliche- und Lebenssituation rezipiert und eingelöst werden.

In der nachträglichen Gewissenserforschung und Selbstverständigung
der Erzählerin an Hand des Bildes der erlebten Christa T. bewahrhei-
tet sich der "merkwürdige(...) Satz", den der Schuldirektor am Schluß
des Gesprächs mit Christa T. ausspricht: "Soviel ist sicher, (...)
vergessen Sie das niemals: Was durch uns in die Welt gebracht ist,
kann nie mehr aus ihr hinausgedrängt werden." (S. 133)

In welcher konkreten Hinsicht er diese Aussage meint - ob er mit
ihr Christa T. indirekt eine Stütze für ihre Weise des Mitlebens in
der Gesellschaft, auch für die Unbedingtheit ihrer Forderungen,
geben will, ob Beschämung mitspielt darüber, daß er ihr einst in ihrer
Kompromißlosigkeit geähnelt, dann aber zu schweigen gelernt hat, dies
alles bleibt offen. Christa T. wird diesen Satz "vorerst vergessen,
er kommt später wieder hoch, zu seiner Zeit." (S. 133 f.) Er gewinnt
Bedeutung, wenn sich die Frage, die sie ebenfalls früh stellt:
"(W)as braucht der Mensch?" (S. 53) oder "Was braucht die Welt zu
ihrer Vollkommenheit? " (S. 68; vgl. S. 77; 219) immer eindringlicher
verstärken wird, wenn ihre "anmaßende Hoffnung, sie, sie selbst,
Christa T., wie sie war, könnte der Welt zu ihrer Vollkommenheit

nötig sein" (S. 68), sich in ein starkes Selbstbewußtsein verwandeln wird (vgl. S. 175).

An Christa T.s Schulklasse zeigt die Autorin: Diese Schüler stellen keine Kluft mehr fest zwischen Realität und Ideal und können also auch nicht daran leiden. Sie unterscheiden nicht zwischen dem, was ist und dem, was sein könnte.[1] Von den Menschen d i e s e r Generation, die zufrieden sind, ist keine Unruhe mehr zu erwarten. Damit gehört die Aufbruchgeneration mit ihren Hoffnungen der Vergangenheit an.

Weil Christa Wolf überzeugt ist, daß die sozialistische Gesellschaft "in ihren Intentionen und Möglichkeiten die bessere ist"[2], um mit dem marxistischen Theoretiker Ernst Fischer zu sprechen, fürchtet sie nicht den Vorwurf der Nestbeschmutzung. Mit ihrer Bloßstellung und Kritik der Heuchelei der Schulklasse verleiht sie ihrem Verdacht Ausdruck, daß eine Gesellschaft, die eine solche Jugend hervorbringt, noch kaum den Anspruch erheben dürfe, sich "sozialistisch" zu nennen. Indem sie in der 'Moskauer Novelle' (1961) Pawel als Qualität des Zukunftsmenschen wünschen läßt: "Lebenstüchtigkeit heißt nicht mehr: heucheln können"[3], kritisiert sie durch das "mehr", daß "jetzt" zur Lebenstüchtigkeit in der DDR noch diese Fähigkeit gehört. Um Hoffnungen für das Jahr 2000 geht es bei diesem Neujahrswunsch Pawels!

Heuchelei wird für Ernst Fischer zum "schlimmsten Hemmnis der Entwicklung zum Sozialismus"[4]. Ihm zufolge verdoppelt sie die Welt "in

---

[1] Ein Schüler, den Christa T. fragt, wie er denn voller Begeisterung seine Mitgliedschaft im Jugendverband schildern könne, ohne Mitglied zu sein, antwortet trocken: "Ich bin's nicht, (...). Aber ich könnt's ja sein, nicht?" (S. 129)

[2] Fischer, Der deformierte Mensch, in: Ders., Kunst und Koexistenz. Beitrag zu einer marxistischen Ästhetik, 1973 (3. Aufl., zuerst 1966), S. 83-122, dort S. 105.

[3] Moskauer Novelle, S. 55.

[4] Fischer, Der deformierte Mensch, a.a.O., S. 105.

eine Welt der Sinneswahrnehmungen, der sichtbaren, hörbaren, greifbaren Wirklichkeit und eine Über-Welt der Dogmen, Lehrsätze, Zitate,
Richtlinien, Resolutionen, Gedankenklischees und Wortgespenster"[1].
Christa T. spürt und erfährt eine solchermaßen verdoppelte bzw. geteilte Wirklichkeit, die Nicht-Übereinstimmung zwischen Realität
und Lehrsätzen über diese Realität. Sie leidet an der Diskrepanz
zwischen "dem reinen Sein und der trüben Erscheinung"[2]. Sie kann
sich nicht damit trösten, daß die Abweichungen "zufällig" wären
und dazu da, mit der Zeit überwunden zu werden, kann die Gegenwart
nicht der Zukunft opfern. Sie überprüft die Lehrsätze an der Wirklichkeit und versucht an ihrem Platz, die Diskrepanz zwischen beiden
zu überwinden. Daß sie nicht nur Kopfschütteln und Achselzucken in
ihrer Umgebung hervorruft, sondern daß ihre Freundin, die Erzählerin,
ihr Leben - und ihren Tod - eines langen Nachdenkensprozesses für
wert hält um der eigenen Selbstvergewisserung willen, erfährt Christa
T. nie, doch die Zurückbleibende findet jenen "merkwürdigen Satz"
des Direktors, bezogen auf Christa T., bestätigt auf eine Weise,
die jener wohl kaum für möglich gehalten hätte. Sie hat, ohne es
zu wollen und zu wissen, Verwirrung unter ihren Mitmenschen gestif-
tet und sie in Frage gestellt. Sie hat vor allem die Ich-Erzählerin
auf den Weg gebracht, die im rückwärtsgewandten Erinnern an eine
Verstorbene ein Mittel zur Selbstvergewisserung findet und sich über
ihre Beziehungen zu ihrer gegenwärtigen Gesellschaft, wie sie ist und
wie sie ihrem Eigenanspruch nach sein sollte, klarzuwerden versucht.
Dieser Reflexionsprozeß und sein Niederschlag, der Bericht, sind
durch Christa T. in die Welt gekommen, ebenso wie letztlich auch
das Werk der Autorin zu einer geschichtlichen Realität geworden ist
durch 'Christa T.'.
    Im Gegensatz zu Christa T., die damals unerfüllbare Wünsche ge-
habt hat, hatten sich viele zu der Zeit schon zufriedengegeben und
abgefunden, etwa mit der Heuchelei oder mit der erlangten Macht,

---

[1] Fischer, Der deformierte Mensch, a.a.O., S. 105.
[2] Ebd., S. 105.

der die Güte fehlt. Im Rückblick werden auch bei der Ich-Erzählerin
solche Wünsche nach dem "Alles-auf-einmal-Haben" und nach dem "Leben
aus einem Guß" wieder wach, und für die Autorin ist das Verfassen
des Buchs Ausdruck ihrer Forderung nach der Einlösung ihrer noch ausstehenden Wünsche und Hoffnungen, die sie in den Sozialismus setzt.

Die Leser werden aufgefordert, sich mit diesem Erfahrungsmodell
auseinanderzusetzen in zweierlei Hinsicht: Sie sollen ihre eigene gesellschaftliche Wirklichkeit, die schon eine spätere und weiterentwickelte ist (die beschriebene Szene spielt im Jahr 1955), mit
jener Modellsituation vergleichen; darüber hinaus sollen sie sich
Christa T. gewissermaßen als Spiegel vorhalten und sich darin wiederzuerkennen suchen - damals (in der historischen Zeit, die hinter
der Handlungsgegenwart steht) und "heute" (die Zeit, in der die
Autorin ihre Erzählerin den Bericht schreiben ließ) und in ihrem eigenen "Heute" (der Zeit der Lektüre), und sich der Provokation, die
diese Figur darstellte und darstellt, aussetzen.

4. Die 'moralische Existenz des Menschen'

Wir wollen die Bedeutung des Ethischen im Verständnis des Werkes
und Christa Wolfs analysieren, da jenes für die Selbstverwirklichung
des Menschen eine wesentliche Rolle spielt. Da Christa T.s 'Charakter' als Erkenntnismodell für die Autorin und deshalb jetzt für uns
in der Darstellung wichtig ist, knüpfen wir zur Behandlung dieses
Problemkreises an eine weitere Episode aus Christa T.s Leben an.

Als Christa T. sich im Herbst ihres Hochzeitsjahres einer Kranken-
hausbehandlung unterziehen muß und die Erzählerin sie dort besucht,
fühlen sich die beiden vom Schicksal einer Mitpatientin Christa T.s,
einer Straßenbahnschaffnerin, betroffen, die von ihrem Mann miß-
handelt wird und jetzt die dritte Abtreibung hinter sich hat.
Im Blick auf diese Frau meint Christa T.: "Sie verstehen nicht, was
mit ihnen geschieht." (S. 165) Da sie auch nicht "w i s s e n (...),

daß sie nichts verstehen" (S. 165), fügt sie hinzu, ist ihnen nicht
zu helfen.

In der Frau steht nicht nur ein Bild von Leid vor den beiden,
sondern schlimmer ist dies: Da die Frau ihre Lage nicht zu hinterfragen vermag und deshalb auch nicht dagegen aufbegehren kann, ist
sie nicht fähig, selbst zur Überwindung ihres eigenen Unglücks bei-
zutragen. "(W)enn sie Zeitung liest, kommt sie gar nicht auf die
Idee, daß da von ihr die Rede ist." (S. 165) Nur folgerichtig ist
es, daß sie sich sogar gegen Hilfe wehrt. Als Christa T. ihr vor-
schlägt, ihren Mann anzuzeigen, droht sie, nicht mehr mit ihr zu
reden, und kündigt an, vor Gericht alles zu bestreiten.

Wortlos und bitter verständigen sich die beiden Freundinnen über
ihre Einsicht, daß "ohne die Frau nichts zu machen war " (S. 166).
Einig fühlen sie sich in ihrer unausgesprochenen Maxime: "Allen
soll geholfen werden, gleich." Doch: "Dann sieht man diese Frau
da liegen, der nicht zu helfen ist, und kommt sich wortbrüchig vor."
(S. 165)

Noch aus der frühen idealistischen Phase stammt dieses Versprechen, "das wir in Wirklichkeit niemals gegeben hatten, aber es war
stärker als irgendein Schwur, den man tatsächlich abgibt" (S. 165);
aus der Zeit des revolutionären Aufbruchs, der sich eine humane
Gesellschaft und das Glück aller zum Ziel gesetzt hatte. Doch nur
wenn der Leidende die "müde Hingabe an die Leiden" (S. 165) überwin-
det und selbst aufbegehrt, kann er sich helfen oder kann ihm geholfen werden.Die Erbitterung von Menschen, die dem Leiden den
Kampf angesagt haben, ist vergeblich, wenn die Betroffenen nicht
fähig sind, sich ihrer Lage bewußt zu werden. Hierbei handelt es
sich nicht allein um diese eine Person, sondern diese steht für
viele: Sie hat "Gefährten (...), denen allen unsere ganze Ungeduld
nichts nützte" (S. 166).

Das Bewußtsein der Vergeblichkeit dieser Erbitterung macht die
beiden Freundinnen einander fremd, die "alles gesagt" haben (S. 166)
und nun stumm zum Fenster hinaussehen. Beinahe machen sie sich gegen-

seitig Vorwürfe deswegen, obwohl sie wissen, daß die andere ebensowenig zu dieser Situation beigetragen hat wie man selber.

Die rückblickende Ich-Erzählerin ist sicher, daß Christa T. "sich
die Fähigkeit, erbittert zu sein, bewahrt hätte" (S. 166). Denn sie
hat während ihres ganzen Lebens ihre starke Sensibilität für Ungerechtigkeit und Leid behalten, nicht als Ergebung, sondern als
"Erbitterung aus Leidenschaft" (S. 166); also kein resignativer
Schmerz, sondern ein Schmerz, der sich sofort umsetzt auch in die
Leidenschaft, Zustände zu ändern, jedenfalls anzuklagen und nicht zu
dulden.

Wahrscheinlich trifft Christa T.s Erbitterung nicht einmal so sehr
die unmenschlichen Zustände im Haus der Mitpatientin als die Tatsache,
daß ihr nicht zu helfen ist, weil ihr das Selbstbewußtsein fehlt,
das in der Erkenntnis der eigenen Situation "Ich" sagen könnte und
erst damit fähig würde, aufzubegehren. Von einem wirklichen Sozialismus
erwartet Christa T., daß er seinem eigenen Anspruch gemäß die Menschen befähigt, Einsicht in ihre Lage zu gewinnen und ihre mangelhafte
Situation an einem positiven Bild eines menschenwürdigen Daseins
zu messen, die Diskrepanz zu erkennen und deren Überwindung zumindest
in Angriff zu nehmen, und zwar nicht als Einzelwesen, sondern mit
Hilfe der solidarischen Unterstützung der Gemeinschaft. Warum kann
niemand in dieser Gesellschaft dieser Frau helfen, wenigstens in
ihrem S e l b s t a n s p r u c h zu sich selbst zu kommen? Ist
diese Gesellschaft vielleicht selber noch nicht so weit? H i e r
liegt der eigentliche Grund der Erbitterung Christa T.s: Enttäuschung
über ihre Gesellschaft, die das Versprechen, daß allen geholfen werden soll, nicht einlöst. Die Erfahrung von Ungerechtigkeit und Bosheit, die anderen widerfährt, widerspricht elementar ihrem Traum von
der verkündeten neuen Gesellschaft und dem proklamierten neuen Menschen, der sich mit dieser Gesellschaft eins fühlen kann.

Die Erzählerin erinnert sich nun an diese "Erbitterung aus Leidenschaft", die Christa T. sich bewahrt hätte. Sie sieht sich sogar ge-

nötigt, dieses Wort zu verteidigen gegenüber ihrem Leser.[1] Um diese
Erfahrung auch denen zugänglich zu machen, an die sie sich mit
ihrem Bericht wendet, ruft sie diese Szene aus Christa T.s Leben in
Erinnerung. Ihr Anliegen ist dabei nicht, zu bestimmten konkreten
Verhaltensweisen aufzurufen, sondern es geht um die Einsicht der
eigenen Verantwortung im jeweiligen persönlichen und geschichtlichen Augenblick.
Indem Christa Wolf verschiedene Situationen beschreibt, in denen
Christa T. zusammenstößt mit Menschen, die für den von ihr vertrete-
nen moralischen Anspruch kein Verständnis haben, läßt sie zum einen
das Spezifische dieser Persönlichkeit hervortreten; gleichzeitig
werden aber diese modellhaften Situationen als Raster aufgebaut und
der Leser eingeladen, diese mit dem konkreten Material seiner Lebenswirklichkeit zu füllen und hierdurch die vielen Bedeutungsmöglichkeiten dieser Figur für jeweils verschiedene Menschen und realhistorische Situationen auszuschöpfen.

Wenn Christa T. ihren Schülern gegenüber von der "halb reale(n),
halb phantastische(n) Existenz des Menschen" spricht (S. 140), so
muß sie sich später von einem ehemaligen Schüler in diesem Punkt
belehren lassen. Dieser Medizinstudent, der sie an jenen Ausspruch
von Gorki erinnert und bemerkt, sie habe damals "doch gar zu unprak-
tische Anforderungen gestellt" (S. 140), betont, ihm "als Arzt (habe)
die reale Existenz des Menschen (...) zu genügen" (S. 140); "seelische Robustheit" (S. 142) müsse den Schülern vermittelt, "die Realität zum Maßstab" genommen werden (S. 141 f.). Eine "Programmierung
der Jugend mit einer hochgestochenen Moral" (S. 141), daraus folgend
der "Zusammenstoß dieser Moral mit den Realitäten des Lebens, die
i m m e r stärker sind" (S. 141), führe nur zu unfruchtbaren Konflik-
ten.

---

[1] "Erbitterung aus Leidenschaft. Kam das Wort schon vor? Wird es
befremden? Komisch wirken? Altmodisch? Wird man es mit einem
solchen Krankenhausflur verbinden wollen, mit Hörsälen, Arbeitsgruppen auf Trümmerfeldern, heftigen Diskussionen, Gesprächen, Reden,
Büchern?" (S. 166 f.)

Richtig hat er im Sinne Christa T.s erkannt, daß die "halbphan-
tastische Existenz des Menschen" einen ethischen Anspruch impliziert:
Christa T. überlegt nach dem Gespräch: "Unsere moralische Existenz
ist es, nichts anderes." (S. 143) Ihr Schüler war "ein bißchen gar
zu freudig erregt von seiner Entdeckung, daß er nicht verantwortlich
ist für irgend etwas, was es auch sei..." (S. 143) Verantwortung ist
die Hauptkategorie ihres Verständnisses von Moral. Tüchtigkeit ist
viel wert; jedoch besagt sie noch gar nichts über die Moral. "Fleißig
und roh" nennt Christa T. den Schüler, der, um eine Wette mit seinen
Kameraden zu gewinnen, einer Kröte den Kopf abbeißt (vgl. S. 139).
Ein Positivum und ein Negativum verbindet sie hier miteinander. Das
Positivum "fleißig" bedeutet jedoch nichts, wenn es nicht mit einem
moralischen Verantwortungsbewußtsein zusammengeht, das sich an dem
Ziel orientiert, daß "der Mensch das höchste Wesen für den Menschen"
sei[1]; das bedeutet, den Menschen nicht als Mittel, sondern als Zweck
zu betrachten und die Mittel dem Zweck unterzuordnen.

Christa T. sagt über jenen Jungen: "Er hat nur Glück, daß er hier
lebt. Anderswo wäre er - sonstwas. Sein Typ ist noch gefragt." (S. 139
- Eine unmißverständliche Anspielung auf die faschistische Vergangenheit und nicht-sozialistische Gesellschaftssysteme, die solche Menschen gut zu gebrauchen wissen. "Wenn wir uns bloß nicht täuschen
lassen von seiner Tüchtigkeit! Denn - wohin würde das führen?" (S. 139
Der Kontext erlaubt[2], diesen Satz als Aussage Christa T.s zu verstehen oder als Aussage der Ich-Erzählerin in der Handlungszeit oder
in der Reflexionszeit. Damit wird der Bedeutungsrahmen dieser Aussage
immer weiter, bis sich schließlich die Möglichkeit ergibt, diesen Satz
so zu verstehen, daß die Autorin mit diesen Worten Christa T.s davor
warnen will, daß "wir" - also auch ihre Leser - uns von den eigenen
Zeitgenossen täuschen lassen. Glaubt sie Grund und Anlaß für solche

---

[1] K. Marx, Zur Kritik der Hegelschen Rechtsphilosophie. Einleitung
(1843/44), in: Marx, Die Frühschriften, S. 207-224, dort S. 216
(im Original gesperrt).

[2] Hier handelt es sich um eine Funktion der 'Schwebenden Aussage'.

Warnung zu haben? Werden "Fleiß" und "Tüchtigkeit" ihrer Ansicht nach
zu einseitig hochgeschätzt in ihrer Gesellschaft, spielt "seelische
Robustheit" eine große Rolle?
Christa Wolf läßt letztlich den Leser mit diesen Fragen allein,
der sie mit s e i n e r Kenntnis der Realität und s e i n e m
moralischen Bewußtsein beantworten soll. Gerade indem sie Fragen
dieser Art nur andeutet und nicht beantwortet, indem sie auch betont,
daß ohne diese "Tüchtigen" die DDR nie hätte aufgebaut werden können, auf die sie trotz allem stolz ist, zwingt sie den Leser zur
Auseinandersetzung.

Sie beschreibt Mißstände, die eine vergangene Epoche betreffen,
jedoch die Werkstruktur zwingt jeweils zu Übertragungen in die Erzählergegenwart und in die soziale Gegenwart der DDR, wo die beschriebenen Situationen als Modelle jedoch jeweils spezifische andere Bedeutungen bekommen. Wie der Leser diese Übertragungen konkret vornimmt, hängt von der jeweiligen historischen Situation ab
und davon, wie er diese verantwortlich beurteilt. Was jedenfalls
keinem Leser entgehen kann, ist die Tatsache, daß Christa T. nicht
zu denen gehört, die "recht haben, weil sie stärker sind" (S. 91).

Auf jemand anderen trifft diese Kennzeichnung jedoch zu: auf
Blasing, der zu den "Gesunden" gehört, den skrupellosen und stets
auf ihren Vorteil bedachten Fortschrittsoptimisten. Blasing, der immer
"'auf Achse'" ist (S. 207), wird geschildert als der, der sich immer
anpaßt und der zu denen gehört, die dabei immer Glück haben. - "Oder
meinen Sie, Blasing geht unter?" (S. 187) - Für ihn ändert sich die
Welt nicht mehr, kann sich nichts mehr weiterentwickeln: "Er will,
sagte Günter,daß alles sich verfestigt, er kann nicht anders, und
wenn er den Leuten den Kopf abschneiden muß, damit sie ihm still-
halten ... Da war schon nicht mehr von Blasing die Rede." (S.213)
Der Leser wird erinnert an den Schüler, der der Kröte den Kopf
abbiß. Fiel ihm an jener Stelle eine Deutung im Hinblick auf die gesellschaftlichen Zustände noch schwer, so wird ihm nun eine ermöglicht,
wenn er die Persönlichkeit Blasings als Hintergrund hinzunimmt.

Ähnlich wie es von dem Medizinstudenten heißt: "Überleben, ist ihm klar geworden, sei das Ziel der Menschheit immer gewesen und werde es bleiben" (S. 141), kämpft auch nach Blasings Weltanschauung jeder gegen jeden, und der Stärkste gewinnt. Der Leser soll sich fragen, wenn hier nicht mehr von Blasing, von wem denn dann die Rede war. Offenbar gab es noch viele Blasings, und dieser steht stellvertretend für alle, die Zustände konservieren und auf Kosten anderer leben wollen (vgl. S. 187).

Ihm gegenüber bestreitet Christa T. nicht, "daß die Ausnutzung aller Energiequellen der Erde" nötig ist. "Nein, wer wollte Blasing darin widersprechen?" (S. 219) Doch gefragt, was s i e für unerläßlich hält für den Fortbestand der Menschheit, antwortet sie: "Gewissen" und "Phantasie" (S. 219). Mit dieser Forderung verteidigt sie zum einen die individuellen Projektionen einer gerechten, humanen und glücklichen Welt und zugleich eine individuelle kritische Instanz. Kategorien wie Gewissen - Verantwortungsbewußtsein - und Phantasie - Antrieb zur Wahrheitssuche - müssen Blasing lächerlich erscheinen, und nicht nur ihm, sondern auch den Blasings, die es noch in der Reflexionszeit der Erzählerin gibt und wohl auch noch in der historischen DDR-Gesellschaft, für die Christa Wolf den Roman schreibt.

Die Autorin trifft 1972 die für jene Pragmatiker und Halsabschneider ärgerniserregende Feststellung, daß "heute die Entscheidungen und Konflikte sich eigentlich in der Ebene der gesellschaftlichen M o r a l abspielen, obwohl natürlich vorbereitet in konkreten gesellschaftlichen Bewegungen"[1]. Sie bietet keine unmittelbaren Handlungsanweisungen und betrachtet dies auch nicht als ihren Auftrag als Schriftstellerin. Vielmehr sieht sie ihre Aufgabe darin, hinzuweisen auf diese Fragen und auf die Gefahr, die sie erkennt, daß nämlich diese Probleme über allen ökonomischen und technologischen Fortschritten verloren gehen.

---

[1] Wolf, in: Gespräch mit J. Walther, a.a.O., S. 123. Hervorhebung von mir.

Angesichts dieser Gefahr warnt sie schon 1964 mit damals unbekannter Schärfe: "Wofür arbeiten wir? Wofür machen wir überhaupt diesen Sozialismus? Denn es kann passieren, daß über den Mitteln - Politik, Ökonomie - das Ziel vergessen wird: der Mensch."[1] Die fortgeschrittene Technologie, so sehr sie sie begrüßt, führt sie zu der fundamentalen Frage:

> Mich interessiert (...) nicht in erster Linie, mit welchen Produktionsmitteln werden wir morgen produzieren. Mich interessiert, was für Menschen werden diese automatischen Anlagen bedienen? Was für einen Menschentyp bringt unsere Gesellschaft hervor?[2]

Einerseits davon überzeugt, daß ihre Gesellschaft "die Selbstverwirklichung ihrer Mitglieder anstrebt"[3], meint sie dennoch Grund zu haben zu der Annahme, daß auch ihr Staat, in dem Kommunisten an der Macht sind, noch nicht eine Gemeinschaft ist, in der die Menschen zu sich selbst gefunden haben. "Hier, glaube ich, ist der Punkt, an dem die Literatur aufpassen und ihren Platz verteidigen muß."[4]

In dieser Kritik an der einseitigen Überbewertung von wissenschaftlichen und ökonomischen Fakten trifft Christa Wolf sich mit Ernst Fischer, der berichtet, wie er 1963 vor Studenten der Prager Universität unter starkem Beifall sagte: "Ich glaube nicht, daß man junge Menschen durch viele Ziffern begeistern kann, Produktionsziffern und Produktivitätsziffern, sondern junge Menschen wollen hören: Wie wird es mit dem Menschen sein?"[5] So distanziert auch Christa Wolf sich von denen, die die These verfechten, erst müsse

---

[1] Diskussionsbeitrag in: Wolfgang Joho, Notwendiges Streitgespräch. Bemerkungen zu einem internationalen Kolloquium, in: NDL 1965, H. 3, S. 88-112, Wolf ebd., S. 97-104, dort S. 103.

[2] Wolf, ebd., S. 103.

[3] Wolf, Lesen und Schreiben, a.a.O., S. 215.

[4] Wolf, in: Joho, Notwendiges Streitgespräch, a.a.O., S. 103.

[5] Der deformierte Mensch, a.a.O., S. 94.

man auf ökonomischen Gebiet die kapitalistischen Länder einholen,
dann erst den Menschen ändern. Vielmehr meint sie wie Fischer, daß
das qualitativ andere gegenüber dem Kapitalismus "schon heute die
Sphäre jenseits der materiellen Produktion", "die Frage, was mit
dem Menschen sein wird"[1]. Die Gefahr, die es zu bekämpfen gilt, sieht
sie darin, daß - nicht nur im Kapitalismus, sondern auch in sozialistischen Staaten - die "Zeitgenossen (...) dabei sind, den stromli-
nienförmigen Menschen zu konstruieren, fähig, sich allen Anforderungen der Zivilisation anzupassen"[2]. Das Problem, wie dies vermieden
werden und der humanistische Anspruch des Sozialismus, die Menschwerdung des Menschen zum Ziel zu haben, eingelöst werden kann, über-
läßt sie dem Leser zu dessen eigener Auseinandersetzung. Die Gestalt
der Christa T. soll ihm dabei helfen. Auch diese gibt keine konkreten Antworten. Sie wird dem Leser dargeboten als eine Gestalt, die
eine Vision von ihrer Selbstverwirklichung in der Gesellschaft hat
und die sich nicht die Realität zum Maßstab nimmt, sondern ihren
Traum von dieser. Insofern sie mit den Gegebenheiten unzufrieden ist
und dieses Aus-Sein-Auf ihr Wesen charakterisiert, ist die Erfüllung
der neuen Wirklichkeit in ihrer Person schon ansatzhaft präsent.
Diese ihre Hoffnung, ihren Beitrag zu leisten zu dieser Erfüllung,
das Verlangen, der Welt zu ihrer Vollkommenheit nötig zu sein, ihre
Zuversicht, "daß nicht verlorengehen wird, was noch so dringend gebraucht wird" (S. 144), sprechen ein moralisches Problem an im Sinn
des Wortes bei Christa Wolf: Verantwortungsbewußtsein kennzeichnet
den neuen sozialistischen Menschen; seine "halb reale, halb phantastische Existenz" ist seine "moralische". Auch sie hofft, daß nicht
verlorengeht, was noch so dringend gebraucht wird. Da sie der Ansicht
ist, daß Christa T. - das, was diese Gestalt gekennzeichnet hat - noch

---

[1] Der deformierte Mensch, a.a.O., S. 97.
[2] Lesen und Schreiben, a.a.O., S. 189. Vgl. auch ebd., S. 218.

sehr nötig ist, schrieb sie dieses Buch. Sie wird mit ihrer Romanfigur identisch, wenn sie erklärt: "(D)ie moralische Existenz der
Menschheit ist unter den Bedingungen des Atomzeitalters zur Voraussetzung für ihre physische Existenz geworden."[1]

---

[1] Vorwort zu: Anna Seghers, Glauben an Irdisches, a.a.O., S. 110.

VI. Konkrete Utopie

Es wurde gezeigt, daß Christa T.s moralischer Anspruch ein Grund
dafür ist, daß sie sich mit der Diskrepanz zwischen erhofftem Ideal
und tatsächlicher gesellschaftlicher Wirklichkeit nicht abfinden kann.
Hier stellen sich nun mehrere Fragen: Wie ist Christa T.s Reagieren
auf die gegebenen Situationen zu deuten? Worin liegen konkret die Unterschiede zwischen ihrer Einstellung und der ihrer Zeitgenossen
gegenüber der neu entstehenden Gesellschaft? Genauer: Was ist das
Gemeinsame an der Hoffnung, die alle verbindet, und was das Divergie-
rende? Wo liegt die Bedeutung dieser Diskrepanz für ihr eigenes
Streben nach Selbstverwirklichung, und wo liegt die Bedeutung ihres
Verhaltens und damit ihrer Person für ihre Umwelt, die Ich-Erzählerin als Zeitgenossin und als Rückblickende, die Autorin, die Leser...?
Wieder wollen wir von den 'Charaktereigenschaften' der Christa T.
und der Einschätzung dieser Gestalt durch ihre Umwelt bzw. durch
die Erinnernde ausgehen, für die dieser 'Charakter' zum Erkenntnismodell wird. Ihr erschließt sich die Bedeutung der Toten erst in ihrer
späteren Reflexion, etwa wenn sie im Blick auf den letzten gemeinsamen Silvesterabend im Freundeskreis (1961/62) über sie sagt: "Diesen
einen Abend lang, (...) soll sie, Christa T., uns das Beispiel abgegeben haben für die unendlichen Möglichkeiten, die noch in uns lagen."
(S. 210 f.) Um Möglichkeiten geht es, die Christa T. für sich erkannt
hat und deren Ahnung sie den anderen vermitteln will. "Das hat sie
gewußt und sich nicht geziert." (S. 211) Worin diese Möglichkeiten
k o n k r e t liegen, wird auch hier nur angedeutet. Wieder wird
hierzu die Kontrastfigur Blasing benutzt: Als er in einem Spiel die
Anwesenden charakterisiert, indem er etwas Bezeichnendes über sie
erzählt, erkennen sie erst ganz am Schluß,

> daß er uns alle in Töpfe gesteckt hatte, die lange bereit-
> standen und sogar schon beschriftet waren, vielleicht ehe
> es uns überhaupt gab. Er, Blasing, hatte nur noch die Deckel
> aufgestülpt, und nun waren wir fix und fertig, wir wußten alles
> über uns, und keiner hatte den mindesten Grund, noch einen Finger
> zu rühren oder einen Schritt zu tun. (S. 212)

Auf solch einer Basis kann es kein Fortschreiten, kein Zu-sich-
selber-Kommen mehr geben. Alles ist schon an seinem Ziel, besser:
an seinem Ende. Folgerichtig führt die Ich-Erzählerin Blasings Gedanken fort: "Keiner hatte noch Grund, am Leben zu bleiben (...)."
(S. 212) Nachdem er gegangen ist, spürt Christa T., daß sie ihm
etwas entgegensetzen muß:

> Daß sie sich vor den Festlegungen scheute. Daß alles,
> was erst einmal "dasteht" - dieses Wort schon! - so schwer
> wieder in Bewegung zu bringen ist, daß man also schon vorher
> versuchen muß, es am Leben zu halten, während es noch ent-
> steht, in einem selbst. Es muß andauernd entstehen, das ist
> es. Man darf und darf es nicht dahin kommen lassen, daß es
> fertig wird. (S. 213)

Setzt man diese Worte in Beziehung zu Blasing, so zeigt sich ein
scharfer Kontrast. Die anderen Abendgäste mögen sich irgendwo zwischen
diesen beiden Extremen befinden. In Christa T. leuchten ihnen ihre
eigenen Möglichkeiten auf. Sie liegen in dem "Reichtum, den sie
erschloß", der "Größe, die ihr erreichbar", der "Nützlichkeit, die
ihr zugänglich war" (S. 172). Wenn sie Phantasie und Gewissen als
Wichtigstes für den Fortbestand der Menschheit erklärt, so ist das,
was sie hier fordert, in ihrer eigenen Person verwirklicht. Sie
selbst, die sich wünscht, der Welt nötig zu sein zu deren Vollkommenheit, hat die Art von Phantasie, die sie Blasing gegenüber fordert. -
Phantasie nicht im oberflächlichen Verständnis als schweifende,
ziellose Einbildungskraft oder als Fähigkeit, der Realität zu ent-
fliehen. Vielmehr "vertrat (sie) unser Recht auf Erfindungen, die
kühn sein sollten, aber niemals fahrlässig" (S. 221).

Wie erklärt sich nun, daß die DDR-Kritik Christa T. ein gebrochenes Verhältnis zur sozialistischen Gesellschaft vorwarf?[1] - Aufschlußreich für dieses Problem ist es, zunächst darauf zu schauen,

---

[1] Vgl. Autorenkollektiv, Parteilichkeit und Volksverbundenheit.
Zu theoretischen Grundfragen unserer Literaturentwicklung, hsg. vom
Institut für Gesellschaftswissenschaften beim ZK der SED, Berlin/DDR,
1972, S. 142 und S. 226 ff.

wie Christa T. n i c h t auf ihre Umwelt reagiert. Ihrer negativen
Erfahrung, nur als eine Nummer und nicht als Mensch behandelt zu
werden[1], begegnet sie nicht durch i n n e r e E m i g r a t i o n:

> Sie hat nicht versucht, sich davonzumachen, womit gerade
> in jenen Jahren so mancher begonnen hat. (...) Sie sah auch,
> wie man anfing, zu entschlüpfen, die bloße Hülle, den Namen
> zurückzulassen. Das hat sie nicht gekonnt. (S. 71)

Doch auch der entgegengesetzte Weg ist nichts für sie:

> (A)uch die Fähigkeit, in einem Rausch zu leben, ist ihr ab-
> gegangen. Die heftigen, sich überschlagenden Worte, die ge-
> schwungenen Fahnen, die überlauten Lieder, die hoch über unseren
> Köpfen im Takt klatschenden Hände. (S. 71)

Indem die Erzählerin durch das "unseren" sich selbst kennzeichnet als
eine, die zu diesen Fahnen-Schwingenden und Hände-Klatschenden dazu-
gehört hat, erkennt sie rückblickend, daß sie und Christa T. damals
voneinander getrennt waren. Sie spricht hier für die damalige "Wir"-
Gruppe ohne Christa T.[2]

---

[1] "Wenn sie ihren Namen aufrufen hörte", fragt sie sich: "Bin
wirklich ich gemeint? Oder sollte es nur mein Name sein, der
gebraucht wird? Zu anderen Namen gezählt, emsig addiert vor
dem Gleichheitszeichen? Und ich könnte ebensogut abwesend sein,
keiner würde es bemerken?" (S. 71)

[2] Der differenzierte Gebrauch der grammatischen Personen macht es
dem Leser schwer, die Stellung Christa T.s zu der damaligen "Wir"-
Gruppe und das Verhältnis der ehemaligen Christa T. und der Erzählerin der Handlungszeit genau zu bestimmen, was deren Hoffnung
und Erwartung angesichts der neuen Gesellschaft betrifft; so etwa
wenn es heißt: "Denn die neue Welt, die wir unantastbar machen
wollten, und sei es dadurch, daß wir uns wie irgendeinen Ziegelstein in ihr Fundament einmauerten - sie gab es wirklich. Es gibt
sie, und nicht nur in unseren Köpfen, und damals fing sie für uns
an. Was aber immer mit ihr geschah oder geschehen wird, es ist
und bleibt unsere Sache." (S. 66) - Aus dem Kontext geht hervor,
daß Christa T. hier zu den "Wir" gehört; allein der Teilsatz "dadurch, daß wir uns wie irgendeinen Ziegelstein in ihr Fundament
einmauerten" gilt eindeutig nicht für sie. Unmerklich wandelt
sich an dieser Stelle die Personengruppe des "Wir", zu der hier
zwar die (damalige) Ich-Erzählerin, nicht aber Christa T. gehört
hat. Denn sie, deren Wesen Aus-Sein-Auf ist, könnte sich nicht zur
Unbeweglichkeit verdammen. Der Wechsel des Tempus im zweiten Satz:

Wie schon gezeigt wurde, ist Christa T. einbezogen in die Hoffnung der "Wir"-Gruppe in der Aufbruchszeit. Die Erzählerin erinnert sich jedoch an eine bezeichnende Situation:

> Das bißchen Ich, sagen wir verächtlich (...). Der alte Adam, mit dem wir fertig sind. Sie schweigt, überlegt, ich weiß jetzt: jahrelang, bis sie endlich (...) ihre Bedenken anmeldet: Ich weiß doch nicht. Da muß ein Mißverständnis sein. (S. 220)

Für Christa T. darf das Ich nicht geopfert und Verlangen nach Selbstfindung nicht als Charakteristikum des 'unerlösten Menschen' abgetan werden, der dies noch nötig hat. Vielmehr geht es im Sozialismus gerade um dieses Ich, denn angesichts der "vernünftigen Klarheit" der sozialistischen Autoren heißt es: "Dies ist der Weg zu uns selber." (Vgl. S. 41)

Das Besondere bei Christa T. ist, daß sie den blinden Glauben, der bei den meisten anderen diese Begeisterung kennzeichnet, nicht teilt. Dies ist ein Glaube, der dazu führt, daß die Betreffenden sich alle Zweifel und Fragen verbieten müssen (vgl. S. 65) und sich mit ihrer Funktion als Schräubchen im Getriebe (vgl. S. 72) abfinden oder diese nicht einmal als solche wahrnehmen. Auch Christa T. ist auf die Zukunft ausgerichtet. Der Unterschied beginnt da, wo die positiven Seiten der gesellschaftlichen Umwandlung, wie sie von den offiziellen Instanzen betrieben wird, ins Negative umschlagen, wo die Zukunft angestrebt wird auf Kosten der Menschen, die an ihr bauen und die sich "wie irgendeinen Ziegelstein in ihr Fundament (das der neuen Welt, C.T.) einmauerten" (S. 66). Der rückblickenden Ich-Erzählerin geht es hier darum, aufzuzeigen - wie Frauke Meyer sagt -, "was geschieht, wenn in einer Gesellschaft, die sich die Ent-

---

"Es gibt sie, (...)" kennzeichnet die in der Erzählergegenwart sprechende Ich-Erzählerin, die hier eine Aussage nicht nur über ihre ehemalige, sondern auch ihre gegenwärtige Überzeugung macht. Ihre ehemalige und ihre gegenwärtige Hoffnung ist das, was sie mit Christa T. verbindet. Der Verzicht auf die eigene Individualität, den damals (absurderweise) die Hoffnung auf die "neue Welt" implizierte, kennzeichnet die Erzählerin - und zwar in der H a n d l u n g s z e i t - als G e g e n p o l zu Christa T.

faltung des Menschen zum Menschen zum Ziel gesetzt hat, Menschen zu Vehikeln der Planerfüllung" gemacht werden.[1]

Um den Zwiespalt zu überwinden, entwirft Christa T. eine Vision, die in der ersehnten Existenz besteht, und identifiziert sich mit dieser Vision. Diese besteht für sie in dem ihr vorenthaltenen Teil ihres Wesens, der außerhalb ihrer selbst liegt und den zu erreichen ihr von den anderen unmöglich gemacht wird.

Es sind vor allem z w e i Grundhaltungen in ihrer Gesellschaft, mit denen Christa T. zusammenstößt und auf die sie reagiert: (a) Für die Menschen der "Wir"-Gruppe (ohne Christa T.) gilt, daß sie die Hoffnung in die Zukunft setzen und bereit sind, sich selbst, die gegenwärtig lebenden Menschen, um dieser Zukunft willen zu verleugnen. Indem sie die Gegenwart dem 'Moloch Zukunft' opfern, machen sie die Entwicklung und Verwirklichung ihres Ziels eigentlich selbst unmöglich. Die Ich-Erzählerin kennzeichnet nachträglich ihr Lebensgefühl, das in der ersten Phase der begeisterten Erwartung auch für Christa T. gegolten hat: "Wir sind es nicht, doch wir werden es sein, wir haben es nicht, doch wir werden es haben, das war unsere Formel." (S. 126) In seinem Kontext gilt dieser Satz jedoch nicht mehr für Christa T., sondern für "uns", die damalige Ich-Erzählerin und die, mit denen sie zusammenlebte und kämpfte. In ihm liegt die optimistische Erwartung und Bereitschaft jener Menschen, mitzuarbeiten am Anbruch dieser Zukunft: "Die Zukunft, die Schönheit und die Vollkommenheit, die sparen wir uns auf, eine Belohnung eines Tages, für unermüdlichen Fleiß. Dann werden wir etwas sein, dann werden wir etwas haben." (S. 126) Gegenüber diesem Hinausschieben der Zukunft klagt Christa T.: "Die Zeit geht schnell, aber an uns vorbei" (S. 90) und erfährt, daß sie so nicht leben kann: "Diese Atemlosigkeit oder diese Un-

---

[1] F. Meyer, Zur Rezeption von Christa Wolfs "Nachdenken über Christa T.", a.a.O., S. 28.

fähigkeit, tief einzuatmen. Als ob ganze Teile der Lungen seit Ewig-
keit nicht mehr mittun. Kann man aber leben, wenn ganze Teile nicht
mittun?" (S. 90)[1] Der Arzt, der diagnostiziert, "Todeswunsch als
Krankheit" (S. 92), merkt nicht, daß es ihr verzweifelter Wunsch nach
Leben ist, der sie krank macht. Christa T. fordert ihre Freundin auf:
"Denk mal nach. Lebst du eigentlich heute, jetzt, in diesem Augenblick? Ganz und gar?" (S. 126)[2] Sie fragt immer wieder unruhig: "Wann
soll man leben, wenn nicht in der Zeit, die einem gegeben ist?"
(S. 90) und: "Wann - wenn nicht jetzt?" (Vgl. S. 89; 90; 108; 127;
235)

Mit dieser Forderung, die Hoffnung hier und jetzt einzulösen,
entspricht Christa T. einem wesentlichen Aspekt der Hoffnungsphilo-
sophie Ernst Blochs[3], der in der ersten Hälfte der fünfziger Jahre

---

[1] Am Ende des 'Geteilten Himmels' dagegen hat die genesende Rita
die Gewißheit: "Daß wir aus dem vollen leben, als gäbe es über-
genug von diesem seltsamen Stoff Leben." (S. 289)

[2] Die Ich-Erzählerin, damals verständnislos, hat in der Zwischenzeit bis zur Reflexionsgegenwart einen Reifungsprozeß erlebt,
so daß sie jetzt sagen kann: "Heute möchte ich ihr die Frage
zurückgeben können. Denn sie hat ja recht gehabt, wenn ich jetzt
darüber nachdenke." (S. 126) Ihr die Frage zurückgeben bedeutet, sie als eigene übernehmen und nun anderen stellen, nämlich:
für die Ich-Erzählerin: den Lesern ihres "Berichts"; für die
Autorin: den Lesern ihres Buchs.

[3] Ernst Bloch lehrte zur Zeit des Studiums Christa Wolfs und der
'historischen' Christa T. in Leipzig Philosophie, darf also in
eigenartiger Einheit von realer und fiktiver Ebene auch für die
Leipziger Studienzeit der fiktiven Christa T. und der fiktiven
Ich-Erzählerin 'vorausgesetzt' werden. 1954-1959 erschienen in
der DDR die ersten 3 Teile seines Hauptwerks 'Das Prinzip Hoffnung' (= Bd. 1; geschrieben wurde dieses Werk schon in den Jahren 1938-1947 im Exil). Sein Einfluß auf Christa Wolf dürfte
allerdings erst wesentlich später eingesetzt haben. Seine Philosophie beeinflußte in den damaligen Universitätskreisen u.a.
Günter Zehm, Wolfgang Harich, Leszek Kolakowski, Gerhard Zwerenz.
Die Bewegung in diesem Leipziger Schülerkreis rief rigide Maß-
nahmen der Regierenden hervor, so Zuchthausstrafen für viele seiner Anhänger und für ihn selbst die Zwangsemeritierung (1957).
In einem Schreiben der SED-Leitung der Leipziger Universität wurde
ihm der Vorwurf der "Verführung der Jugend" gemacht.

auf die Studentengeneration in der DDR großen Einfluß ausübte. Bloch
formuliert diesen Anspruch, den Christa Wolf hier durch die Figur der
Christa T. stellt, als "Wille (...), wahrhaft gegenwärtig zu sein"[1]:

> So daß der gelebte Augenblick uns und wir ihm gehören
> und "Verweile doch" zu ihm gesagt werden könnte. Der
> Mensch will endlich als er selber in das Jetzt und Hier,
> will ohne Aufschub und Ferne in sein volles Leben.
> Der echte utopische Wille ist durchaus kein unendliches
> Streben, vielmehr: er will das bloß Unmittelbare und
> derart so Unbesessene des Sich-Befindens und Da-Seins als
> endlich vermittelt, erhellt und erfüllt, als glücklich-
> adäquat erfüllt.[2]

Das Ziel dieser "Intentionen" ist "Identität".[3] In diesem Sinn kann
Christa T. ihre Forderung nach der Einlösung des Versprechens der
sozialistischen Gesellschaft nicht vertagen,[4] sondern sie fordert
die "Menschwerdung des Menschen"[5] hier und jetzt. Für ihr Wesen bestimmend ist nicht nur die Unruhe, sondern auch das Einklagen der
Gegenwart: "Obwohl zum Innehalten die Zeit nicht ist, <u>wird einmal
keine Zeit mehr sein,</u> wenn man jetzt nicht innehält. Lebst du jetzt,
wirklich? In diesem Augenblick, ganz und gar?" (S. 127)

Die I c h - E r z ä h l e r i n erreicht diese Stufe der Einsicht und damit der nachträglichen Selbstkritik erst rückblickend,
"heute" von Christa T. lernend:

---

[1] Prinzip Hoffnung, Bd. 1, S. 15.

[2] Ebd., S. 15.

[3] Ebd., S. 15. ("Identität": im Original gesperrt).

[4] Ähnlich schreibt Wolf in der Traumerzählung 'Unter den Linden'
(1969): "Ich kann die Liebe nicht vertagen. Nicht um ein neues
Jahrhundert. Nicht auf das nächste Jahr. Um keinen einzigen Tag."
(In: Unter den Linden. Drei unwahrscheinliche Geschichten, S. 5-60,
dort S. 57). Auch hier geht es nicht allein um eine zwischenmensch-
liche Beziehung, sondern um die Dimension voll gelebten Lebens.

[5] Wolf, Menschen und Werk (Rez. von: Rudolf Fischer:'Martin Hoop IV'),
in: NDL 1955, H. 11, S. 143-149, dort S. 144.

Da aber die Zukunft immer vor uns hergeschoben wurde,
da wir sahen, sie ist nichts weiter als die Verlängerung
der Zeit, die mit uns vergeht, und erreichen kann man sie
nicht - da mußte eines Tages die Frage entstehen: "W i e
werden wir sein? W a s werden wir haben?"(S. 126 f.)[1]

Nun übernimmt sie Christa T.s Frage nach dem erfüllten Leben und
stellt sie dem Leser ihres Berichts, und Christa Wolf stellt sie ihrem
Leser in seiner konkreten historischen Situation. Dessen Antwort auf
die Frage, ob er ganz im Augenblick lebe, wird abhängen von vielen
Faktoren und in jedem historischen und gesellschaftlichen Kontext
anders lauten.

(b) Auf der einen Seite protestiert Christa T. also gegen den Verzicht ihrer Zeitgenossen auf die Einlösung der Zukunft, des, wie Bloch
sagt, "Noch-Nicht-Gewordenen"[2], da ihrer Meinung nach die Gegenwart
verfehlt, wer die Zukunft als Alibi benutzt. Auf der anderen Seite
setzt sie sich aber auch ab von denen, die meinen, das Ziel sei schon
erreicht. Zu diesen gehört auch der Schulleiter aus dem Nachbardorf,
dessen Lieblingswort "vollständig" ist (vgl. S. 50;79;116). In folgendem Gespräch wird Christa T.s Haltung im Kontrast zu ihrem Gegenüber deutlich: Er sagt: "Wenn der Schulrat redet zum Beispiel. Sie
lachen nie. (...) Aber ich sehe: Sie zweifeln." Sie antwortet: "Nicht
immer, (...). Ich vergleiche. Ich vergleiche die Rede des Schulrats
mit meiner Schule." Er entgegnet heftig: "Sehen Sie, (...). Und ich
vergleiche seine Rede mit meinem Traum von meiner Schule." (S. 51)
- Sie mißt hier die g e g e n w ä r t i g e unvollkommene Wirklichkeit an den Worten des Schulrats, dessen politische Perspektive eine
Uminterpretation der Gegenwart - statt wirklicher Änderung oder klarer
Erkenntnis des Wirklichen - rechtfertigt. Die Hoffnungen ihres Ge-
sprächspartners hingegen sind mit der ideologischen Uminterpretation
der Fakten durch den Schulrat vereinbar: Er vergleicht die von ihm
erträumte und e r w a r t e t e Wirklichkeit mit jener Rede, so daß

---

[1] Entgegen anderslautenden Interpretationen glaube ich nicht, daß
dies eine Erkenntnis in der Handlungszeit ist als Ausdruck der
Ernüchterung schon damals; ebenso wie ich das von der Erzählerin
übernommene "Wann, wenn nicht jetzt?" nicht als Ausdruck verlorener
Illusionen, sondern als Bekundung drängender Hoffnung verstehe.

[2] Bloch, Prinzip Hoffnung, Bd. 1, S. 12.

sich für ihn die Diskrepanz, an der Christa T. leidet, n i c h t
ergibt, die nämlich zwischen Realität und Traum.[1]

Wie sie sich das Recht nimmt, sich nicht mit Vorläufigem als
dem Endgültigen zufriedenzugeben, zeigt auch folgender Wortwechsel
mit dem Kollegen: "Vollständig ist Ihr Lieblingswort?" fragt Christa
T., worauf er antwortet: "Ich hab' schon gemerkt: Es gefällt Ihnen
nicht, wenn etwas vollständig richtig oder vollständig in Ordnung
ist. Da irren Sie, sagt sie ernsthaft. Wie es mir gefallen würde,
wenn ich es irgendwo anträfe!" (S. 50 f.) - Gerade weil sie Vollkommenheit verlangt, kann sie sich nicht begnügen.

Christa T. zeichnet sich dadurch aus, daß sie durch die Ausrichtung auf die Zukunft und die erhoffte Erfüllung z u g l e i c h
ganz realitätsbezogen ist, viel realitätsbezogener als die, die
die Augen vor der Wirklichkeit verschließen und sich am Ziel glauben: "Sie hielt viel auf Wirklichkeit, darum liebte sie die Zeit
der wirklichen Veränderungen." (S. 221) Veränderung - als Wirklichkeit und Möglichkeit - ist für Christa T. ein wesentlicher, d e r
wesentliche Aspekt der Realität. Der Roman bewertet diese Haltung
als die eigentlich realistische.

Das Beängstigende an der faktischen Situation liegt für Christa T.
nicht darin, daß ihre Gesellschaft ihr Ziel, die humane kommunisti-
sche Menschengemeinschaft, noch nicht erreicht hat, also noch unterwegs ist und noch unvollkommen, sondern darin, daß sie die Gefahr
in sich birgt, das Vermächtnis der Initiatoren der sozialistischen
Idee zu veruntreuen, nach und nach also ihre eigenen Ziele aufzu-
geben, indem sie sie für erreicht erklärt. Dieser Euphorie, die in
jener Epoche in so gut wie allen offiziellen Verlautbarungen in der
DDR der Tenor war und die sich im Roman widerspiegelt, diesem Optimismus, "wo sich nur gut und besser gegenüberstehen" (der DDR-Autor

---

[1] Zu diesem "Zwiespalt zwischen Traum und Wirklichkeit"
vgl. Bloch, Prinzip Hoffnung, Bd. 1, S. 9.

Manfred Streubel), muß Christa T. sich widersetzen gerade um des
noch ausstehenden Zieles willen. An ihr muß dem Leser deutlich werden, daß von der proklamierten "harmonischen sozialistischen Menschengemeinschaft" - in der Zeit der Handlungsgegenwart im Roman -
noch lange keine Rede sein kann. Er wird aufgefordert zu prüfen, wie
es damit in der Erzählergegenwart der Ich-Erzählerin und der Autorin
steht und wie in seiner eigenen historischen Situation.

Für die rückblickende Freundin gibt es über die Loyalität
der Christa T. keinen Zweifel: "Unter den Tauschangeboten ist keines,
nach dem auch nur den Kopf zu drehen sich lohnen würde ... " (S. 66)
Aus dieser eindeutigen Haltung folgt, daß Christa T. bereit ist,
ihr Bestes zu tun, diese Gesellschaft ihrem angestrebten Ziel näher-
zubringen: ʿWir müssen schon einiges dazu tun, um alle lebenswert
zu leben. Man muß bereit sein, eine gewisse Verantwortung zu übernehmen. (S. 66) Notwendig hierfür sind Phantasie und Erfindungs-
geist, "(w)eil nicht Wirklichkeit wird, was man nicht vorher gedacht hat" (S. 221). Die rückblickende Erzählerin kann bezeugen:
"Sie hat, jetzt spreche ich von Christa T., nichts inniger herbeige-
wünscht als unsere Welt, und sie hat genau die Art Phantasie gehabt,
die man braucht, sie wirklich zu erfassen (...)." (S. 66)[1]

---

[1] Die an dieser Stelle benutzten Stilmittel sind wieder sehr aufschlußreich für das Identitätsproblem. Die zitierte Stelle lautet
weiter: "(...) - denn was man auch sagen mag, mir graut vor der
neuen Welt der Phantasielosen. Der Tatsachenmenschen. Der Hopp-
Hopp-Menschen, so hat sie sie genannt." (S. 66) - Der Perspektivewechsel, ermöglicht durch den Wechsel der Zeitebenen, ermöglicht
der Autorin hier eine sehr differenzierte Aussage über das Verhältnis Ich-Erzählerin - Christa T.: Sieht man den zitierten Absatz als eine Einheit an, so erkennt man, daß in diesen Sätzen
das Subjekt wechselt: ausgehend von Christa T. ("sie") zu "man",
"mir" (Christa T., Ich-Erzählerin), "sie" (Christa T.). Spricht
zunächst die Ich-Erzählerin, und zwar nur von Christa T., so umschließt das "Man" auch sie selbst. In "mir graut vor der neuen
Welt der Phantasielosen" ist, wie das folgende "so hat sie sie
genannt" zeigt, Christa T. das sprechende Subjekt. Das Stilmittel

Wenn Christa T. "unzeitgemäß" genannt wird (S. 79) und ihre
Zeitgenossen diese Charakterisierung im Sinne von "altmodisch"
meinen, haben sie damit gerade unrecht. Dagegen trifft diese Kennzeichnung zu in dem Sinn, daß sie mit ihrem "antizipierenden
Bewußtsein"[1] ihrer Zeit voraus ist, daß sie mit ihrer Person Zukunft präsent macht, das Sein-im-Werden verkörpert. Gerade hierin
liegt ihre "tiefe(...) Übereinstimmung mit dieser Zeit" (S. 91),
von der sie trotz aller entgegengesetzter Erfahrungen und auch
aller Selbstzweifel überzeugt ist. Christa Wolf vereinigt nämlich
alle Kennzeichen des "neuen Menschen", der die "neue(...) Welt"
(S. 66), "unsere Welt" (S. 66) bestimmen wird, in der Gestalt der
Christa T.: Verantwortungsgefühl, Gewissen, Phantasie, Neugier,
Aufrichtigkeit, Hunger nach Wahrheit und Gerechtigkeit, Unruhe,
Spontaneität, Unternehmungsgeist, Kompromißlosigkeit. Hiermit verkörpert Christa T. den 'Menschen der Zukunft', der ein prinzipiell
g e s e l l s c h a f t l i c h e s Wesen ist und dessen Eigenschaften sich damit auch gesellschaftlich definieren. Die Tatsache,
daß es gerade diese Eigenschaften sind, die für Christa T. immer
wieder zu Ursachen für ihre Konflikte mit der Realität werden,
zeigt, wie weit die meisten anderen Menschen hinter ihr zurückgeblieben sind.

---

der 'Schwebenden Aussage' ist es, das einerseits zu dieser Lesart
führt, das aber andererseits auch möglich macht, das "mir graut
vor der neuen Welt der Phantasielosen" als Aussage der Ich-Erzählerin
zu verstehen, die ja unmittelbar vorher die Sprechende ist, - der
Ich-Erzählerin allerdings in der Reflexionszeit, die sich hiermit
als Erinnernde - also in der G e g e n w a r t - jenem Gedanken
Christa T.s, der in die V e r g a n g e n h e i t gehört, anschließt. Für die d a m a l i g e Ich-Erzählerin dagegen traf
diese Aussage n i c h t zu. Die r ü c k b l i c k e n d e Ich-
Erzählerin identifiziert sich demnach hier mit der e h e m a l i-
g e n Christa T. der Handlungszeit, und zwar unter Ausschluß
der eigenen Person, wie sie damals in der Handlungszeit bestimmt
war. Damit macht sie die tote Christa T. in ihrer Gegenwart präsent,
und zwar als eine, die die Zukunft verkörpert. Damit geht gewissermaßen Christa T. als L e b e n d i g e in die erinnernde Ich-Erzählerin ein, verwandelt diese, indem sie auch sie lebendig macht,
und führt zur 'Identität' der beiden als Lebendige.

[1] Bloch, Prinzip Hoffnung, Bd. 1, S. 10.

Gerade diese Eigenschaften sind es, die zu der Erfahrung der
Diskrepanz zwischen Ideal und gesellschaftlicher Wirklichkeit führen.
Denjenigen, denen diese Eigenschaften des 'Menschen der Zukunft'
fehlen, ist auch die Erfahrung dieser Diskrepanz nicht zugänglich.
Christa T. wiederum wird durch diese Erfahrung dazu geführt, diesen
Widerspruch voranzutreiben im bewußten und überzeugten Engagement
für die neue sozialistische Gesellschaft: im Studium, im Beruf als
Pädagogin, als Ehefrau und Mutter und Mitarbeiterin ihres Mannes
und auch durch ihre schriftstellerischen Versuche. Sie lebt in der
Hoffnung, auf der Basis des Erreichten, der grundsätzlichen Abkehr
ihres Staates von der faschistischen Vergangenheit und der kapitalistischen Alternative, ihren Beitrag dazu zu leisten, diese Gesellschaft weiter zu verändern, um die Kennzeichen der alten Gesellschaft, die sie immer noch erleben muß, zu überwinden.

Sie selbst stellt in ihrer Person diese Veränderung dar, denn
sie verkörpert selbst den Gedanken, den die Erzählerin in ihren Aufzeichnungen findet: "Die große Hoffnung oder über die Schwierigkeit, 'ich' zu sagen." (S. 214) Diese Sehnsucht ist identisch mit
ihrem Wunsch, zu sich selbst zu kommen, da sie weiß, daß der
Mensch das ist, "was erst noch gefunden werden muß".[1] Dieser 'lange,
nicht enden wollende Weg zu sich selbst' (S. 222) ist die andere
Seite ihres Verlangens nach dem Konkretwerden der gesellschaftlichen
Utopie. Gerade ihr ausgeprägtes Bewußtsein und Erleben des Noch-
nicht-Gewordenen in der G e s e l l s c h a f t hindert sie,
sich als I n d i v i d u u m selbst zu verwirklichen. Hier stimmt
ihre Erfahrung wieder mit der Blochs überein, in deren Formulierung
der Wechsel vom "Ich" zum "Wir" konstitutiv ist: "Ich bin. Aber
ich habe mich nicht. Darum werden wir erst."[2]

Christa T.s realitätsbezogener Traum vom "neuen Menschen" und
der "neuen Welt", ihr - wie Bloch dies nennt - "Träumen nach vor-

---

[1] Ernst Bloch, Spuren, Ffm., 1969 (zuerst 1930), S. 32.

[2] Tübinger Einleitung in die Philosophie I, Ffm., 1973 (8. Aufl.;
zuerst 1963), S. 11. Vgl. auch: ders., Grundfragen I, S. 15.

wärts"[1], erahnt eine Zukunft, die das Tatsächliche übersteigt.[2]
Die Erfüllung dieser Sehnsucht ist gebunden an die Erfüllung des
utopischen Anspruchs, den ihre Gesellschaft sich zwar stellt,
den sie aber neutralisiert, indem sie ihn entweder immer weiter
vor sich herschiebt o d e r aber für erreicht erklärt. Christa
T.s Forderung, daß der Sozialismus j e t z t verwirklicht werden muß, ist das, was in ihrem eigenen 'Charakter' präsent ist.[3]
Sie stirbt in der Zeit, da sich die erste Aufbauphase des Sozialismus dem Ende zuneigt und wo damit das Noch-Ausstehende von
den meisten nicht mehr als solches erfahren und verstanden wird.

Erinnerung wird für die Erzählerin wie für Christa Wolf "Neuerschaffung der Vergangenheit"[4]. Diese Neuschaffung ist für die
Autorin, wie sie in ihrem Aufsatz über Vera Inber ausführt,
"nur (möglich) genau in jenem vergänglichen Moment, da die undurch-
sichtige Gegenwart so weit zurückgetreten ist, um durchsichtig, dem
Erzähler verfügbar zu sein; aber noch nah genug, daß man nicht
damit 'fertig' ist".[5] Christa Wolf will diesen Augenblick ergreifen und durch die Erzählerin ihre eigene erkannte Aufgabe angesichts der toten 'Christa T.' erfüllen - unabhängig davon, wieweit
die Romanfigur einer historischen Person entspricht. Neuschaffung
der Vergangenheit heißt auch für Christa Wolf, schreibend Christa T.
nicht tot sein zu lassen, sondern sie "hervorzubringen" (S. 235).
Die konkrete gesellschaftliche Wirklichkeit ist die Diskrepanz, an
der Christa T. sterben mußte. Sie 'hervorbringen' heißt, die in

---

[1] Prinzip Hoffnung, Bd. 1, S. 4 und S. 9 u.ö.

[2] Im 'Geteilten Himmel' hieß es noch: "Man kann ein reales Leben nicht auf Zukunftshoffnung bauen." (Ebd., S. 167)

[3] Dazu vgl. oben B. I., bsd. 4.

[4] Wolf, Der Sinn einer neuen Sache, a.a.O., S. 57.

[5] Ebd., S. 57.

ihrem Charakter präsente Aufhebung der Widersprüche ('Weg als Ziel',
'Schon-und-Noch-Nicht', 'Sein-im-Werden') in die soziale Realität
zu überführen; heißt, die dialektische Präsenz des Sozialismus, die
sie verkörpert, zu verwirklichen durch aktive Veränderung der Gesellschaft. 'Nachdenken über Christa T.' wird für die Autorin zu
einem Beitrag, die durch Christa T. vorgelebte Hoffnung einzulösen.[1]
Sie übernimmt deren Frage und Forderung "Wann, wenn nicht jetzt?"
für sich und gibt sie ihren Lesern weiter. Diese Frage ist gerichtet auf die Reklamierung der Lebensmöglichkeit des e i n z e l n e n
im Augenblick und zugleich - die Kehrseite derselben Sache - auf
die Einlösung der sozialistischen Option im Sinne der g e s e l l -
s c h a f t l i c h e n Umwälzung.

Christa Wolf weiß mit Bloch, daß "man (...) das stärkste Fernrohr,
das des geschliffenen utopischen Bewußtseins (braucht), um gerade
die nächste Nähe zu durchdringen"[2]. Sie will gerade dieses Bewußtsein
bzw. diese Fähigkeit ihren Lesern vermitteln, damit auch sie 'Christa
T.' 'sehen können' als Modell für das Sein-im-Werden, das Schon- und-
Noch-Nicht der erhofften Wirklichkeit. Christa Wolf gestaltet Christa
T. als Verkörperung ihres Hoffnungsgedankens, denn: "Was sollten
wir nötiger brauchen als die Hoffnung, daß wir sein können, wie wir es
uns insgeheim wünschen - wenn wir nur wirklich wollten?"[3] Gerade
deshalb 'brauchen wir' (Erzählerin, Autorin, Leser, und zwar einzelner und gesellschaftlicher Rezipient) sie. Deshalb betont die Erzählerin: "Ich hätte sie leben lassen." (S. 222)

Auf dem Hintergrund dieser Interpretation erscheinen Erklärungen
des Ichs des 'Selbstinterviews', mit denen wir uns eingangs schon
einmal beschäftigten, in ganz neuem Licht: Wenn es dort hieß: "Ich

---

1 Dies trifft sich wieder mit der Aussage Blochs: "Das utopische
  Bewußtsein will weit hinaussehen, aber lezthin doch nur dazu,
  um das ganz nahe Dunkel des gerade gelebten Augenblicks zu durchdringen, worin alles Seiende so treibt wie sich verborgen ist."
  (Prinzip Hoffnung, Bd. 1, S. 11)

2 Ebd., S. 11.

3 Wolf, Bei Anna Seghers (1970), in: Lesen und Schreiben, S. 112-118,
  dort S. 118.

wollte dem Bild gerecht werden, das ich mir von ihr, Christa T.,
gemacht hatte"[1], so tritt jetzt der schöpferische Beitrag, den
die Schreibende hierbei leistet, hervor. Jetzt erklären sich ihre
'Erfindungen', die phantasierten und wieder zurückgenommenen
Episoden, auf deren 'Tatsächlichkeit' es nicht ankommt; jetzt ist
es nicht mehr wichtig, ob dieses "Bild" und wieweit es der historischen
Faktizität entspricht. So folgert das sprechende Ich auch unmittelbar darauf: "Das hat sie und das Ich, um das ich nicht umhingekommen bin, verwandelt."[2] Die Beziehung der Zurückgebliebenen zu der
Toten ist also nicht zu Ende, beginnt vielmehr nach deren Tod erst
richtig, wird erst jetzt produktiv. Das Unabgegoltene im Leben
und in der Persönlichkeit Christa T.s kann sich erst jetzt zur Geltung bringen. Dies meint die Erzählerin, wenn sie sagt: "Da ist ihre
Zeit aufgebraucht, und nur unsere ist noch übrig." (S. 177)
Sie kann und muß den Prozeß des Lebens Christa T.s weiterführen;
der Tod jener geht in die Erfahrung dieser ein. Aussagen über Christa
T. werden jetzt zu Aussagen der Rückblickenden über sich selbst:
Was Christa T. in ihrem 'wirklichen' Leben nicht gelingt, gelingt
ihr in einem anderen, nämlich dem der Erinnernden, die sich mit
Christa T. identifiziert, sie in ihrer eigenen Person 'weiterleben'
läßt, indem sie an der Einlösung von Christa T.s Hoffnung arbeitet
- durch ihr verändertes und veränderndes Handeln und nicht zuletzt
durch ihr Schreiben, durch das sie Christa T. den gegenwärtigen und
den zukünftigen Menschen vermittelt - und damit selbst zur Verkörperung der Aussage Blochs wird, daß "begriffene Hoffnung (...) den
Begriff eines Prinzips in der Welt (erhellt), der diese nicht mehr
verläßt "[3]. Der auf die Gestalt der Christa T. festgelegte Rahmen
der individuellen Existenz ist also zugleich eine Begrenzung, die

---

[1] Selbstinterview, a.a.O., S. 77.

[2] Ebd., S. 77.

[3] Prinzip Hoffnung, Bd. 1, S. 5 ("begriffene Hoffnung": im Original gesperrt).

die Ich-Erzählerin überwinden kann, mittels der in die Z u k u n f t
gerichteten Perspektive nämlich, in die sie durch die rückwärtsge-
richtete E r i n n e r u n g hineingezogen wird. In der Gegenwart
des Schreibens über die Verstorbene wird die Erinnerung wach an
Möglichkeiten, die noch nicht realisiert sind und darauf drängen,
realisiert zu werden. Die Hoffnung, die trotz allem der tragende
Faktor in Christa T.s Leben war - weit mehr als im Leben der Ich-
Erzählerin und der anderen Zeitgenossen - überträgt sich auf die
Nachdenkende und wird in ihr produktiv. Das Verschwimmen der Personengrenzen in der sprachlichen Gestaltung hat hier seine Funktion.
Wenn offenbleibt, von wem die Worte "Schreiben ist groß machen"
(S. 221 u.ö.) und "Wann, wenn nicht jetzt?" (S. 127 u.ö.) stammen,
so läßt das Undeutlich-Werden der Identität der Sprechenden im Roman
auch die Identität dieser beiden Gestalten in der Vorstellung der
Leser verschwimmen. Christa T. geht sozusagen in die Ich-Erzählerin
ein, die trotz aller Zweifel an dem Gelingen des Unternehmens in
ihrem Bericht den Versuch macht, das Uneingelöste in der Gestalt
der Christa T. zur Wirkung zu bringen, "daß sie sich zu erkennen
gibt" (S. 9). Ihr Nachdenken wird also angesichts des Hoffnungs-
potentials, das Christa T. verkörpert, zur Erkenntnis über "im Vergangenen Noch-Nicht-Gewordenes, das eben, weil es noch werden will,
in Gegenwart hineinreicht und auf Künftiges vorweist"[1]. "Jetzt"
in der Erinnerungszeit bringt die Erzählerin sie hervor in dem
Sinn, daß sie das, was Christa T. verkörpert hat, ohne es realisieren zu können, ihre Wirklichkeitsbezogenheit und ihr Wünschen,
selbst übernimmt. "Jetzt tritt sie hervor" (S. 221), indem die Erzählerin in der Erinnerungszeit selbst auf Veränderungen drängt und
hofft, daß die wirkliche Umwälzung der Gesellschaft eingelöst wird,
damit die Menschen ihrer Zeit ganz und gar - wie Christa T., die

---

[1] Andreas Huyssen, Auf den Spuren Ernst Blochs. Nachdenken über
Christa Wolf, in: Basis. Jahrbuch für deutsche Gegenwartsliteratur
Bd. 5 (1975), hsg. R. Grimm und J. Hermand, Ffm., 1975, S. 100-116,
dort S. 108.

den Menschen der Zukunft verkörperte - im Augenblick leben können. Individuelle Selbstverwirklichung, so sagt das Werk, ist nur möglich in der Übereinstimmung mit der Gesellschaft, und zwar wenn diese eine sozialistische sein wird. Das Noch-Nicht, das für Christa T. gegolten und sie - äußerlich betrachtet - an der Möglichkeit, "ich" zu sagen, gehindert hat, verwandelt sich in das "Jetzt", wenn der Sozialismus 'hervortritt'.

Die Tatsache, daß das "J e t z t tritt sie hervor" (S. 221) in Spannung steht zu dem "E i n m a l wird man wissen wollen, wer sie war" (S. 235. Hervorhebungen beide von mir.), weist darauf, daß das "Jetzt" nie ein Endzustand, ein 'Ziel' sein wird, so wie Christa Wolf überzeugt ist, daß die "Visionen", die jemand von seinem Leben hat, "nicht dazu da (sind), vollständig verwirklicht zu werden, sondern dazu, immer Stachel zu bleiben, uns immer weiterzuführen"[1].

Die K r i t i k an der Gesellschaft, für die Christa T. im Augenblick noch unsichtbar bleibt, das heißt, für die sich die nach außen erscheinenden Widersprüche ihrer Person noch nicht lösen, geht über in eine E r m u t i g u n g der Gesellschaft, ihren eigenen sozialistischen Anspruch einzulösen und ihrerseits 'zu sich selbst zu kommen'. Eine Gesellschaft wird gefordert, die fragt, 'was der Mensch braucht' (vgl. S. 53), in der "Gewissen" und "Phantasie" (S. 219), "Macht und Güte" (S. 132) zugleich herrschen. Eine wirklich sozialistische Gesellschaft wird reklamiert, wie sie die jungen Studenten der Zeit des revolutionären Aufbruchs erhofft und an deren Realisierung sie geglaubt haben; die Verwirklichung einer Utopie, die jedoch nie ein Endpunkt ist, denn "(u)nsere Erfahrung", so Christa Wolf,"hat uns gelehrt, daß hinter jedem Ziel neue Anforderungen auftauchen"[2]. Dies ist eine Welt, in der jeder seine schöpferischen Möglichkeiten entfalten, sich selbst verwirklichen und "ich" sagen kann und in der es unproduktive Spannungen zwischen

---

1 Ein Besuch (1969), in: Lesen und Schreiben, S. 149-180, dort S. 162.
2 Eine Rede, a.a.O., S. 22.

dem einzelnen und der Gesellschaft nicht mehr gibt; eine "Assozia-
tion", wie K. Marx sagt, "worin die freie Entwicklung eines jeden
die Bedingung für die freie Entwicklung aller ist"[1].

*basis
of
ss
but
varies.*

---

[1] K. Marx in einer Definition von "Kommunismus", in: Manifest
der kommunistischen Partei (1848), in: K. Marx, Die Frühschriften,
S. 525-560, dort S. 548.

VII. Konsequenzen

1. Gescheitertes oder erfülltes Leben?

Der Leser sieht sich ununterbrochen mit der Frage konfrontiert, warum Christa T.s "Versuch, man selbst zu sein" (S. 7), immer wieder zum Scheitern verurteilt ist. Die Frage erhebt sich: Ist ihr Leben als ein erfülltes oder ein gescheitertes zu betrachten? Oberflächlich gesehen bietet der Roman keine eindeutige Antwort. Sie muß gesucht werden über eine Analyse der Widersprüchlichkeit und Zweideutigkeit ihres 'C h a r a k t e r s':

1. Christa T. ist gleichzeitig ganz für sich und ganz für die Gesellschaft da: Indem sie ganz für sich da ist, ist sie ganz für die Gesellschaft da, weil sie für sich das repräsentiert, was auch für die Gesellschaft bedeutsam ist, das Aus-Sein des Menschen auf immer Neues.

2. Christa T. ist ganz in der Handlungsgegenwart und ganz in der Reflexionsgegenwart da: Die Ich-Erzählerin hat einerseits mit der - auf der fiktiven Ebene 'realen' - Christa T. damals zusammengelebt, andererseits wird diese erst "jetzt" ganz präsent für die Zurückgebliebene. Indem ihr erst jetzt klar wird, was die verschiedenen Episoden von damals zu bedeuten haben, nimmt sie Christa T. in sich auf im Akt des Erzählens, 'bringt sie hervor' (S. 235). Dadurch wird sie, indem sie Christa T. für sich ganz präsent macht, mit ihr identisch. Dies ist die Funktion des Verschwimmens der Personengrenzen.

3. Christa T. hat eine "Vision von sich selbst" (S. 148). Die Frage, ob ihr Leben unter dem Vorzeichen dieser Vision ein gescheitertes oder ein erfülltes ist, ist nur zu beantworten, wenn gesehen wird, daß ihr Leben ganz bestimmt wird von der immanenten Dialektik der Selbstverwirklichung. Diese Dialektik läßt sich folgendermaßen beschreiben:

a) Die Erfüllung steht immer noch aus; also kann jeder Augenblick
ihres Lebens als 'gescheitert' betrachtet werden. Ihre Selbst-
findungsversuche im Beruf, in ihrer Ehe, im Schreiben bleiben ohne
Erfolg. Von den anderen fühlt sie sich nicht verstanden. Sie schei-
tert angesichts bestimmter verfestigter Umstände, leidet an Erlebnissen von Grausamkeit, am noch ausstehenden Sozialismus.

- Aber schon diese D a r s t e l l u n g ihres Gescheitertseins
hat einen positiven Aspekt: Ihr r e a l e s Scheitern, ihr Tod
verweist auf das Noch-Nicht, und dadurch wird ihre Unerfülltheit zum
Motor der Entwicklung. Indem sie das bisherige 'Gescheitertsein'
des Sozialismus präsent macht, zwingt sie die Menschen, die in der
Handlungszeit mit ihr zusammenleben, zur Auseinandersetzung. Durch
die Besiegelung ihres Gescheitertseins, ihren Tod, der auf die Unerfülltheit der sozialistischen Hoffnung hinweist, zwingt sie dann
die Ich-Erzählerin zur ideologischen Bewältigung, aber auch zur
praktischen: Das Scheitern durch den Tod provoziert die Ich-Erzählerin zur Konstituierung der Erzählung, aber auch dazu, ihre Praxis
zu verändern. In der Darstellung des Scheiterns durch die Erzählerin wird an Hand des Erfahrungsmodells 'Christa T.' die Tatsache
vergegenwärtigt, daß die Erfüllung noch aussteht. Insofern erscheint
sie als ein "unerfülltes Versprechen" (S. 22).

Wie die Ich-Erzählerin, provoziert durch das 'Gescheitertsein'
der Christa T., veranlaßt wurde, selbst zu provozieren, so auch die
Autorin. Deshalb ist das Präsentsein des 'Scheiterns' der Christa
T. im Roman ein Movens für die gesellschaftliche Entwicklung in der
DDR.

b) Das Leben i s t Aus-Sein-Auf: In diesem Sinn ist, gerade insofern das Noch-Nicht der Utopie in Christa T. präsent ist, ihr Leben
erfüllt. Dieses Präsentmachen des Zukünftigen ist es ja, was Christa
T. gelingt. Da ihr Unterwegs-Sein ihre Existenz ist, ist sie,
o b w o h l sie nie am Ziel ist, in diesem Unterwegs-Sein "ganz da"
(S. 221). In diesem Sinn spricht Christa Wolf von den "Spannungen,

Widersprüchen und unerhörten Anstrengungen des Menschen, über sich
selbst h i n a u s z u w a c h s e n oder, vielleicht: sich zu
e r r e i c h e n"[1]. Da Christa T. sich verwirklicht im Aus-Sein-Auf,
ist ihr Leben erfüllt. Die Übertragung dieses Modells auf den Sozialismus lautet: Sozialismus ist ansatzhaft schon erfüllt, wenn er noch
unterwegs ist. Dies ist auch die Ansicht von Karl Marx, wenn er
schreibt, daß "(d)er Kommunismus (...) für uns nicht ein Z u s t a n d
(ist), der hergestellt werden soll, ein I d e a l, wonach die Wirklichkeit sich zu richten habe. Wir nennen Kommunismus die w i r k-
l i c h e Bewegung, welche den jetzigen Zustand aufhebt."[2] Das
Aus-Sein-Auf Christa T.s ist der Aspekt ihres Nicht-Gescheitertseins.
Diesen Aspekt stellt sie vollendet dar: "Jetzt tritt sie hervor,
gelassen auch vor der Nichterfüllung, denn sie hatte die Kraft, zu
sagen: Noch nicht." (S. 221)

Für sich selbst ist Christa T., die "zu früh geboren (ist)"
(S. 231), gescheitert, denn für sie selbst muß dieser Tod, mit dem
sie ihr Scheitern besiegelt, sinnlos bleiben. Erst für andere wird
er sinnvoll, das heißt interpretierbar. Für die Ich-Erzählerin bekommt er einen Sinn, insofern diese durch ihn in höchstem Maße auf
den Weg gebracht wird. Er bringt sie in Bewegung, aber nur um den
Preis, daß sie die Dynamik der Dialektik von Christa T.s 'Charakter'
in ihre Zeitebene hineinnimmt und im Schreibakt an ihre Leser weitergibt. Ihr Leben wird sinnvoll, indem sie für sich Christa T.
präsent macht. Deshalb ist ihr Schreiben s i n n g e b e n d e s
Schreiben.

Aber auch für sie ist diese Bewegung nicht abschließbar, sondern
setzt sich weiter fort, wird zum Lösungsmodell für Christa Wolf.
Doch der Sinn ist in keiner Instanz abgeschlossen, sondern im

---

[1] Lesen und Schreiben, a.a.O., S. 185. Hervorhebung von mir.
[2] In: Die Deutsche Ideologie (1845/46), in: K. Marx, Die Frühschriften, S. 339-417, dort S. 361.

sinngebenden Schreiben der Autorin wird w i e d e r dieser
Vorgang dargestellt und an den Leser weitergegeben. Insofern
Christa T. letztlich doch "voll gelebt hat"[1], Hoffnung präsent gemacht und dies, für andere Menschen erfahrbar, vorgelebt hat,
konstituiert sich letztlich ihr eigenes 'Gescheitertsein' als
sinnvoll für die ihr Nachdenkenden. In der konkreten historischen
Situation der Ich-Erzählerin bekommt dieser ganze Prozeß einen
ganz konkreten historischen Sinn: in einer bestimmten Phase der
Entwicklung der DDR und in einem bestimmten Abschnitt in ihrer
persönlichen Existenz, der wiederum situiert ist innerhalb der
Gesellschaft der DDR. Dasselbe gilt für die Autorin, dasselbe
für die Leser in ihrer jeweiligen konkreten historischen Situation.
Die Frage des Scheiterns und Nicht-Scheiterns beantwortet sich
auf den verschiedenen Ebenen je konkret für bestimmte historische
Abschnitte in je verschiedener Weise. So erfüllt sich der Sinn
des Ausgangsmodells (der 'Charakter' der Christa T.) erst jeweils
auf der nächsten und übernächsten Ebene und letztlich erst in
der konkreten T a t der konkreten Leser. Damit verweist schließlich die letzte Sinngebung des Lebens der Christa T. wieder auf
die sozialistische Perspektive, und zwar j e t z t in der
Materialität und Konkretion, d.h. durch die Aktivität dessen,
der sich hat auf den Weg bringen lassen durch die Ich-Erzählerin
und durch die Autorin. Für ihn, den Leser, kommt es darauf an,
daß er die Widersprüchlichkeit, vor die ihn der Charakter der
Christa T. als Grundmodell stellt und die sich im Werk durchhält,
in neuem Material verarbeitet. Marxistisch formuliert heißt
dies: Die Auseinandersetzung der Menschheit mit der Natur und
mit sich selbst im Prozeß der Fortentwicklung der Menschheit, nämlich durch Arbeit, wird ein Stück vorangebracht, 'Ungeformte(s)'
(S. 22) wird umgewandelt in dem sinnvollen Geschichtsprozeß, der
auf den Sozialismus hinführt.

---

[1] Wolf, Selbstinterview, a.a.O., S. 78.

2. Das Zu-sich-selber-Kommen des Menschen

Wie gezeigt wurde, weisen die offene Schreibweise, die Art und
Weise, in der Sammlung und Deutung der Fragmente offengelegt und
'öffentlich gemacht' werden, auf die Skepsis und die als notwendig
erachtete Unabgeschlossenheit des Nachdenkensprozesses, der, indem
er in dem Bericht der Ich-Erzählerin seinen Niederschlag findet,
'öffentlich' wird, der sich aber auch fortsetzt in dem Nachdenkensprozeß und dem Schreiben der Autorin und damit auf einer weiteren,
einer k o n k r e t e n Ebene 'öffentlich' wird, nämlich für die
Rezipienten des Buches. Nicht eine schon vorher vorhandene Wahrheit
wird also aufgedeckt, sondern Wahrheit wird erstellt im Prozeß des
Erkennens.
Schon am Beginn des Teils B wurde deutlich, daß das Offene der
Werkstruktur im Hinblick auf ihre vielfältigen Deutungsmöglichkeiten
dem Offenen des 'Charakters' der Christa T. entspricht. Sogar indem
wir später aufzeigten, worin die Bedeutung der Christa T. für Ich-
Erzählerin, Autorin und Leser besteht, gaben wir Merkmale des
Charakters Christa T.s wieder. Den Roman und Handlung (von Christa T.
bis zum Leser) zugrundeliegenden Mechanismus haben wir in seinem
Funktionieren auf den einzelnen Ebenen verfolgt und aufgezeigt, wie
er diese untereinander verklammert, und wir haben die Schichten,
die dabei entstehen (Charakter der Christa T., Schreibvorgang und
Bericht der Ich-Erzählerin, Schreibvorgang und Werk der Autorin,
Rezeption durch den Leser) aufeinander bezogen. Wir erkannten, daß
das in die Zukunft gerichtete Interesse der Ich-Erzählerin sich
äußert in der spezifischen Weise der Komposition des Werks. Indem
sie sich selbst rückwärts auf die Ebene der erzählten Zeit begibt,
nimmt sie die Dynamik des Lebens der Christa T. in sich auf - denn
es war ja ihrer beider Leben, das sie beschreibt - und übernimmt
im Durchspielen von Möglichkeiten, die sich damals gestellt haben
und die sie jetzt ausprobiert, deren Zukunftsperspektive. Dasselbe
gilt für die Autorin in deren Schreibvorgang und dasselbe für den
Leser, der sich darauf einläßt.

Doch wie läßt sich nun die Dynamik des zugrundeliegenden Prozesses 'erklären', die vom 'Charakter' der Christa T. ausgeht und d e r e n Interesse an Storm, das Interesse der I c h - E r z ä h l e r i n an Christa T., das Interesse der A u t o r i n an der Ich-Erzählerin und Christa T., das Interesse des L e s e r s an der Autorin und der Ich-Erzählerin und Christa T. - zum Beispiel das Interesse dieser A r b e i t als die eines Lesers - und schließlich noch das Interesse des L e s e r s d i e s e r A r b e i t in Bewegung hält?

Der Ausgangspunkt ist die Prologsituation: Die Spannung besteht hier zwischen den beiden Personen der Christa T. und der Ich-Erzählerin. Der Tod der Christa T. setzt bei jener etwas in Gang, was nur so in Gang kommen konnte: Der T o d der Christa T. war n o t w e n d i g für das 'Lebendig-Werden' der Ich-Erzählerin. In erster Annäherung läßt sich also sagen: 'Am Anfang' verhält sich C h r i s t a W o l f zur I c h - E r z ä h l e r i n wie diese sich 'am Anfang' zur t o t e n C h r i s t a T. Das heißt: Christa Wolf 'mußte' die Ich-Erzählerin schaffen, 'erfinden'[1], um selbst 'leben' zu können, so wie die Ich-Erzählerin Christa T. 'braucht' und in immer neuen Konkretionen 'schaffen' muß und wie Christa T. Storm 'braucht' für ihre "fast unverhüllte Selbstdarstellung" (S. 120). - 'Am Anfang' verhält sich also der L e s e r zu C h r i s t a W o l f wie diese sich 'am Anfang' zur I c h - E r z ä h l e r i n. Er muß die Autorin vor sich hinstellen, um das Werk für sich realisieren zu können. - 'Am Schluß' dagegen ist Christa T. mit Storm 'fertig', wie die Ich-Erzählerin mit Christa T. und wie Christa Wolf mit der Ich-Erzählerin und der Leser mit Christa Wolf 'fertig' ist. Wie die Ich-Erzählerin und die Autorin Christa T. hinter sich lassen ("Christa T. wird zurückbleiben" S. 235) und in die offene Zukunft geschickt werden, so läßt der Leser die Autorin und das Werk hinter sich, wenn er das, was Christa T. repräsentiert hat, in seiner eige-

---

[1] Selbstinterview, a.a.O., S. 77.

nen Existenz realisiert und in seiner eigenen gesellschaftlichen Wirklichkeit einlösen hilft.

Die Dynamik, die das Werk hervorbringt, läßt sich noch genauer darstellen: Zwischen dem zugrundeliegenden Ausgangswiderspruch: Tod und Leben der Christa T., vermitteln Andenken (Trauer, rückwärtsgewandt) und Nachdenken (Schreiben, nach vorne gewandt) der Ich-Erzählerin, dazwischen Sammeln, Recherchieren und Schreiben der Christa Wolf, dazwischen Lesen und Reagieren des einzelnen Lesers, dazwischen Erfahren und Reagieren des gesellschaftlichen Rezipienten, bis schließlich - 'am Ende' - Christa T., die das "In-Möglichkeit-Sein"[1], die 'Präsenz-des-Noch-Nicht' verkörpert, 'hervortritt' (S. 221) und "die Zweifel verstummen und man sie sieht" (S. 235), denn

> (w)ie sie viele Leben mit sich führte, in ihrem Innern aufbewahrte, aufhob, so führte sie mehrere Zeiten mit sich, in denen sie, wie in der "wirklichen", teilweise unerkannt lebte, und was in der einen unmöglich ist, gelingt in der anderen. Von ihren verschiedenen Zeiten aber sagte sie heiter: Unsere Zeit. (S. 221)

Als in der Ich-Erzählerin und in der Autorin und im Leser 'Weiterlebende' ist sie in der Zukunft des Deutenden - erkannt oder unerkannt - präsent. Denn "(j)etzt (...) beginnt, was sie so schmerzhaft vermißt hatte: daß wir uns selber sehen" (S. 231).

Identisch sind bei den 'Nachdenkenden' jeweils die Intention und das Interesse der Auseinandersetzung: Sie dient ihnen jeweils zur Bewältigung einer konkreten historischen Situation und Erfahrung. In d i e s e r Hinsicht werden Christa T., Ich-Erzählerin, Autorin und letztlich auch der Leser - und die Leser untereinander - 'identisch' (vgl. die Ausweitung des "Wir"), wenn sie sich darauf einlassen.

Die Differenzierungen liegen darin, daß wir Leser die Ich-Erzählerin im Akt des Schreibens erleben, während Christa Wolf das Buch

---

[1] Bloch, Prinzip Hoffnung, Bd. 1, S. 241 u.ö.

abgeschlossen hat und mit den Reaktionen auf dieses Buch lebt.
Das S u c h e n, das Experimentelle allerdings, das Christa T.s
'Charakter' konstituiert, geht von ihm aus über den Schreibakt
(Christa T.s, der Ich-Erzählerin, Christa Wolfs) hinweg bis in
die konkrete Existenz der Christa Wolf und des - unter Umständen
ebenfalls schreibenden - Rezipienten. "Die große Hoffnung"
(S. 214), die Christa T. verkörpert, ist in Ich-Erzählerin, Autorin,
gegenwärtigen und zukünftigen Lesern präsent, wenn diese sich
darauf einlassen und "darauf (...) bestehen, daß ihre Lebenszeit weitergeht bis auf den heutigen Tag, um den Bezug auf alles
zu haben, was Geschichte wird oder unförmig bleibt, Material"
(S. 22).
    Christa Wolf 'besteht darauf', indem sie in 'Nachdenken über
Christa T.' ein 'Erfahrungsmodell' schafft und schreibend dadurch
selbst in ihre historisch-politische Situation hinein-handelt.
Damit trägt sie dazu bei, daß das "Ungeformte", das Christa T.
so sehr haßte, "Geschichte wird" (vgl. S. 22), denn Geschichte
ist - nach dem marxistischen Verständnis Christa Wolfs - nur sinnvoll, wenn die Menschen "vom Objekt zum Subjekt der Geschichte
(...) werden"[1] - Geschichte also als vom Menschen gestaltete,
von d e m Menschen, der "sich selbst erschaffen kann (...),
freiwillig und bewußt mit seinesgleichen zusammenarbeitend"[2].
Durch das 'Charakter'-Modell, das sich im Werkmodell fortsetzt,
wird die Möglichkeit bereitgestellt, Geschichte sinnvoll zu deuten
und zu verarbeiten und auch zu gestalten - und zwar für Ich-Erzählerin, Christa Wolf, einzelnen und gesellschaftlichen Rezipienten
in je verschiedener Weise.
    Das, worauf es ankommt, wenn die Bedeutung Christa T.s für
Ich-Erzählerin, Autorin und Leser gesucht wird, sind jeweils die

---

[1] Wolf, in: H. Kaufmann, Gespräch mit Christa Wolf, a.a.O., S. 112.
[2] Wolf, Eine Rede, a.a.O., S. 21.

SS:
Differences between characters ≡ diff. betw Autor - Ich - Gruppe - Readers.

D i f f e r e n z i e r u n g e n, denn sie alle stehen in verschiedenen historischen Bezügen und müssen sich jeweils neue und individuelle Möglichkeiten schaffen, Geschichte für sich deutend und
handelnd zu verarbeiten und voranzubringen. Christa Wolf erfüllt
diese Aufgabe, indem sie schreibt und sich dabei mit dem "große(n)
Thema unserer Zeit" auseinandersetzt: "Wie aus der alten eine neue
Welt aufsteigt"[1].

---

[1] Einiges über meine Arbeit, a.a.O., S. 16.

C. Der Roman als Handlungsmuster

Wir haben zu Beginn dieser Untersuchung einerseits auf die
sich in ihren Auswirkungen häufig überschneidenden Richtungs-
wechsel in der Kulturpolitik der DDR als eine der Rahmenbedingungen
des Werkes verwiesen, andererseits auf Ungereimtheiten in der Rezeption. Inzwischen ist deutlich geworden, wie das Buch als Modell mit
widersprüchlichem Material arbeitet - aber noch nicht, inwiefern das
Werk V e r m i t t l u n g s f u n k t i o n hat, das heißt, eine
modellhafte Antwort darstellt auf die widersprüchliche realhistorische Situation, auf die es als ästhetisches Gebilde zurückwirkt. Wir
glauben, uns einer Antwort auf diese Frage am besten nähern zu können, indem wir den Roman als H a n d l u n g s m u s t e r auffassen
und die politische Dimension der Werkstruktur in Beziehung setzen
zu der von ihr her geforderten Rezeption als politischer Aktion einerseits, zu den manifesten Äußerungen der Autorin als Zeugnissen der
Konzeptionssituation andererseits.

I. Die politische Dimension als Konsequenz des Werkmodells

Einen ersten Ansatzpunkt gibt folgende Überlegung: Im Werk selbst
ist Christa T. ' w i r k l i c h gescheitert. Wird einerseits ihr
Präsentsein rückhaltlos geschildert, so wird andererseits auch ihr
Scheitern rückhaltlos und - zunächst - nicht relativiert geschildert.[1] In diesem Scheitern der Christa T., das ja einen Widerspruch
repräsentiert: - ihr Sinnanspruch und ihr realer Tod - wird die
Widersprüchlichkeit der Ausgangssituation, der historischen Situation,
in der das Buch entstanden ist, werkimmanent aufgegriffen. Hier
wird innerhalb eines Modells der Widerspruch, auf den das Werk antwortet, präsent gemacht. Insofern dieser Widerspruch im Charakter

---

[1] Wenn man sich vorstellungsmäßig auf die literarische Handlungsebene der Christa T. begibt, ist ihr Scheitern nicht vermittelt,
denn ihr Tod ist real und für sie selbst wirklich sinnlos. Nimmt
man das Modell als G a n z e s, so wird dieses Scheitern natürlich vermittelt. Es k ö n n t e aber gar nicht vermittelt, d.h.
als gedeutetes sinnvoll werden, wenn es nicht auf der ersten Ebene
des Modells, auf der Ebene der Christa T., ein r e a l e s Scheitern wäre.

der Christa T. zum ersten Mal konkret Gestalt gewinnt, dort in
ihrem Scheitern hervortritt, erhält das Werkmodell bereits seine
spezifische Dynamik auf Veränderung hin. Wir können also sagen:
Indem Christa T. wirklich gescheitert ist, wird sie zum Motor der
Entwicklung. So ist zunächst von Christa T.s Tod, ihrem 'Scheitern'
die Rede, gleichzeitig aber auch von dieser Dynamik der geschichtlichen Bewegung, wenn die Ich-Erzählerin angesichts des Schicksals
der Christa T. feststellt: "Nichts, nichts lief darauf hinaus, im
fünfunddreißigsten Jahr einfach abgeschnitten zu werden, aber alles,
langsam und stetig sich fortzusetzen und am Ende auf seine Art da-
zusein." (S. 156)

Zunächst bringt diese Widersprüchlichkeit Christa T. selbst auf
den Weg, wird zum Movens innerhalb des 'Submodells', das der Charakter der Christa T. ist. Auf allen folgenden Werkebenen wird diese Widersprüchlichkeit dann durch Abstraktion, Übertragung und
neue Konkretion immer neu interpretierbar. Durch diese Dynamik
kommt die Ich-Erzählerin in Bewegung, indem sie schreibend in die
Zukunft hineinhandelt. Damit wird wiederum die Autorin auf den Weg
gebracht, dann schließlich der Leser, der sich auf das Werk einläßt und sich daranmacht, erkennend und handelnd seine Forderungen
einzulösen. Indem er diesen Schritt tut, versteht er, inwiefern
es den Autor danach drängt,

> sich seinem Stoff rückhaltlos (...) zu stellen, das Span-
> nungsverhältnis auf sich zu nehmen, das dann unvermeid-
> lich wird, auf die Verwandlungen neugierig zu sein, die
> Stoff und Autor dann erfahren. Man sieht eine andere Realität
> als zuvor. Plötzlich hängt alles mit allem zusammen und
> ist in Bewegung; für "gegeben" angenommene Objekte werden
> auflösbar und offenbaren die in ihnen vergegenständlichten
> gesellschaftlichen Beziehungen (...).[1]

Die Art und Weise, wie die realhistorischen Spannungen im ästhetischen Modell aufgegriffen und in werkimmanente Dynamik umgesetzt

---

[1] Wolf, in: H. Kaufmann, Gespräch mit Christa Wolf, a.a.O.,
S. 95.

werden, weist also ihrer Intention nach über die Rezeption hinaus
auf einen wiederum außerästhetischen Kontext, wie das Werk ja auch
sein Entstehen einer außerästhetischen Konstellation verdankt. Wie
Christa Wolf sagt, kann das Werk also ermöglichen, "daß Gegenwart
und Vergangenheit - wie sie es in uns Menschen ja andauernd tun -
auch auf dem Papier sich nicht nur 'treffen', sondern a u f e i n -
a n d e r e i n w i r k e n, in ihrer Bewegung aneinander gezeigt
werden können"[1].

Inwiefern kann nun - dies war ja die Ausgangsfrage - das Werk,
das selbst Widersprüche in sich enthält und solche produziert,
sinnvoll als Versuch der Identitätsfindung gelesen werden? - Die
Untersuchung hat gezeigt, daß es gerade der dargestellte Modellcharakter ist, der die Lösung bereitstellt: Die immanente Dynamik
des Modells zeigt: Identisch ist man im Prozeß; wenn es gelingt,

> die fast unauflösbaren Verschränkungen, Verbindungen
> und Verfestigungen, die verschiedenste Elemente unserer
> Entwicklung miteinander eingegangen sind, doch noch
> einmal zu lösen, um Verhaltensweisen, auf die wir fest-
> gelegt zu sein scheinen, zu erklären und womöglich (und wo
> nötig) doch noch zu ändern[2].

Identisch ist man, indem man die Fähigkeit hat, die Ausgangskon-
flikte, die uns bestimmen, man könnte auch sagen, jenen ständigen
Konflikt zwischen Sein und Werden, immer wieder neu zu bewältigen
durch Setzung abgeleiteter Widersprüche in einem dynamischen Prozeß, der - wiederum mit Christa Wolfs Worten - die "Menschwerdung
des Menschen durch aktive Teilnahme am Prozeß historischer Veränderung"[3] ermöglicht.

Die Fähigkeit des Identisch-Seins besteht also letztlich darin,
diesen Prozeß des Setzens abgeleiteter Widersprüche und Vermitt-

---

[1] Ebd., S. 99. Hervorhebung von mir.

[2] Ebd., S. 99.

[3] Ebd., S. 111.

lungen, der der Prozeß der Auseinandersetzung mit der Umwelt ist,
aufrecht zu erhalten, das heißt, aktiv zu bleiben und die Fähigkeit zu bewahren, trotz der und durch die entstehenden Konflikte
die Grundwidersprüchlichkeit in einem kontinuierlichen Prozeß in
andere Bereiche, in anderes historisches Material zu übertragen
und so seine Umwelt zu verändern. Wenn der Leser die Widersprüche,
die er in seiner realen Umwelt erlebt und die ihm in dem Werk in
anderen Konkretisierungen gezeigt werden, verarbeitet in eigenen
Sinngebungs- und Aktivitätsprozessen, verwirklicht er sich selbst
und bringt zugleich den Geschichtsprozeß, der nach der Überzeugung
der Autorin als sinnvoller auf den Sozialismus hinführt, ein Stück
weiter. Ein solcher Versuch ist das Werk ja selbst: ein Versuch
solcher Sinngebung durch Erschließen neuen Materials, um die Aus-
gangswidersprüchlichkeit zwischen Sein und Werden ästhetisch zu
setzen und im ästhetischen Modell gleichzeitig wieder aufzulösen.

Mit Ernst Bloch wurde dieser Sachverhalt als die Dialektik von
Schon-und-Noch-Nicht interpretiert, und zwar wird hier jene
Dialektik nicht mehr idealistisch, als Akt historischer Sinn-
setzung, verstanden, sondern sie wirkt als Prozeß in der Materialität und Konkretion der Geschichte selbst.[1] Insofern das Modell,
das wir aufgezeigt haben, diesen Prozeß verbildlicht, können wir

---

[1] So versteht Bloch Geschichte, wenn er die Materie als "Materie
nach vorwärts" (Prinzip Hoffnung, Bd. 1, S. 241) bezeichnet,
als das "In-Möglichkeit-Seiende" (ebd., S. 238). In diesem Sinn
unterscheidet er die "Prozeßmaterie" von der "Klotz-Materie"
(vgl. ebd., S. 273). - Dieser Materialismus Blochs steht in der
Tradition K. Marx', der schrieb: "Unter den der Materie einge-
borenen Eigenschaften ist die Bewegung die erste und vorzüglich-
ste, nicht nur als mechanische und mathematische Bewegung, sondern mehr noch als Trieb, Lebensgeist, Spannung (...)." (In:
Die heilige Familie, 1844/45, zit. nach: Werner Maihofer, Ernst
Blochs Evolution des Marxismus (1967), in: Über Ernst Bloch.
Mit Beiträgen von Iring Fetscher u.a., Ffm., 1971, 3. Aufl.,
S. 112-129, dort S. 115).

jetzt sagen: Das Werk selbst ist als Modell genau das, was das
Zu-sich-selber-Kommen des Menschen bedeutet, was Identisch-Sein
heißt: Identisch-Sein ist Werden. Das Modell, das das Werk als
gedeutetes i s t, ist eine Lösung des Identitätsproblems und
so selbst ein Moment von Identität. Insofern repräsentiert es als
Versuch, Möglichkeit und Angebot das Zu-sich-selber-Kommen des
Menschen.

Ein Modellmerkmal ist, daß das ganze Werk als ein lebendiger
Mechanismus sich dem L e s e r anbietet. Der Leser, der sich
darauf einläßt, bildet dann selber ein neues 'System', dessen Bestandteil das Werk ist. Er nimmt den 'Charakter' der Christa T.
und den Widerspruch, der durch jenen im Werk repräsentiert ist, in
sich auf, indem er das Werk aufnimmt. Dieser Widerspruch wird
dann in ihm produktiv: Der Leser wird gezwungen, wenn er verstehen
will, von seiner konkreten Situation her sich neue Ebenen zu erarbeiten, also abgeleitetes Material selbst zu setzen und es von jenem Ausgangswiderspruch (Sein und Werden, Schon-und-Noch-Nicht)
her zu deuten, wobei sich wieder neue abgeleitete Widersprüche
ergeben, die er wieder neu deuten und bewältigen muß. Auf diese
Weise erarbeitet er sich selbst immer neues Material und wird
durch seine "praktische Tätigkeit (...) in die Lage versetzt, am
Prozeß der historischen Veränderung teilzunehmen"[1]. Das Modell,
das sich aus dem Werk erschließen läßt und das das Werk als inter-
pretiertes selbst ist, umfaßt also aufgrund seiner besonderen Konzeption die widersprüchliche Ausgangssituation, setzt mit seinem
Vorhandensein die widersprüchliche Rezeptionssituation und ermöglicht seiner Intention nach dem Leser, diese Widersprüche umzuwan-
deln in sinnvolles Handeln. Durch seinen Modellcharakter stellt es
die Möglichkeit bereit, diese unvermittelte Widersprüchlichkeit als
historische Kontinuität zu begreifen, die ihre Identität eben darin
findet, daß sie fortschreitet. Die Historie selbst ist der Prozeß,

---

[1] Wolf, in: H. Kaufmann, Gespräch mit Christa Wolf, a.a.O., S. 111.

History = transition but = also progress: Leben

in dem Widersprüche vorhanden sind, aber die Historie ist eben auch
die Kraft, die diese Widersprüche weitertreibt in neues Material
hinein. Nach Christa Wolfs Meinung geschieht dies innerhalb eines zu-
sammenhängenden Prozesses der "Veränderung der alten Gesellschaft
von ihren Wurzeln her in Richtung auf den Sozialismus"[1].

Not ss?

Es ist deshalb eine überprüfbare Fehlinterpretation, zu behaupten, das Werk vermittele i d e a l i s t i s c h, indem es ein
Konfliktlösungsmodell lediglich als theoretisches Modell darstelle.
Eine solche Interpretation könnte n u r das S c h e i t e r n
Christa T.s konstatieren und würde lauten: Einer widersprüchlichen
Ausgangssituation, in der das Individuum und die künstlerische Pro-
duktivität notwendig zu kurz kommen, einer rigiden Gesellschaft,
die auf den 'Sozialismus' fortschreitet, ohne sich um einen sensiblen einzelnen zu kümmern,steht ein solcher einzelner - Christa
Wolf - gegenüber, der sich hier nicht einfügen kann, und dieses Individuum zieht sich nun an seinen Schreibtisch zurück und findet,
in seinem Kopf die äußeren Widersprüche vermittelnd, solch ein Lösungsmodell, in dem es sich schreibend selbst erlöst. - D a n n
wäre Christa Wolf identisch mit Christa T. als einer s o l c h e n,
die sich n u r zurückzieht, die auf der Strecke bleibt und sich
ebenfalls schreibend selbst zu erlösen versucht, indem sie vor ihrem
Konflikt flieht. - Aber das ist genau n i c h t der Fall, sondern
Identität wird durch das Werk selbst gerade dadurch gesetzt, daß jene
ursprüngliche Konfliktsituation Christa T.s hineingetragen wird in
die historische Situation Christa Wolfs und die der Leser.

Hingegen gibt es keine Interpretation des Modells, die von solchen Implikationen absieht. Das Werk stellt seine künstlerische
Integrität durch die Entschiedenheit unter Beweis, mit der es jeden
Versuch abweist, seine ästhetische Modellhaftigkeit von seinen politischen Intentionen zu isolieren. Hier entlarvt das Modell bestimmte

Is this so in ss?

---

[1] Ebd., S. 105.

Deutungsversuche, indem es sich selbst zerstört und dadurch offensichtlich macht, daß in eklatanter Weise werkimmanente Zusammenhänge zerrissen und Werkelemente isoliert oder sogar gegeneinan-
der ausgespielt werden. So ist es beispielsweise unmöglich, gleichzeitig dem Modell gerecht zu werden und die Deutung auf eine psychologische oder eine 'existentialistische' Perspektive zu reduzieren,
die in sich schlüssig und zusammenhängend wäre. Ein Beispiel mag
dies verdeutlichen:

Man könnte versucht sein, Christa T.s Reaktionen auf Gewalt
zunächst isoliert zu betrachten und als ein Erschlagenwerden durch
Erfahrungen zu verstehen, die für sie einfach nicht zu verarbeiten
sind. Ihr Verhalten entspräche dann p s y c h o l o g i s c h e n
Gesetzmäßigkeiten. Doch sobald das Werkmodell zu spielen beginnt,
weist es über jede einzelne der literarischen Ebenen hinaus: Dem
Leser, der das Modell erkannt hat, kann nicht entgehen, daß diese
Erlebnisse, wenn sie innerhalb des Modells stimmig gelesen werden,
zunächst über die psychologische Ebene hinausführen, insofern sie
sich nämlich nicht nur auf Christa T. beziehen, sondern - dies zeigte
schon die literarische Analyse - für die Erzählerin eine neue Bedeutung gewinnen und wieder neue Bedeutungen auf den weiteren Ebenen:
für Autorin und Leser.

Interpretiert man dieselben Erlebnisse e x i s t e n t i a l -
p h i l o s o p h i s c h, so lautet der Deutungsansatz zunächst:
Leid, Gewalt, Unrecht gibt es immer. Eine dieser Perspektive entsprechende Lösungsmöglichkeit könnte lauten: Man kann dem Leid begegnen durch E n t s c h e i d u n g. Wird man aber dem Modell
gerecht, muß die Bedeutung solcher Situationen selbst präzise erfaßt
und auch auf andere Bedeutungshorizonte bezogen werden: Diese er-
fahrenen, sicher in ihrer Unauflöslichkeit zunächst belassenen 'sinnlosen' Begebenheiten sind einerseits Erfahrungen, mit denen Christa
T. sich aufgrund ihrer 'Charaktereigenschaften' auf bestimmte Weise
auseinandersetzt, und andererseits konkrete h i s t o r i s c h e
Gegebenheiten. Sie erlebt, wie die Zigeuner aus ihrem Heimatdorf ver-

trieben werden, wie das Kind im Schnee erfriert, wie der Kollege
Günter bei seiner Prüfungsstunde über Schillers 'Kabale und Liebe'
durchfällt und degradiert wird, sie erfährt, wie die unglückliche
Straßenbahnschaffnerin in ihrem Elend bleibt, wie die opportuni-
stischen Schüler in einer ihr Leben betreffenden Frage um ihres
Vorteils willen lügen und wie der lebenserfahrene Direktor sie
belehrt. - Weil sie aber alles dies nicht erträgt, ist ihr Leiden
konkretes g e s e l l s c h a f t l i c h e s Leiden. Sie kann
nicht glücklich werden, ohne daß die Gesellschaft verändert wird.
Wenngleich es, wie die Beispiele zeigen, von Menschen verursachtes
Leid in allen bisherigen Gesellschaftsformen gibt, verlangt Christa
T., daß dies aufhört. Sie leidet an Unrecht und Gewalt, aber d a ß
sie leidet, bedeutet im inneren Gefüge des Romans, daß dieses Leiden nicht das letzte Wort haben, nicht das letzte Ereignis bleiben
wird. Christa T.s Reaktionen auf diese Situationen, die Beschreibung
ihrer Sensibilität, haben die Funktion, die Entfremdung in der Gesellschaft aufzuzeigen, aber auch gerade, das utopische Hoffnungs-
moment aufscheinen zu lassen, daß diese Entfremdung überwunden werden kann.

Der L e s e r muß, der Intention des Romans folgend, also vom
Charakter der Christa T. ausgehen, der in seiner Modellhaftigkeit
über sich selbst und letztlich auch über das Werk hinausweist, und
sich, wenn er der Dynamik dieses Charakters, der zunächst in der
fiktiven Handlungzeit angesiedelt ist, folgt, hineinschicken lassen
in seine eigene realhistorische Wirklichkeit. Wenn er demnach diesen
Mechanismus für sich selbst sinnvoll machen will, wird er gezwungen, die im Buch dargestellten Erfahrungen einerseits unmittelbar in
sich präsent zu machen und also auch wie Christa T. als Schmerz zu
empfinden, andererseits aber diesen Mechanismus, der durch das Modell
im ganzen bereitgestellt wird, nun s e l b e r zu r e a l i s i e -
r e n; und dies tut er, indem er reagiert, wenn er nämlich jetzt im
konkreten Material sich in seiner Umwelt bemüht, aus dieser Erfahrung

heraus zu h a n d e l n. In diesem Handeln entfaltet sich die
in 'Nachdenken über Christa T.' angelegte politische Dimension,
denn der Leser muß mit dieser Konflikterfahrung, etwa als jemand,
der in der sozialistischen Gesellschaft lebt und arbeitet, sagen:
Wenn es so etwas noch gibt, dann sind wir offenbar noch nicht am
Ziel. Er rezipiert den Roman, indem er handelnd neuen Sinn schafft,
getrieben von der Dynamik und der Notwendigkeit, diese Schmerzer-
lebnisse Christa T.s bewältigen zu müssen. Sein Protest wird "produktive Sehnsucht"[1].

An diesem Beispiel wird deutlich, wie solche Momente, die als
Erlebnisse und Reaktionen in der fiktiven Handlungszeit im Charakter der Christa T. ihren ursprünglichen Ort haben, über und durch
Ich-Erzählerin, Autorin und Leser immer hineinführen in die Historie,
in die Gesellschaft, in neue Konkretion. Und eben in diesem Prozeß,
der sich durchzieht von der ersten Schilderung im Leben der Christa
T. bis hin zum letzten Leser, der das Modell in seinem gesellschaftlichen Handeln einlöst, erfüllt sich das Zu-sich-selber-Kommen des
Menschen.

---

[1] Dieser Ausdruck stammt von Wolf: Anmerkungen zu Geschichten.
Nachwort zu: Anna Seghers, Aufstellen eines Maschinengewehrs
im Wohnzimmer der Frau Kamptschik, Neuwied, Berlin/W, 1970,
S. 157-164, dort S. 164.

II. Rezeption als politische Aktion

1. Das Bemühen um den Gegenstand

Rezeption ist Aktion. Wie der schreibende Autor das Sprachmaterial zur Werkstruktur formt, so bildet sich in jedem Leser, der sich auf das Werkmodell einläßt, ein kohärentes Gefüge von Impressionen, Vorstellungen und Gedanken, deren Niederschlag die vorliegenden Rezeptionszeugnisse sind. Der Rezipient verhält sich dem Werk gegenüber wie der Autor zur sprachlichen Realität, die ihn umgibt. Durch die jeweilige Objektwahl entstand zum einen die K o n z e p t i o n s - s i t u a t i o n, in der Christa Wolf ihren Roman als Antwort auf eine spannungsreiche politisch-historische Gegenwart geschrieben hat, entsteht zum anderen immer wieder die R e z e p t i o n s s i t u a - t i o n, die - wie wir gezeigt haben - gerade beim Akzeptieren und Realisieren der wesentlichen formbestimmenden Momente nicht allein durch ästhetischen Genuß geprägt ist, sondern in der der Leser vor der Aufgabe steht, a k t i v den mannigfachen Zumutungen des Werkes gerecht zu werden. Dessen Modellcharakter weist über das Rezeptionskonzept der werkimmanenten Analyse hinaus durch die Konsequenz, mit der auf die politische Dimension des Dargestellten hingewiesen wird - dies ist u n s e r e bisherige Rezeptionserfahrung. Wir glauben aber auch, von unseren bisherigen Arbeitsergebnissen her Stellung nehmen zu können zu anderen Reaktionen auf 'Nachdenken über Christa T.' und besonders zu dem merkwürdigen Verhältnis mancher Rezensionen aus der BRD zu solchen aus der DDR, die von gegensätzlichen Voraussetzungen aus zu teilweise identischen Schlußfolgerungen kommen.

Diese in der Einleitung ausgesprochene Erwartung erfüllt sich nicht einfach deshalb, weil wir nun - nach ausführlicher Analyse - das Werk 'besser kennen' und daher zur Kritik an der Kritik berechtigt sind. Es verhält sich vielmehr so, daß wir den besonderen Modellcharakter des Werkes als A n t w o r t verstehen auf eine spezifische, zum Teil von widersprüchlichen Tendenzen bestimmte historische Aus-

gangssituation und nun sehen, daß die in dieses Modell aufgehobenen
Widersprüche aufs neue bestimmend werden: diesmal für die Situation
des Rezipienten. Dabei geht die zuvor geschilderte i d e a l e
F o r t s c h r e i b u n g, das Fortwirken des dynamischen Roman-
modells nur dann mit dessen expliziter Bejahung zusammen, wenn diese
selbst nicht gegen die Konstitutionsbedingungen dieser Situation ver-
stößt. Ist dies jedoch aus äußeren oder inneren Gründen der Fall:
darf der Leser sich zur 'Botschaft' des Romans also nicht bekennen
oder will und kann er dies nicht, so entsteht eine Rezeptionssituation, die aufgrund analoger Problemkonstellation der Konzeptionssituation des Romans analog ist - und hier sind unsere bisherigen
Erkenntnisse übertragen anwendbar. Wir können also in der Analyse
der Rezeption ansatzweise eine neue Perspektive aufzeigen, indem
wir einerseits (Abschnitt 2) das Romanmodell als Kontrastmodell verwenden - dann wird jede Rezeption per Definition zu einer beschreib-
baren Modellabweichung -, andererseits (Abschnitt 3 und 4) jede
dieser Modellabweichungen selbst als Moment eines kohärenten Gefüges
verstehen, das auf die Problematik der Rezeptionssituation antwortet.

2. Verschiedene Typen defizienter Verständnismodi

Die offenkundigen M i ß v e r s t ä n d n i s s e des Werkes lassen
sich sämtlich beschreiben als Isolation von Modellmerkmalen; sie
sind - ernsthaftes Verständnisbemühen vorausgesetzt - I n t e r-
p r e t a t i o n s f e h l e r, die dem immanenten Verweisungszusammenhang der formkonstituierenden Romanelemente nicht gerecht werden.
    In einer frühen Phase der DDR-Kritik war das 'r e a l i s t i-
s c h e' M i ß v e r s t ä n d n i s weit verbreitet. Es kann die
Titelfigur Christa T., die Ich-Erzählerin und konsequenterweise auch
die Autorin Christa Wolf betreffen. Verkannt werden dabei nicht nur
die komplexen Beziehungen zwischen diesen am Erzählvorgang beteiligten

Instanzen, sondern bereits der 'Charakter' der Christa T. mit seinen
oben beschriebenen besonderen Eigenschaften.

So haben viele Interpreten aus der DDR Christa T. als eine quasi-
historische Persönlichkeit aufgefaßt, deren Probleme niemand verstand
und die - im Gegensatz zur Rita im 'Geteilten Himmel' - keine Unterstützung bei guten Freunden, vorbildlichen Vertretern der sozialistischen Gemeinschaft, findet. Indem H. Kähler der fiktiven Erzählerin
den Vorwurf machte, sich nicht um Christa T. gekümmert zu haben,
"obwohl gerade sie zuallererst dazu berufen gewesen wäre, der Freundin
energischer zu helfen"[1], kritisierte er sie unangemessenerweise wie
eine lebendige Person, die Entscheidungen zu fällen hat, und zugleich
- durch Identifizierung der 'beiden' Erinnernden - die Autorin, daß
sie Christa T. sozusagen im Stich gelassen habe.

Hier wurde verkannt, daß die literarische Gestalt Christa T.
gerade nicht als ein 'Charakter' angelegt ist, den es mit psychologischen Kategorien zu analysieren gelte, und ebenso, daß das Thema
des Werkes nicht die Beschreibung des Verhältnisses zweier Studien-
freundinnen ist, wobei aus diesen Vorgängen auf der Handlungsebene
Lehren abzuleiten wären, sondern daß es eben um die S p a n n u n -
g e n zwischen den beiden Figuren geht im Rahmen eines Selbstfin-
dungsprozesses, den die r ü c k b l i c k e n d e Erzählerin gestaltet.[2] Kählers Tadel "Dieses Nachdenken der Freundin begann für
Christa T. zu spät"[3] traf also ins Leere, da er bereits auf dieser
formalen Ebene an den Intentionen des Werkes und der Autorin vorbei-
zielte. Es geht ja gerade darum, was die E r z ä h l e r i n am
'Charakter' und Schicksal Christa T.s erfahren und gelernt hat, wie
sie selbst sich durch diese Erfahrungen verändert; es geht schließlich und vor allem um den Lernprozeß, den die Autorin durch die Er-

---

[1] Christa Wolfs unruhige Elegie, a.a.O., S. 259.

[2] Vgl.: Wolf, Selbstinterview, a.a.O., S. 76 f. und Wolf im Interview
mit Corino, a.a.O.

[3] Christa Wolfs unruhige Elegie, a.a.O., S. 259.

zählerin ermöglichen und um die Veränderungen, zu denen sie anregen
möchte durch das Offenlegen dieses Lernprozesses.

So haben auch alle jene Christa Wolf mißverstanden, die in Christa
T. ein V o r b i l d für das Verhalten des Menschen in der sozialistischen Gesellschaft suchten. Wenn Christa T. belehrt wird: "Sich
schrittweise aus gesellschaftlichen Verpflechtungen (sic) herauszu-
lösen, das kann doch nicht ernsthaft als Entwicklungsbedingungen des
neuen Menschen gelten, der sich als Subjekt des historischen Geschehens
begreift"[1], so ist das nicht nur deshalb unangemessen, weil ihr Verhalten, wie wir zu zeigen versuchten, davon nicht wirklich getroffen
wird, sondern vor allem deshalb, weil es hierum in dem Werk gar nicht
primär geht. Solche Kritiker ignorieren, daß, wie es im Roman ausdrücklich heißt, auf sie, Christa T., "doch keines der rühmenden Worte paßt, die unsere Zeit, die wir mit gutem Recht hervorgebracht haben"
(S. 57). Und schon dort heißt es, vergeblich vor solch einem platten
Mißverständnis warnend: "(S)ie ist, als Beispiel, nicht beispielhaft,
als Gestalt kein Vor-Bild" (S. 57). Mit den realistischen Zügen
ihrer Gestaltungsweise will Christa Wolf auf dieser Erzählebene nicht
nachahmenswertes Verhalten vorführen, sondern "Gegenbilder aufstellen
gegen die ungeheuerlichen Deformationen von Menschen in dieser Zeit"[2],
da es solche Gefahren ihrer Ansicht nach nicht nur in einer kapitalistischen Gesellschaftsordnung, sondern auch beim Aufbau des Sozialismus gibt. Ihr "liegt" wie der Ich-Erzählerin "daran, gerade auf sie
zu zeigen. Auf den Reichtum, den sie erschloß, auf die Größe, die
ihr erreichbar, auf die Nützlichkeit, die ihr zugänglich war" (S.172).
Die 'Lösung', die das Werk anbietet, ist also nicht eine Schilderung
vorbildhafter Konfliktbewältigung in fiktionaler Realität - wie es
ein Rezensent, der in der Lese-Erwartung eines naiv kodifizierten
"sozialistischen Realismus" verharrt, freilich fordern und dann ver-
missen und einklagen muß -, sondern der nicht verleugnete Konflikt

---

[1] Autorenkollektiv, Parteilichkeit, S. 232.

[2] Wolf: Max Frisch, beim Wiederlesen, a.a.O., S. 11. Was sie hier
von Frisch sagt, gilt in Abwandlungen also für die Autorin selbst.

wird befreit zum Movens künftiger Geschichte; gestaltet entfaltet der Widerspruch seine historische Wirksamkeit. Die Autorin zeigt auf Christa T. nicht als auf jemanden, den der Leser sich für sein konkretes Verhalten zum Vorbild nehmen sollte, sondern über den er n a c h d e n k e n und an dem er sich seiner eigenen Erfahrungen vergewissern kann, und zwar indem er die Bedeutungen der Erlebnis- und Ereigniskonstellationen des Romans durch Übertragungen für die eigene Gegenwart jeweils konkretisiert - indem er etwa überlegt, welchen Sinn diejenigen Charaktereigenschaften Christa T.s, durch die sie den 'Menschen der Zukunft' verkörpert, in seiner konkreten historischen Realität haben, inwiefern sie h i e r auf Veränderung drängen. Nur wer die das Werk bestimmenden Spannungen zwischen Christa T., Ich-Erzählerin und Autorin nicht realisiert, die durch den zeitlichen Abstand, das Erinnern als Grundstruktur und den Sprung von der Realität in die Fiktion und von der Fiktion wieder in die Realität erzeugt werden, kann wie H. Haase der Autorin vorwerfen, sie zeige zu wenig Distanz zu Christa T.[1], und sagen, daß "(i)nsgesamt (...) das Aufschauen zu Christa T. die Haltung der Erzählerin" bestimme[2]. Und nur wer ästhetisch geschlossen gestaltete Vorbilder statt dynamisch sich realisierende Handlungs- und Erfahrungsmuster sucht, kann wie H. Kaufmann interpretieren, "in dem Menschen, dem die Verwirklichung seiner Anlagen und Kräfte versagt bleibt", sehe Christa Wolf "den ganzen Menschen", schreite "sie tendenziell fort zu der Erwägung, ob nicht gerade die Nicht-Verwirklichung das wahrhaft Menschliche sei"[3].

Wird nur diese eine Bedeutungsebene der Darstellung gesehen, so wird notwendig auch die Vielschichtigkeit des 'Rückzugs' Christa T.s verkannt und dieser - entsprechend den jeweiligen Voraussetzungen -

---

[1] Nachdenken über ein Buch, a.a.O., S. 180. - Ähnlich auch: Peter Gugisch, Christa Wolf, a.a.O., S. 410; H. Sachs, Verleger sein heißt ideologisch kämpfen, a.a.O.

[2] Nachdenken über ein Buch, a.a.O., S. 180.

[3] Zu Christa Wolfs poetischem Prinzip. Nachbemerkung zum Gespräch, in: WB 1974, H. 6, S. 113-125, dort S. 119.

entweder als Flucht vor gesellschaftlicher Bindung und Verantwortlichkeit getadelt oder begrüßt als Versuch, das Ich vor übersteiger-
ten Ansprüchen der Gemeinschaft zu bewahren. Ein solches reduktioni-
stisches Verständnis, das als Ansatz der weiterführenden Argumen-
tation dient, findet sich, was diesen Komplex angeht, bei Kritikern
aus der BRD und der DDR, während die oben skizzierte e x i s t e n-
t i a l i s t i s c h - a h i s t o r i s c h e Perspektive, in der
die politische Werkdimension verschwindet, viele der frühen Deutungen aus der Bundesrepublik bestimmt. Die hier zugrundeliegende
Lektüre sieht ab von den konkreten geschichtlichen und gesellschaftlichen Umständen als dem nächsten und notwendigen Bedeutungskontext
der einzelnen Zeit- und Handlungsebenen. Sie gesteht zwar den am
Erzählvorgang beteiligten Personen, ihren Reaktionen und Aktionen
übertragene Bedeutungen zu, verfehlt aber den Modellcharakter des
Werkes ebenso wie jene komplementäre Lesart, die im platt Realistischen verbleibt, da nun der Ertrag abstrakt-'zeitlos' formuliert
wird. Hier werden nun die drei Instanzen Autorin, Ich-Erzählerin
und Christa T. von vorneherein ununterscheidbar, da alles, was deren
Identität und Verschiedenheit ausmacht, subsumiert wird unter
e i n e Kategorie: den 'ewigen' Konflikt zwischen Individuum und
Gesellschaft. So registriert G. Tilliger zwar, daß Christa T. "nun
mal in der DDR (lebt), aber was soll's. Das spielt in den literarischen Regionen, die Christa Wolf erreicht hat, überhaupt keine Rolle."[1] Und ein anderer westdeutscher Rezensent behauptet, das Buch
sei ein "unpolitischer Roman über Politik", eigentlich eine "Totenklage auf das Leben", "das, ob politisch engagiert oder eingezirkelt
in den Kreis des Privaten, immer den kürzeren zieht: vor der unabding-
baren Tatsache unserer zeitlich begrenzten Existenz"[2].

---

[1] Als Beispiel nicht beispielhaft?, a.a.O.

[2] Hans Jansen, Totenklage auf das Leben. Ein unpolitischer Roman
über Politik: Christa Wolfs neues Buch (Rez.), in: 'Westdeutsche
Allgemeine Zeitung' (Essen) vom 13.12.1969. - Vgl. auch: Jörg B.
Bilke, der schreibt, Christa T.s "Existenz" sei eine "'Krankheit
zum Tode'", in: Die Wirklichkeit ist anders (Rez.), in: 'Der Rheinische Merkur' (Köln) vom 10.10.1969.

Im ganzen sind Belege jedoch selten, aus denen hervorgeht, daß der Modellcharakter des Romans vollständig verkannt wird. Besonders in längeren Besprechungen wird dem Zusammenspiel einzelner Werkelemente und der Beziehung zwischen den verschiedenen Werkebenen durchaus Rechnung getragen; dann wird jedoch häufig der Deutungsprozeß abgebrochen, und der d y n a m i s c h e A s p e k t der Bedeutungsentfaltung kommt nicht mehr zum Tragen. In der BRD kann so M. Durzak zu dem Schluß kommen, die "paradigmatische Wirkung dieses Erkenntnisprozesses" der Erzählerin, zu dem sie durch ihr Nachdenken über Christa T. gelangt, sei "von vorneherein auf ihr Bewußtsein beschränkt"[1]. - Durzak erkennt hier zwar, daß die Bedeutung der Titelfigur sich nicht auf deren Handlungsebene erschöpft, daß diese literarische Gestalt vielmehr in der Brechung durch die Reflexionen der Ich-Erzählerin dargestellt ist und daher schon für diese einen bestimmten neuen Sinn bekommt. Er übersieht jedoch, daß 'Nachdenken über Christa T.' nicht nur ein Versuch der S e l b s t - v e r s t ä n d i g u n g der fiktiven Ich-Erzählerin (oder der Autorin) ist. Durch die Art und Weise, wie diese sich explizit und implizit - etwa durch den Gebrauch der "Wir"-Kategorie - an die Leser wendet, überträgt die in der literarischen Struktur des Werkes angelegte Dynamik die einzelnen Bedeutungen durch Abstraktion in neuer Konkretion auf andere Ebenen und trägt sie tendenziell sogar hinaus bis in jene andere gesellschaftliche und historische Realität der Rezeptionssituation. Nur wer dies verkennt, kann behaupten, das Nachdenken der Ich-Erzählerin "(erweise) sich als a b - s t r a k t b l e i b e n d e r V e r s u c h, den Sinnzusammenhang im Leben der Christa T. retrospektiv zu bestimmen"[2]. - In Wahrheit bricht Durzaks Interpretation in dem Moment ab, wo er erkennt, daß Schicksal und Erleben der Titelfigur über sich hinausweisen. Sie wird dabei jenen Werkelementen nicht gerecht, die diesem

---

[1] Der deutsche Roman, S. 264.
[2] Ebd., S. 264. Hervorhebung von mir.

Verweis auf den durch die Werkstruktur gesetzten Bedeutungsebenen derart neu Konkretion verleihen, daß schließlich ebenjener "Sinnzusammenhang" in ganz bestimmter Weise noch jenseits des Romanzusammenhangs Aussagekraft hat.

In ähnlicher Weise wird Klaus Schuhmann aus der DDR zunächst teilweise der besonderen Form des Romans gerecht, wenn er schreibt:

> Die gesellschaftlichen Determinanten der Handlung und des Figurenaufbaus stehen hier in einem Wirkungszusammenhang mit solchen, die - in stärkerem Maße als bei anderen Schriftstellern - dem Charakter, der Psyche und den Bewußtseinsprozessen der dargestellten literarischen Gestalt entspringen.[1]

Seiner Ansicht nach

> (erklärt) (d)ie Kompliziertheit und Vielschichtigkeit der Beziehung zwischen Individuum und Gesellschaft (...) gewiß auch zu einem Gutteil, daß Erzähler wie Christa Wolf nach epischen Darbietungsformen und Erzählstrukturen suchen, die dem Autor - in der Person des fiktiven Erzählers - genügend Spielraum lassen, die erzählten Begebenheiten reflektierend und kommentierend zu begleiten[2].

Trotz dieser Einsichten will Schuhmann dann aber doch nicht darauf verzichten, die dargestellte Tätigkeit Christa T.s, ihr Schreiben, losgelöst von dem inneren Verweisungszusammenhang der Form, den er durchaus erkannt hat, als Element der Werkaussage zu interpretieren: in Christa T. den Typus einer literarischen Figur zu sehen, der vom Autor "vorwiegend Spielraum für die reflektierende Auseinandersetzung mit der Gesellschaft" eingeräumt wird und vor dem deshalb zu warnen ist, weil dessen

> Möglichkeiten, tätig in die Wirklichkeit einzugreifen oder Gegenwehr zu leisten, wenn unzumutbare Forderungen an das Individuum gestellt werden, sich in zunehmendem Maße verringern, so daß die Widersprüche zwischen Individuum und Gesellschaft nicht mehr ausgetragen, sondern verinnerlicht werden[3].

---

[1] Klaus Schuhmann, Aspekte des Verhältnisses zwischen Individuum und Gesellschaft in der Gegenwartsliteratur der DDR, in: WB 1975, H.7, S. 5-36, dort S. 27.

[2] Ebd., S. 30.

[3] Ebd., S. 29.

Dabei ist das zugrundeliegende Problem ganz offensichtlich nicht
- wie Schuhmann behauptet -, "was der einzelne Autor unter 'Anpassung' versteht"[1]. Was Christa Wolf zum Thema 'Anpassung' zu
sagen hat, ist aus keinem der isolierten inhaltlichen und aus keinem der isolierten Formelemente ihres Romans zu erschließen, sondern aus dem Werk im ganzen, das mit seinem dynamischen Charakter
die Tendenz hat, die Rezeptionssituation in einer bestimmten Weise
zu prägen. Hier, und nicht eher, hätte die von Schuhmann gestellte
Frage einen geeigneten Ansatzpunkt.

Es ist klar, daß in den beiden zuletzt zitierten Beispielen das
partielle Eingehen auf die Werkstruktur wie die schließliche Ver-
leugnung seines dynamischen Modellcharakters ihren Ort haben in
einem zugrundeliegenden Rezeptions k o n z e p t, auf das sie als
defiziente Verstehensmodi ständig verweisen. Das gilt verstärkt
für zwei Sonderfälle der Rezeption, auf die wir abschließend kurz
eingehen wollen.

Zum einen wird das A u s s c h n i t t v e r s t e h e n,
das sich in 'blindem Zitieren' niederschlägt, häufig zwar dem anders gelagerten Interesse des argumentierenden Kritikers, selten
aber dem sensiblen inneren Zusammenhang des Romans gerecht, in
dem es isolierte Inhaltsmomente und Formelemente nicht gibt. Hier
wären alle Fälle zu nennen, in denen ein Satz allein von seiner
semantischen Bedeutung, ein Bild von seinem unmittelbaren Gehalt
her verstanden, Begebenheiten, Reaktionen und Figurenkonstellationen
Symbolwert zuerkannt wird und Aussagen Christa T.s oder der Ich-
Erzählerin als Meinung der Autorin zitiert werden, ohne daß der
Interpret auch nur den unmittelbaren formalen Funktionszusammen-
hang solcher Textausschnitte in seine Deutung miteinbezieht. Solche
Fehlinterpretationen bereiten jene Mißdeutungen des 'Charakters' der
Christa T., der Werkaussage und der Intention der Autorin im ganzen

---

[1] Ebd., S. 29.

vor, auf die wir schon eingegangen sind. Hermann Kähler hat in seiner Rezension den 'unseligen Satz' "Aber was sind Tatsachen? Die
Spuren, die die Ereignisse in unserem Innern hinterlassen" (S. 218)
zum Anlaß genommen, erst der Ich-Erzählerin, dann der Autorin
den Vorwurf einer poetologischen Subjektivierung der Außenwelt zu
machen.[1] In Wahrheit, wir wiesen darauf hin, hat diese Aussage
einen präzisen Sinn auf sämtlichen Werkebenen und über diese hinaus
- liest sich dann aber ganz anders, als Kähler es damals verstehen
wollte.

Eine solche Lektürehaltung wirft zum anderen ein Licht auf diejenigen Zitate, Einzeldeutungen und allgemeinen Werkbezüge, die in
Rezensionen aus Ost und West ähnlich oder gar identisch sind - die
aber unterschiedlich bewertet und in den Zusammenhang des jeweiligen Gesamtverständnisses eingeordnet werden. In der Einleitung
sind wir von dieser auffallenden Tatsache ausgegangen. Hier wollen
wir damit unseren Überblick abschließen über die unterschiedlichen
Rezeptionstypen, wie sie vom analysierten Werkmodell her sich darstellen. M. Durzak sprach in seiner Interpretation von der "Rückkehr zur Vorstellung eines autonomen Individuums und dessen nur von
eigenen Gesetzen geleiteter Entwicklung"[2], während H. Kähler an der
"autonome(n) Persönlichkeit ohne soziale Funktion"[3] Anstoß nahm.

---

[1] Christa Wolfs unruhige Elegie, a.a.O., S. 256 f. Vgl. dazu auch:
M. Jäger, Auf dem langen Weg zur Wahrheit, a.a.O., S. 52 f.

[2] Der deutsche Roman, S. 265. Vgl. ähnlich: Wiegenstein, Verweigerung, a.a.O., S. 780.

[3] Christa Wolfs unruhige Elegie, a.a.O., S. 256. - Auffallend ähnlich formulierte Christa Wolf 1957 ihre Kritik an den Romangestalten Hans Erich Nossacks: Er suche "die Rettung des 'Menschlichen'" "(i)n der absoluten, teils selbstgewählten, teils auf-
gezwungenen Isolierung, die unter allen Umständen zur Verarmung,
zur Entleerung, zur Auflösung der menschlichen Persönlichkeit
führen muß". ("Freiheit" oder Auflösung der Persönlichkeit?, in:
Über Hans Erich Nossack, hsg. Christof Schmid, Ffm., 1970,
S. 98-111, dort S. 104; zuerst in: NDL 1957, H. 4, S. 135-142).

Entsprechend eindeutig - und einseitig - werden auf beiden Seiten Christa T.s 'Rückzug' gesehen[1], ihre Schreibversuche[2] und ihr 'Scheitern'[3]. Gemeinsam ist die Meinung, das Buch sei von Pessimismus und Resignation durchzogen[4], und die Tendenz, kaum zwischen Christa T. und der Ich-Erzählerin, zwischen dieser und der Autorin zu differenzieren. Dem daraus abgeleiteten, natürlich unterschiedlich bewerteten Komplex von 'Innerlichkeit' wird die - für DDR-Verhältnisse avantgardistische - Darstellungstechnik zugeordnet, und zwar auf die Hervorbringung entweder von 'Bedeutung' oder von 'realistisch' mißverstandenen inhaltlichen Momenten reduziert statt auf jenen P r o z e ß bezogen, dessen Dokument das Werk sein will - seiner Intention nach, wie unsere Analyse ergab, sogar derart, daß es jene Prozeßhaftigkeit in die Rezeptionssituation hineinträgt.

3. Der Einfluß der 'ideologischen Voraussetzungen'

Diese Rezeptionssituation ist nicht nur durch den Bezug auf den Roman geprägt und die Grenzen, die auch möglichen Fehldeutungen durch dessen Strukturgefüge gesetzt sind, sondern für den Kritiker auch durch die Notwendigkeit, seine Rezension selbst als k o h ä r e n - t e n D i s k u r s zu gestalten. Daher können wir auch hier noch die in der literarischen Analyse angewandte Methode heranziehen, um die Zeugnisse der Rezeption besser zu verstehen. Zunächst ist

---

[1] Vgl. die Belege oben in B. III. 4.

[2] Die Autoren des Bandes 'Parteilichkeit und Volksverbundenheit' etwa tadeln, daß die "künstlerische Tätigkeit des autonomen Individuums (...) als einzige wirklich schöpferische Tätigkeit betrachtet (wird)". (Ebd., S. 233)

[3] Vgl. etwa: Rudolf Steinbeck, Biographie eines gescheiterten Lebens (Rez.), in: 'Der Tagesspiegel' (Berlin) vom 18.1.1970.

[4] Z.B. H. Sachs, Verleger sein heißt ideologisch kämpfen, a.a.O. - Vgl. auch Jörg B. Bilke, Die Wirklichkeit ist anders, a.a.O.; Thomas Feitknecht, Die sozialistische Heimat. Zum Selbstverständnis neuerer DDR-Romane, Bern, Ffm., 1971, S. 80; auch Wiegenstein, der von dem Buch als "Beschreibung einer verlorenen Hoffnung" spricht (Verweigerung, a.a.O., S. 780).

festzuhalten - da nun der Blick von der Werkstruktur her sich um-
kehrt -, daß zu dem neuen Zusammenhang, den die Interpreten herstellen, häufig analoge Konstellationen im Roman vorliegen. Vor allem sind bestimmte Verstehenshorizonte, die in der Rezeption ver-
absolutiert werden, tatsächlich als Bedeutungsebenen im Werk angelegt. Wer den Roman 'realistisch' verstehen will, wer aus ihm
historisches Urteil und historische oder Zeitkritik herauslesen,
eine 'humanistische' oder 'existentialistische' Perspektive feststellen will, der kann sich auf das Zusammenspiel vieler Form-
und Bedeutungselemente, manchmal sogar auf Sinnkonstellationen berufen, die das dynamische Modell, das wir analysierten, aus dem
Material verschiedener Werkebenen zusammenstellen kann. Aber selbst
in einem solchen Fall, wo der Rezensent den immanenten Verweisungszusammenhang des Werkes teilweise anerkennen kann, muß das Inter-
pretationsergebnis vereinbar sein mit seinen philosophischen,
anthropologischen, ästhetischen und politischen Grundkonzeptionen,
die häufig nicht mitreflektiert werden - wir sagen abgekürzt: mit
seiner I d e o l o g i e.

Dieser ideologische Zusammenhang ersetzt bei vielen bundesrepublikanischen Rezensenten den methodisch schwierigen Übergang von
der werkimmanenten Interpretation zur politischen Dimension von
'Nachdenken über Christa T.'. Wo dann aber eingeräumt werden muß,
daß der 'zeitlose' Konflikt zwischen Individuum und Gesellschaft
im Roman durch bestimmte reale Konflikte in der Wirklichkeit der
DDR repräsentiert wird, versagt häufig das Instrumentarium der Deutung, und die politische Stellungnahme wird als Lektüre-Ergebnis ausgegeben. Das Buch wird dann zum Dokument von "Oppositionsliteratur",
Christa Wolf zur politischen "Außenseiterin" ihrer Gesellschaft.[1]
Die Interpreten folgen dabei einem Wunschdenken, dem es nicht ins
Konzept paßt, daß eine DDR-Autorin zwar wirklich Kritik übt, aber

---

[1] So z.B. ansatzweise Hans-Dietrich Sander, Die Gesellschaft und
Sie (Rez.), in: 'Deutschland-Archiv' (Köln) 1969, H. 6, S. 599-
603, dort S. 602.

eben k o n s t r u k t i v e Kritik in unbezweifelbarer Loyalität
gegenüber ihrem Staat. Sie isolieren und verabsolutieren etwa Sätze,
die sich ihnen für ihre Pessimismus-These anzubieten scheinen, und
übersehen diejenigen Strukturelemente, die das Buch zu einem "zu-
kunftssüchtige(n) Erinnerungsroman"[1] werden lassen, die Botschaft
in die Konkretion der veränderbaren und zu verändernden Geschichte
hineintragen und hier Hoffnung präsent machen.

Schauen wir nun auf die Rezeption in der D D R, so fallen zunächst die erwähnten Gemeinsamkeiten mit den Deutungsansätzen bun-
desrepublikanischer Kritiker auf. Die Interpreten können beispielsweise an der 'existentialistischen' Deutung anknüpfen, die sie
dann allerdings als Vorwurf gegen die Autorin wenden. Auf diese
Weise kommt H. Kaufmann zu seinem Urteil, daß Christa Wolf "die -
für jedes Individuum notwendig begrenzte - Praxis prinzipiell
schnöde (behandle) und die Menschlichkeit jenseits von ihr im Raum
des Unverwirklichten (aufsuche)"[2]. Die Autoren des Bandes 'Parteilichkeit und Volksverbundenheit' schätzen Christa T. ein "gleichsam als Ebenbild des 'eigentlichen' Menschen, der jenseits vom 'Reich
der Notwendigkeit' seine Persönlichkeit ausbilden konnte"[3], und
Elisabeth Simons meint: "Christa T. lebt aus sich selbst heraus dem
'Versuch, man selbst zu sein'"[4]. Diese DDR-Interpreten verknüpfen
dann eine solche Werkdeutung mit ihrer eigenen sozialistischen Auf-
fassung, die sie - nun folgerichtig - zur Ablehnung des Werkes führt.
Indem die DDR-Kritiker sich auffallend schnell über die "selbst-
gewählte Ausgliederung"[5] Christa T.s einig waren sowie darüber, daß

[1] H. Mohr, Sehnsucht, a.a.O., S. 233.

[2] Zu Christa Wolfs poetischem Prinzip, a.a.O., S. 119.

[3] Parteilichkeit, S. 230 f.

[4] "Das Andersmachen, von Grund auf". Die Hauptrichtung der jüngsten
erzählenden DDR-Literatur, in: WB, Sonderheft zum 20. Jahrestag
der Gründung der Deutschen Demokratischen Republik, 1969, S. 183-204,
dort S. 201.

[5] E. Simons, "Das Andersmachen, von Grund auf", a.a.O., S. 201.

sie als eine Gescheiterte zu verstehen sei und dieses Scheitern seinen Grund vorwiegend in ihr selbst habe, versuchten auch sie, sich
der wahren Provokation des Werkes zu entziehen. - Heinz Sachs steht
für viele, wenn er als Verleger des Buchs in seiner Selbstkritik
sagte, die "Heldin", Christa T., sei so angelegt, daß eine Beantwortung der Frage "Wie soll man leben?" (womit eine Frage des Kultur-
ministers K. Gysi zitiert wird) im sozialistischen Sinn kaum möglich
sei. Christa Wolf brächte "die Möglichkeiten, die die sozialistische
Gesellschaft dem einzelnen bietet, (...) nicht zur Geltung"[1].

Schon die Voraussetzungen dieses Urteils sind problematisch, denn
wir sahen, daß die Botschaft des Buchs nicht allein in der Persönlichkeit der Christa T. und ihrem Verhalten gesucht werden darf, sondern daß sie vor allem in den "Verwandlungen" jener Gestalt (S. 216)
zu suchen ist, die den Reflexionsprozeß von Erzählerin, Autorin,
einzelnem und gesellschaftlichem Rezipienten bestimmt. Wenn der
Modellcharakter des Werkes beachtet wird, kann aber gezeigt werden, daß die Autorin sehr wohl "spezifisch sozialistische Antworten
gibt"[2].

Die Unterstellung, daß im Werk "Normen gesellschaftlichen Zusammen-
lebens im Sozialismus und individueller Anspruch an das Leben
(...) wie unaufhebbare Gegensätze (wirken)"[3], ist von der leicht
durchschaubaren Tendenz bestimmt, die realen Widersprüche in der
DDR-Gesellschaft zu verharmlosen und auf dem Wege der Sprachregelung
zu lösen. Diesen Weg schlägt F. Selbmann ein, der dem problematisier-
ten "Anspruch des Helden auf Selbstverwirklichung" kurzerhand die
Definition entgegenhält, der Sozialismus sei

> der Gesamtprozeß der Selbstverwirklichung aller Glieder
> der Gesellschaft, das Ensemble aller individuellen Prozesse
> der Entwicklung der in der sozialistischen Gesellschaft le-
> benden Menschen zu sich selbst[4].

---

[1] Verleger sein heißt ideologisch kämpfen, a.a.O.

[2] Sachs, ebd. als Forderung an Christa Wolf.

[3] Autorenkollektiv, Sozialistischer Realismus - Positionen, S. 170.

[4] Fritz Selbmann, Parteilichkeit - das Entscheidende! Diskussions-

Die Folge: das Problem der sogenannten "Anspruchsliteratur"[1]
existiert nicht, denn logischerweise kann in der DDR

> von keinerlei Anspruch des Individuums an die Gesellschaft
> die Rede sein (...) und folglich auch nicht von Konflikten,
> die sich aus der Weigerung der Gesellschaft, diesen An-
> sprüchen zu genügen, ergeben[2].

Ob es allerdings wirklich 'nichts ist' "mit dem Anspruch des Helden
an die Gesellschaft und der so beliebten, weil so modernen Frustration
und allen ihren Folgen"[3] - das muß bezweifelt werden. Solche ideologischen Sprachübungen bewirken, daß hinter der konkreten und bisweilen sehr differenzierten Kritik von DDR-Interpreten am Roman gelegentlich drohende Schatten aufziehen. Jede Konfliktdarstellung, deren
Relativierung und werkimmanente 'Aufhebung' durch das Modell der
Kritiker nicht erkennt, muß nun zum Beleg werden entweder für die
Häresie, antagonistische Widersprüche auf der Basis sozialistischer
Produktionsverhältnisse zu behaupten, oder gar für die Ketzerei,
das Vorhandensein dieser materialen Basis überhaupt zu leugnen.

Daß solches Befangensein in ideologischen Konstellationen auch
in der DDR-Rezeption zu handfesten Interpretationsfehlern führt,
mag wiederum ein Beispiel verdeutlichen. Wenn Christa T. von der Gesellschaft, in der sie lebt, nicht Hilfe zur Selbstverwirklichung
geboten, sondern - wie es sich ihr subjektiv darstellt - der inhumane
Anspruch an sie gestellt wird, 'Rädchen im Getriebe' zu werden, so
liegt hierin eine Kritik der politischen Zustände zunächst d e r
Epoche, in der diese Vorgänge spielen. Christa Wolf betont, daß es
sich hier um die fünfziger Jahre handelt, und läßt die Ich-Erzählerin
wiederholt über die Unterschiede reflektieren zwischen jener Vergangenheit und ihrer Erzählergegenwart (vgl. etwa S. 54 f.; 63; 67; 168).
Indem DDR-Rezensenten die Kritik an jenen Zuständen der fünfziger

---

beitrag auf dem VI. Deutschen Schriftstellerkongreß 1969, in: NDL 1969,
H. 9, S. 100-105, dort S. 105.

[1] Vgl. Dieter Schlenstedt, Ankunft und Anspruch. Zum neueren Roman in
der DDR, in: Sinn und Form 1966, H. 3, S. 814-835.

[2] F. Selbmann, Parteilichkeit - das Entscheidende!, a.a.O., S. 105.

[3] Ebd., S. 105.

Jahre undifferenziert als Kritik an der DDR von 1968 lasen, verkannten sie bereits den Aufbau des Buchs, in dem Übertragungsakte immer Konkretisierungsakte sind, und seinen Anspruch, diesen Rhythmus, verbunden mit einer konkreten politischen Botschaft, in die Rezeptionssituation einzubringen.

Die Gründe für diese spezifische Blindheit einiger DDR-Leser lassen sich benennen. Sie sind zeitlich fixierbare Konstituenten e i n e r solchen Rezeptionssituation. Obwohl Christa Wolf, die SED-Mitglied ist, mit ihren Kritikern die sozialistische Grundposition teilt, unterschied sich ihr Verständnis des Sozialismus und seiner Entwicklungsgesetze, das - so lautet das Ergebnis unserer Analyse - besonders in der Werk s t r u k t u r seinen Ausdruck findet, vom Verständnis derer, die beim Erscheinen des Romans in der ideologischen und politischen Debatte die Führung innehatten:

- Während M.W. Schulz betont, daß es an der vorausgegangenen gesellschaftlichen Entwicklung der DDR nichts zu kritisieren gebe[1], fordert Christa Wolf, gerade diese Aufbauzeit und die Fehler und Irrtümer, die es da gegeben hat, zu verarbeiten.[2]

- Während Schulz weiter tadelt, die "Geschichte" sei so, wie sie "nun einmal erzählt ist, (...) angetan, unsere Lebensbewußtheit zu bezweifeln, bewältigte Vergangenheit zu erschüttern, ein gebrochenes Verhältnis zum Hier und Heute und Morgen zu erzeugen"[3] - und hier ist die Vergangenheit des Nationalsozialismus gemeint -, zeigt Christa Wolf, daß sie diese Auseinandersetzung noch lange nicht für abgeschlossen hält.[4]

- Im Jahre 1967 breiteten sich zunehmend Fortschrittsoptimismus und Euphorie aus angesichts des "entwickelten gesellschaftlichen Systems des Sozialismus", und dieser wurde nicht mehr als eine "kurzfristige

---

[1] Das Neue und das Bleibende, a.a.O., S. 36.

[2] Vgl.: Christa T. "hat geglaubt, daß man an seiner Vergangenheit arbeiten muß wie an seiner Zukunft (...)." (S. 181)

[3] Das Neue und das Bleibende, a.a.O., S. 47.

[4] Vgl. z.B. Wolf, in: H. Kaufmann, Gespräch mit Christa Wolf, a.a.O., S. 98 f.

Übergangsphase in der Entwicklung der Gesellschaft", sondern als eine "relativ selbständige sozialökonomische Formation" in der Übergangsepoche zum Kommunismus hin deklariert.[1] Christa Wolf verbietet demgegenüber sich 'einzurichten'; sie fordert durch die Ich-Erzählerin auf, 'Christa T.' gerade j e t z t 'hervorzubringen', und spricht vermittelt - die entsprechenden Linien müssen freilich ausgezogen werden - von ihrer Gesellschaft, wenn sie die Ich-Erzählerin sagen läßt: "Ich sah sie (gemeint ist Christa T.) vorbeiziehen, in allen ihren Gestalten (...), begriff, daß der Wunsch unpassend ist, sie irgendwo für immer ankommen zu sehen." (S. 216) - H. Kaufmann stellt einen Gegensatz her zwischen der "praktischen, materiellen, gesellschaftlichen Tätigkeit" und der "'Menschwerdung des Menschen' (...) als Aneignung moralischer Werte"[2]; Christa Wolf dagegen gestaltet die unaufgebbare Zusammengehörigkeit dieser beiden Komponenten für die Entwicklung des Sozialismus.

- Glaubte man in der DDR, mit der Verstaatlichung von Kapital und Grundeigentum sei das Wichtigste für das Erreichen des Sozialismus getan, so legt Christa Wolf den Finger darauf, daß genauso notwendig die Veränderung des Bewußtseins der Menschen ist. Die Bürokratie in diesem Staat, der sich als Ausdrucksform des 'kollektiven Interesses' gibt, enthüllt sie als hemmende Kraft.

Unterschiedliche Konzeptionen von Sozialismus bei Christa Wolf und dem größten Teil der frühen DDR-Rezeption sind also der Grund, daß dieser Autorin, die bewußt s o z i a l i s t i s c h e Kritik an den bestehenden Verhältnissen übt, eine idealistische, also nicht-marxistische Weltsicht und mangelnde Parteilichkeit vorgeworfen werden. In ihren V o r a u s s e t z u n g e n ist Christa Wolf mit ihren Kritikern solidarisch; sie geht jedoch in ihrem Sozialismusverständnis über diese hinaus. Dieses Darüber-hinaus-Gehen ist

---

[1] W. Ulbricht, in: 'Neues Deutschland' vom 13.9.1967, zit. nach: Autorenkollektiv Frankfurt, Probleme, S. 11.

[2] In: Gespräch mit Christa Wolf, a.a.O., S. 110 f.

es nun gerade, an dem die ersten DDR-Reaktionen auf das Werk negativ anknüpften.

Freilich war sich diese Kritik weder ihrer Motive bewußt, noch vermochte sie klar zu formulieren, was sie ablehnte. Vergleicht man die analysierte Romanstruktur und die in ihr sich manifestierende politische Aussage mit dem partei- und kulturpolitischen Standpunkt, den die ersten Stellungnahmen dem Werk gegenüber genauer definieren wollten, so kann man nur staunen, daß sie sich auf die Komplexe "Innerlichkeit" und "Reflexion statt Aktion" konzentrierten - die Bedrohung, die von dem Roman ausging, also in einer "Rechtsabweichung" lokalisierten, während sie in Wahrheit, denkt man in diesen Kategorien, wohl eher eine "Linksabweichung" war, da die Erstarrungstendenzen in der DDR-Gesellschaft von sozialistischen Kategorien her in Frage gestellt wurden. Jedenfalls besteht eine offenkundige Analogie zwischen Christa Wolfs Tendenz, eine solche Weiterentwicklung manifest zu fordern sowie ihrer Abneigung, Widersprüche zu verschleiern, und der besonderen Fähigkeit des Werkmodells, solche Widersprüche aufzugreifen und sie zum Movens dynamischer Bedeutungsübertragungen zu machen. Dialektik und Dynamik als gern übersehene Modelleigenschaften der Werkstruktur entsprechen dabei Strukturelementen Blochschen Denkens.

Auch in der B u n d e s r e p u b l i k wurde am eigentlichen Ärgernis des Buches vorbeigelesen. Die innerliterarische Struktur des Werkes weist bei konsequenter Analyse über sich selbst und damit über die werkimmanente Interpretation hinaus, zu der sich die meisten Rezensenten als grundlegender Deutungsmethode bekennen. Bestimmte Struktureigenschaften der literarischen Form können nur rezipiert werden, wenn der Leser Inhalte und Bedeutungen in seine historische Situation überträgt. Dabei ist offensichtlich die DDR der siebziger Jahre ein privilegierter Bedeutungshorizont für die Botschaft des Buches, zu deren Inhalt die Forderung nach Verwirklichung des Sozialismus gehört. - Für den bundesrepublikanischen Leser ergibt sich folglich ein Kontext des Verstehens, der für die zunächst zu erschließende Intention des

Buches von sekundärer Bedeutung ist. Dies ist das Moment von Wahrheit, auf das die verabsolutierenden Schlußfolgerungen von Wolfgang
Werth und Konrad Franke zurückzuführen sind,'Nachdenken über Christa
T.' sei "nicht für uns bestimmt"[1]: "Uns, den westdeutschen Lesern,
will die Autorin Christa Wolf garnichts sagen."[2] Diese selbst sagt
vorsichtiger und genauer, es sei "überhaupt nicht möglich", 'Nachdenken über Christa T.' "zu lesen als ein Buch, dessen (...) innerer
Verlauf woanders spielen könnte" als in der DDR.[3]

Wenn dem aber so ist, wenn das Werkmodell tatsächlich in dieser
Weise konkret ist, sollte sich dann die Aufmerksamkeit der Kritik
nicht eigentlich d a r a u f richten? Hebt sich eine immanente
Werkanalyse nicht selbst auf, wenn sie zu dem Ergebnis führt, die
Werkintention sei über die Konstruktion weiterer Bedeutungshorizonte
hinaus auf die Erschließung neuer A k t i o n s felder durch den
Rezipienten als sinnvollem Abschluß des Rezeptionsaktes gerichtet?
Weiter: Müßte die politische Ablehnung des Standpunktes der Autorin
nicht zur ästhetischen Verurteilung des Romans führen? Oder umgekehrt: Kann man die ästhetische Qualität des Werkes anerkennen und
den politischen Standpunkt der Autorin ignorieren oder gar verurteilen, wenn die politische Dimension doch in der W e r k s t r u k t u r
verankert ist?

Auf dem von uns stattdessen eingeschlagenen Weg führt die literarische Analyse zu einer anderen aufregenden Frage, die Christa Wolfs
Buch ebenfalls aufreißt: Läßt sich mit Hilfe der Kategorie der strukturellen Kohärenz, die die Einheit unserer Deutung von der Entstehungs-
bis zur Verstehenssituation des Werkes sichert, eine Brücke schlagen
von der Konzeptions- zur Wertungsästhetik?

---

[1] Wolfgang Werth, Nachricht aus einem stillen Deutschland. Christa
Wolf: "Nachdenken über Christa T." (Rez.), in: 'Monat' 253
(Hamburg), 1969, S. 90-94, dort S. 90.

[2] Konrad Franke, Ihrer Generation voraus. Christa Wolf: "Nachdenken
über Christa T." (Rez.), in: 'Frankfurter Hefte' 1970, H. 7,
S. 524-525, dort S. 524.

[3] Im Interview mit Corino, a.a.O.

4. Weitere Faktoren der Rezeptionssituation

Bei dem Versuch, von den Ergebnissen unserer Werkanalyse her dessen Rezeption besser zu verstehen, sind wir davon ausgegangen, daß durch den Bezug auf den Roman eine Situation entsteht, in der dessen dynamische Struktur fortwirkt. Die Rezeptionszeugnisse haben wir formal als Versuche charakterisiert, die Werkstruktur abzubilden und ihren Implikationen gerecht zu werden. Unsere Analyse führte also zunächst zu einer Klassifizierung der Rezeption, in der wir Typen der Modell a b w e i c h u n g unterschieden - denn als eine solche wird ja definitionsgemäß jedes gestaltete Ergebnis der Romanlektüre beschreibbar. Vorausgesetzt ist dabei, daß ebenso wie beim Roman auch in den Rezeptionen das Bemühen um strukturelle Kohärenz das leitende Gestaltungsprinzip ist; eine Rezension ist ein Diskurs, mit dem ein Kritiker ein Werk von seinen 'ideologischen Voraussetzungen',   ✳ d.h. den stabilen Momenten seines Denkens her interpretiert. Das System dieser Voraussetzungen in Ost und West ist bekannt, und wir konnten - indem wir dies in Rechnung stellten - in einem zweiten Durchgang ansatzweise zeigen, w a r u m bestimmte Eigenschaften des Buches allgemein und hartnäckig verkannt wurden.

Von diesem Modell der Rezeptionssituation her wollen wir nun noch einige ihrer Faktoren näher ins Auge fassen. Die Rezeption als Aktion ist ja nicht nur durch ihren Objektbezug gekennzeichnet; ihre vorgegebene innere Gesetzmäßigkeit vermittelt nicht nur zwischen der Werkstruktur, der zu entsprechen sie bemüht ist, und den ideologischen Gegebenheiten, denen sie Rechnung zu tragen hat; sondern sie ist - wie der Roman selbst - als Ergebnis der konkreten Handlung eines Rezipienten die A n t w o r t auf eine b e s t i m m t e P r o b l e m - k o n s t e l l a t i o n s e i n e r U m w e l t. Wie wir wiederholt feststellten, begegnet die Struktur des Romans, der als Handlungsmodell auf diese Rezeptionssituation angelegt ist, der Mannigfaltigkeit der möglichen äußeren Bedingungen und deren Veränderbarkeit dadurch, daß sie Inhalte deutend aufgreift und diese Deutung übertragbar macht, ohne an die Inhalte gebunden zu bleiben.

Offensichtlich waren diese Rahmenbedingungen schon beim Erscheinen des Romans in der Sowjetunion und in Polen andere als in der DDR.
Daß es dort leichter fiel, seinem Anspruch gerecht zu werden,[1] mag damit zusammenhängen, daß nicht die e i g e n e Gesellschaft und der
eigene Staat kritisiert wurden, aber nicht zuletzt auch damit, daß
man in diesen Ländern nicht wie in der DDR eine nationalsozialisti-
sche Vergangenheit aufzuarbeiten hatte und deshalb auf wesentliche
Züge des Buches unbefangener reagieren konnte. Darüber hinaus
scheint die Übereinstimmung mit Christa Wolfs Sozialismusverständnis größer, etwa wenn die russische Literaturwissenschaftlerin Tamara
Motyljowa das Erscheinen des Werkes ausdrücklich begrüßt[2] und im
selben Zusammenhang schreibt, daß

> (i)n der reifen, entwickelten sozialistischen Gesellschaft
> (...) sich das Gefühl für den Wert der einzelnen Persön-
> lichkeit (steigert). (D)as Recht eines jeden auf persönliches
> Glück (realisiert sich) selbst in einer gerecht eingerichteten
> Gesellschaft nicht automatisch, und nicht immer fällt es dem
> Menschen leicht, s e i n S e l b s t z u f i n d e n.[3]

In der D D R wirkte sich der Wandel in der Kulturpolitik auch auf
die Einstellung zu Christa Wolfs Roman aus, nachdem 1971 auf dem
8. Parteitag der SED bisher gültige gesellschaftliche und ökonomische

---

[1] Belege: vgl. Einleitung. - Demgegenüber fällt die äußerst scharfe
Kritik in einer frühen Besprechung des Romans in Ungarn auf: In
Hellmuth Nitsches Aufsatz ' Quo vadis Christa Wolf?' ist von einer
"destruktiven" Erzählung die Rede, gibt es Formulierungen wie "naiv-
dümmliche Erzählerfigur", "geistig-verschrobene Kleinbürgerfigur",
"asketisch-primitive Gläubigkeit" und "impotentes Kunstwollen".
(In: Német Filológiai Tanulmányok 1970, H. 5, S. 155-171. Zitiert
nach: Brigitte Schmidt-Burgk, Gesellschaftlicher Außenseiter und
sozialistische Gesellschaft in Christa Wolfs "Nachdenken über Christa
T.", Staatsexamensarbeit Münster, 1976 Masch., S. 30).

[2] Spiegel der Wandlung. Literatur der DDR in sowjetischer Sicht,
in: Sinn und Form 1969, H. 5, S. 1047-1067, dort S. 1066.

[3] Ebd., S. 1065.

Ansichten revidiert wurden und der Begriff der "Übergangsphase" als Phase eines sich dialektisch vollziehenden Geschichtsprozesses wieder aufgenommen wurde. In zwei Neuauflagen (1973 und 1974[1]) wurde das Buch erstmals größeren Kreisen der Bevölkerung zugänglich gemacht. Wie die Rede vom Sozialismus als "relativ eigenständiger Gesellschaftsformation" (W. Ulbricht 1967) nun aufgegeben wird, so wird die "humanistische Realität" der Gesellschaft "(a)uch im reifen Sozialismus" nun nicht mehr als faktisch erreichtes Ziel dargestellt, sondern "zunächst als eine M ö g l i c h k e i t k ü n f t i g e r E n t - f a l t u n g" begriffen.[2] Der Kunst habe es um die "Aneignung der gesellschaftlichen M ö g l i c h k e i t zu persönlicher Entfaltung" zu gehen[3], denn die 'Wirklichkeit der humanistischen Realität' "schließt nicht aus, sondern ein, daß sie immer wieder neu als M ö g - l i c h k e i t entdeckt werden muß"[4].

Bezeichnend für den parallelen Fortschritt in der Sozialismusdiskussion seit 1971 ist die Einschätzung des Werks in H. Kählers Beitrag 'Christa Wolf erzählt' von 1975[5] - vor allem wenn man ihn vergleicht mit seinem Aufsatz von 1969. Im Gegensatz zu damals erfaßt Kähler nun die Grundproblematik, die in der "angestrebten Verallgemeinerungsweise" liegt: "Wie zeigt sich im Alltag des einzelnen die Dimension der Epoche? Wie berühren sich Individualgeschichte und Gesellschaftsgeschichte (...)?"[6] In einer Epoche, in der es

---

[1] Nach A. Stephan, Christa Wolf, S. 91.

[2] H. Koch, in: Zur Theorie des sozialistischen Realismus, hsg. vom Institut für Gesellschaftswissenschaften beim ZK der SED, S. 271.

[3] Ebd., S. 272.

[4] Ebd., S. 271.

[5] In: Weggenossen. Fünfzehn Schriftsteller der DDR, hsg. vom Institut für Gesellschaftswissenschaften beim ZK der SED unter Leitung von Klaus Jarmatz und Christel Berger, Ffm., 1975, S. 214-232 (zuerst Leipzig, 1975).

[6] Ebd., S. 225.

im geistigen Leben der DDR Erscheinungen einer raschen Begeisterung für die neuen Fragen gab, welche mit der humanistischen Bewältigung der wissenschaftlich-technischen Entwicklung im Sozialismus zusammenhängen, Erscheinungen auch, die tatsächliche Differenziertheit der sozialistischen Gesellschaft zu vernachlässigen[1],

habe Christa Wolf mit ihrem Werk "(d)as Miteinander- und Füreinander-verantwortlich-Sein, die Botschaft des Gegenseitig-sich-verpflichtet-Fühlens und Aufeinander-angewiesen-Seins"[2] hervorgehoben. Kähler nimmt Christa Wolfs Intention auf, wenn er sagt, das Buch "signalisierte ein tieferes gesellschaftliches Problem, ohne dem Leser eine direkte Antwort in die Hand zu geben"[3]. Er stellt sich dem Anspruch, die Dynamik des Werkes in das konkrete Material der Geschichte hineinzutragen, um hier die Lektüre in der gesellschaftlichen Praxis zu vollenden:

Die Antwort wird in den folgenden Jahren der gesellschaftlichen Entwicklung in vielfältiger Weise und auf verschiedenen Gebieten des Lebens gesucht. Sie wird, wie wir wissen, die sozialistische Gesellschaft noch lange praktisch und geistig bewegen.[4]

Die Weiterentwicklung in der kulturpolitischen Auseinandersetzung[5] war sicher auch mitbestimmend dafür, daß 1974 in dem neuen 'Lexikon deutschsprachiger Schriftsteller' gesagt werden kann, die Figur der Christa T. sei "nicht als Vorbild, sondern als beunruhigendes Beispiel" angelegt und die Autorin habe mit ihr "neue Probleme des so-

---

[1] Ebd., S. 228.

[2] Ebd., S. 226.

[3] Ebd., S. 229.

[4] Ebd., S. 229.

[5] Vgl. Manfred Jägers informative Analyse des neuen Verständnisses von "sozialistischer Kunst" in der Kulturpolitik nach 1971, die an dem neuen DDR-Standardwerk 'Zur Theorie des sozialistischen Realismus' (1975) anknüpft: M. Jäger, Kulturpolitik in der DDR nach dem VIII. Parteitag der SED, in: 'Sozialstruktur und Sozialplanung in der DDR', Sonderheft 1975 der Zeitschrift 'Deutschland-Archiv', 1975, S. 124-137.

zialistischen Menschenbildes aufgeworfen"[1], und daß in der 1976
erschienenen 'Geschichte der Literatur der Deutschen Demokratischen
Republik' die "Bestrebungen" im 'Nachdenken über Christa T.' anerkannt werden, "das 'Subjektwerden des Menschen' im Alltag aufzu-
spüren und dabei neue Maßstäbe, aber auch die Widersprüche der
neuen gesellschaftlichen Entwicklungsperiode ins Bewußtsein des
Lesers zu heben; sie waren nicht durch eine Reduktion auf einfache-
re Zusammenhänge zu beseitigen."[2]

In der B u n d e s r e p u b l i k gab es keinen entsprechenden Einschnitt in der Wirkungsgeschichte von 'Nachdenken über
Christa T.'; doch zeigt ein Blick in zwei Aufsätze aus jüngster
Zeit, daß auch hier sich Rahmenbedingungen der Rezeptionssituation
verändert haben, insofern der Roman jetzt als eine Antwort auf
konkrete politische und gesellschaftliche Problemkonstellationen
verstanden werden kann: Frauke Meyer erkennt in der Analyse des Romans,
daß es sich in ihm

> nicht um die Wiedergabe von Erfahrungen (handelt), sondern
> um die Rekonstruktion, um die L e k t ü r e von Erfah-
> rungen im Medium reflektierender Erinnerung. Die berichte-
> ten Tatsachen (...) werden in Bewegung gebracht durch den
> Wechsel zwischen den verschiedenen Schichten von Sinngebung.
> Dieser Prozeß ist mit dem Ende des Buches nicht abgeschlossen.[3]

Und für Andreas Huyssen ist "Christa Wolfs Aneignung des Prinzips
Hoffnung (...) durchaus konsistent mit ihrer Definition künstleri-
scher Prosa und damit ihrer eigenen Rolle als Schriftstellerin in
einem sozialistischen Staat"[4]. - Von diesen Positionen aus - mögen

[1] Lexikon deutschsprachiger Schriftsteller von den Anfängen bis
zur Gegenwart, Bd. 2, hsg. von Autorenkollektiv unter Leitung
von K. Böttcher, Leipzig, 1974, dort S. 480.

[2] Geschichte der Literatur der DDR. Sonderband. Hsg. von Autorenkollektiv unter Leitung von H. Haase u.a., Berlin/DDR, 1976,
S. 548.

[3] Zur Rezeption von Christa Wolfs "Nachdenken über Christa T.",
a.a.O., S. 31.

[4] Auf den Spuren Ernst Blochs, a.a.O., S. 115.

sie auch unterschiedliche Aspekte akzentuieren - ist es nun möglich
geworden, einem spezifischen Strukturmerkmal des Werkes gerecht
zu werden. Huyssen weiß, daß es in Christa Wolfs Prosa um "Befreiung"
geht "nicht nur durch Schreiben, sondern auch durch Lesen":[1] "Das
Nachdenken über die Widersprüche in Christa T.s Leben, die zugleich
auf Widersprüche in der Entwicklung der DDR deuten, kann, so meint
Christa Wolf, durchaus produktiv werden."[2] Und F. Meyer erkennt, daß
Christa T.s

> gelebte Zeit - realhistorisch - zur geschichtlichen (wird)
> im doppelten Sinne: Die gesellschaftlichen Bedingungen wer-
> den verändert sein, so daß Zweifel wie die ihren und vor-
> zeitige Tode der Vergangenheit angehören werden; zudem:
> schreibend zum Exempel gemacht wurden, um Anstoß zu sein
> für die Herstellung dieser neuen gesellschaftlichen Wirklich-
> keit.[3]

Blicken wir wiederum auf die D D R, so erscheinen nachträglich
neben dem Neuansatz in der Kulturpolitik von 1971 und der wieder-
belebten Sozialismusdiskussion die Ergebnisse der dortigen L i t e -
r a t u r w i s s e n s c h a f t als ein weiterer Ermöglichungsgrund für ein neues und tieferes Verständnis des Werkes. Doch zeigt
sich gerade bei genauerer Betrachtung dieses Faktors der Rezeptionssituation, daß wir uns vor einem mechanistischen Verständnis unseres darauf bezogenen Versuchs einer Modellbildung zu hüten haben.
Wir werden ferner davor gewarnt, beim Bemühen, das Zusammenspiel
der konstituierenden Momente zu erfassen, diese Situation aus dem
gesellschaftlichen Kontext auszuklammern, und schließlich spricht
der Vergleich von Voraussetzung und praktischer Wirkung der Literaturtheorie in der DDR gegen die ökonomische Reduktion beim Versuch, die Wirkungsgeschichte des Werkes zu begreifen.

---

[1] Ebd., S. 111.

[2] Ebd., S. 112.

[3] Zur Rezeption von Christa Wolfs "Nachdenken über Christa T.",
a.a.O., S. 31.

Frauke Meyer sagt bereits zur Konzeptionssituation des Romans, er sei in einer Zeit entstanden, da in der DDR "(k)ybernetische Modelle (...) politische Entscheidungen, politisches Bewußtsein zu verdrängen (drohten)"[1]. Rhetorisch fragt sie, ob 'Nachdenken über Christa T.' damals etwa "zur alternativen Entscheidung zwischen Gottfried Keller und Georg Klaus" habe herausfordern wollen.[2] Tatsächlich hatte das 1963 beschlossene "Neue ökonomische System der Planung und Leitung"[3] Kybernetik und Systemtheorie bereits vor Erscheinen des Buches Eingang in die "Kulturwissenschaften" der DDR verschafft. Doch entsprachen gerade damit der Literaturtheorie zugänglich gemachte Begriffe wie "Struktur", "Funktion" und "Modell" dem komplexen Aufbau von 'Nachdenken über Christa T.' Die von Christa Wolf verwendeten literarischen Techniken und die gleichzeitig entwickelten literaturwissenschaftlichen Theorien wären noch kurze Zeit zuvor gemeinsam mit dem Etikett des "bürgerlichen Formalismus" versehen worden, und uns erscheint es heute so, als hätte in der DDR durchaus die Möglichkeit bestanden, den von uns analysierten Eigentümlichkeiten des Buchs gerecht zu werden, wenn das vorhandene Deutungspotential praktisch angewandt worden wäre. Indem wir von unserem Ansatz her die Entsprechungen zwischen Romantechnik und dem damals bereitstehenden Analyse-Instrumentarium klar erkennen können, tritt die Tatsache umso schärfer hervor, daß in der ersten Phase der DDR-Kritik Fehldeutungen häufig waren.

Bereits damals richtete sich in der Literaturtheorie der DDR die Aufmerksamkeit neben den produktions- auf rezeptionsästhetische Fragen.[4] Sie ging wie wir davon aus, daß die historische Konzeptions-

---

[1] Ebd., S. 26.

[2] Ebd., S. 26.

[3] Vgl. die "Richtlinie (des Ministerrates) für das neue ökonomische System der Planung und Leitung der Volkswirtschaft" vom 11.7.1963, in: Thomas, Modell DDR, S. 188-192.

[4] Vgl. hierzu Peter Uwe Hohendahl, Ästhetik und Sozialismus: Zur neueren Literaturtheorie der DDR, in: Literatur und Literaturtheorie in der DDR, hsg. Peter Uwe Hohendahl und Patricia Herminghouse, Ffm.,

situation und die Widersprüchlichkeit in der Rezeptionssituation unerläßlich zum Verständnis des Buches sind. Die Abbildfunktion, der mimetische Charakter des Kunstwerks wurde nun neu und anders verstanden als zuvor. Entgegen dem bisher nicht selten mechanistischen Widerspiegelungsverständnis erkannten die Literaturwissenschaftler die M o d e l l h a f t i g k e i t des Kunstwerks, die dem Leser verbietet, eine einzige fixierte Botschaft zu suchen, die vielmehr seine engagierte Mitarbeit erfordert.[1] Rita Schober, die sich seit 1968 intensiv mit dem französischen Strukturalismus auseinandergesetzt hat[2], urteilt schon 1971:

> Der tatsächlich nicht abreißende Prozeß der Rezeption und Interpretation, der sich ebenso empirisch nachweisbar jedoch nur an großen Kunstwerken vollzieht, d.h. an solchen, die einen großen Gegenstand behandeln, hängt mit dem M o d e l lcharakter des literarischen Abbildes zusammen[3],

und sie gibt der "Nouvelle Critique" darin recht, "daß sich das Kunstwerk erst im Rezeptionsprozeß vollendet"[4]. Diese theoretische Feststellung entspricht unserem Arbeitsergebnis, daß der Roman nicht nur die Widersprüche, die in seiner historischen Konzeptionssituation liegen, widerspiegelt und durch seine innere Form vermittelt, sondern daß er auch im Prozeß seiner individuellen und gesellschaftlichen

---

1976, S. 100-162. Hohendahl stellt die "fast überraschende Aufgeschlossenheit" einiger Literaturtheoretiker der DDR in der Auseinandersetzung mit Vertretern des französischen Strukturalismus (z.B. R. Barthes und L. Goldmann) fest (ebd., S. 107).

[1] Die Parallelen zu Ansätzen 'westlicher' Literaturtheoretiker in diesem Punkt sind unübersehbar. Vgl. etwa: Wolfgang Iser, Die Appellstruktur der Texte, Konstanzer Universitätsreden 28, hsg. Gerhard Hess, Konstanz, 1970.

[2] Im Banne der Sprache. Strukturalismus in der Nouvelle Critique, speziell bei Roland Barthes, Halle/Saale, 1968.

[3] Das literarische Kunstwerk - Symbol oder Modell? In: WB 1971, H. 11, S. 155-162, dort S. 160.

[4] Ebd., S. 161.

Aneignung wieder neue aus sich herauszusetzen vermag.

Daß "Widerspiegelung" sinnvoll vor allem die modellhafte Wieder-holung struktureller Prozesse meint, ist dabei nicht nur von der Literaturtheorie in der DDR gelegentlich anerkannt worden[1], sondern auch Christa Wolfs Meinung. Sie hebt darüber hinaus den p r a g - m a t i s c h e n Aspekt von Widerspiegelung hervor, wenn sie über Autoren, die sie beeinflußt haben, feststellt, daß

> die Struktur ihrer Arbeiten auf eine sehr komplizierte, öfter durchaus indirekte Weise mit der Struktur ihrer Wirklichkeit übereinstimmen (sic), mit der sie andererseits, Veränderung wünschend und verändernd, dauern im Streit liegen[2].

Viele Literaturwissenschaftler in der DDR sind heute der Meinung, daß in Werken, die für die Selbsterfahrung der sozialistischen Ge-sellschaft Bedeutung gewinnen, ein Mechanismus wirksam ist, der von der Konzeptionssituation über die manifeste Werkstruktur bis in die Rezeptionssituation hinein wirksam ist. Er generiert Verstehens- und Handlungsmuster modellhafter Bedeutung für die Menschen, die sich mit ihnen auseinandersetzen, und damit für die Gesellschaft, in der sie leben. Einem solchen Verständnis von sozialistischem Realismus, das als Ziel des Kunstwerkes behauptet, Modelle zu entwickeln, die für das gesellschaftliche Handeln brauchbar sind, liegt ein Modell-begriff zugrunde, der, so Robert Weimann, "den Zusammenhang zwischen literarischer Produktion und literarischer Rezeption als einen Zu-sammenhang gesellschaftlicher Praxis (erfaßt)"[3]. P.U. Hohendahl kom-mentiert:

> Der Realismus eines Romans wird nicht daran gemessen, wie genau und korrekt die konkreten Phänomene der Wirklichkeit wiedergegeben werden, sondern wie weit gesellschaftliche

---

[1] Vgl.: Horst Redeker, 'Abbildung und Aktion'. Versuch über die Dialektik des Realismus, Halle/Saale, 1966.

[2] Brecht und andere, a.a.O., S. 56.

[3] "Realismus" als Kategorie der Literaturgeschichte, in: P.U. Hohendahl und P. Herminghouse (Hrsg.), Literatur und Literatur-theorie in der DDR, S. 163-188, dort S. 166.

Grundverhältnisse sichtbar gemacht werden, die auch auf
andere Situationen zutreffen.[1]

Die bisher durchaus unfruchtbare Diskussion über die Frage, ob
es sich bei 'Nachdenken über Christa T.' um ein Buch des sozialistischen Realismus handelt - die DDR- und BRD-Kritik sowie die Literaturwissenschaftler waren sich bisher einig in ihrem Nein, entgegen
der Selbstaussage der Autorin, die diesen Anspruch erhebt[2] - gewinnt
neue Dimensionen, wenn diese Neuansätze in der theoretischen Diskussion berücksichtigt werden. Man müßte - das heißt dies auch - mit
Christa Wolf ihren Roman als ein Modell zu verstehen suchen, das die
Erfahrungen des Autors widerspiegelt und ihm zur Verarbeitung seiner
Erfahrung hilft, das aber auch dem, der es sich aneignet, als "Er-
fahrungsspeicher"[3] dient, von ihm auf andere Lebenssituationen und
eine geänderte gesellschaftliche Wirklichkeit übertragen werden kann
und hier jeweils neue Bedeutungen gewinnt. Denn wie "ein M o d e l l
d i e G r u n d s t r u k t u r verschiedener konkreter Erscheinungen der Wirklichkeit erfassen kann", so schreibt Rita Schober, "ist
auch das literarische Modell je nach der veränderten historischen
Situation 'belegbar', d.h. auf verschiedene konkrete, historisch-
soziale Situationen, Konflikte usw. anwendbar, sofern ihnen eine
analoge Struktur zugrunde liegt."[4]

Christa Wolf weiß, daß Prosa "noch eine Ebene" gewinnen kann,
die der Autor "selbst nicht voraussehen konnte, denn jeder Leser
arbeitet an dem Buch mit, das er liest"[5]. Wer ihr Buch verstehen will,
muß also versuchen, wie H. Redeker ästhetische Widerspiegelung als
einen dialektischen Prozeß von "Abbildung und Aktion", als Vermitt-
lung von Konzeptionssituation und Rezeptionssituation zu begreifen.
Dann erhielte die Formanalyse größeres Gewicht als bisher in der
'östlichen' und eine weniger isolierte Funktion als häufig in der

---

[1] Hohendahl, Ästhetik und Sozialismus, a.a.O., S. 147.

[2] Ausdrücklich in ihrem Brief an mich vom 22.9.1975.

[3] Lesen und Schreiben, a.a.O., S. 219.

[4] Das literarische Kunstwerk, a.a.O., S. 161.

[5] Die zumutbare Wahrheit, a.a.O., S. 134.

'westlichen' Literaturwissenschaft. Dann wäre die "ästhetische Form
nicht nur eine Funktion des Inhalts, sondern zugleich bezogen
auf das praktische Ziel, denn", so sagt Hohendahl aus der BRD in
seiner Darstellung der neueren DDR-Theorien, "durch die F o r m kann
das Werk (...) Teil der gesellschaftlichen P r a x i s (werden)"[1].

Die Untersuchung setzte an bei der politischen Ausgangssituation
und der widersprüchlichen Rezeptionssituation in der Kulturpolitik
der DDR. Sie führte zur Analyse des Werkmodells, zeigte auf, wie das
Modell im einzelnen funktioniert, besetzte es mit dem inhaltlichen
Material, das das Werk bereitstellt, zeigte, wie es schließlich auch
noch die Rezeptionen aus sich entläßt und gab die Möglichkeit, auch
diese in ihrer Widersprüchlichkeit noch zu erfassen.

Die spannungsreiche Entwicklung der Literaturtheorie in der DDR
sowie die zuweilen merkwürdige Diskrepanz zwischen ihren Möglichkeiten
und ihrer praktischen Anwendung auf literarische Neuerscheinungen,
die wir ja beide lediglich kurz beschreiben konnten, sind dabei Beispiele für alle diejenigen Momente der Rezeptionsgeschichte des Romans,
die sich unseren systematischen Erkenntnisbemühungen immer wieder
entziehen. Dies spricht dafür, daß die Rezeptionssituation selbst
ein Ausschnitt gesellschaftlicher Praxis ist, der Rahmen einer konkreten Aktion, die gerade in ihrer Unvorhersehbarkeit, in dem, was
nicht bruchlos aus unserer Werkanalyse ableitbar ist, am genauesten
einer Eigenschaft des Modells entspricht, das diese Analyse zu erkennen half. Das gilt natürlich auch dort, wo es etwa gelungen sein
sollte, durch die ansatz- und versuchsweise Übertragung des Modells
neue Zusammenhänge innerhalb dieser Situation aufzuzeigen und neue
Perspektiven bei der Deutung der Rezeptionszeugnisse zu erschließen.

So führte das Schicksal der Christa T. letzten Endes dazu, sich
auch noch mit der Wirkung des Buches im Hinblick auf die sozialistische Theorie und Praxis zu beschäftigen. Damit ist das Werk nicht

---

[1] Ästhetik und Sozialismus, a.a.O., S. 151. Hervorhebungen von mir.

nur abstraktes Modell, als das es innerhalb der Arbeit analysiert und interpretiert wurde, sondern k o n k r e t e T a t der Autorin und damit 'M u s t e r' für Erfahren und Handeln des L e s e r s.

Als solch eine Handlung nach dem im Roman zugrundeliegenden Muster ist diese Arbeit s e l b s t verfahren, nämlich nicht abstrakt, sondern in k o n k r e t e r Lektüre des Textes in einem möglichst genauen Eingehen auf seine Forderungen, also auch - schließlich - im Erarbeiten einer e i g e n e n Rezeption unter den besonderen gesellschaftlichen Umständen, unter denen die Arbeit angefertigt wurde.

Der eigene Schreibakt war also - als Nachvollziehen der Strukturen des Werkmodells - H a n d l u n g. Und durch die Lektüre dieser Arbeit wird auch ihr L e s e r noch von den Strukturen des Werkmodells angesprochen und dadurch eingeladen, die Arbeit selbst nach den Kriterien, nach denen sie vorging, zu lesen und sich damit ebenfalls in die Dynamik, die der Roman als Erfahrungs- und Handlungsmuster produziert, hineinzubegeben.

Zu solchem "Verwandeln", solcher "Aneignung der Wirklichkeit"[1] - denn das bedeutet Kunst für Christa Wolf - als modellhafter Aufarbeitung von Erfahrung dient das Werk ja auch der A u t o r i n selbst. Wir wollen deshalb zum Schluß noch einmal auf die K o n z e p t i o n s s i t u a t i o n eingehen und Äußerungen der Autorin im Licht unserer Ergebnisse betrachten.

---

[1] Wolf, in: Gespräch mit J. Walther, a.a.O., S. 122.

III. Zu den politischen Intentionen der Autorin

In allen größeren Erzählungen Christa Wolfs ('Moskauer Novelle', 'Der geteilte Himmel', 'Nachdenken über Christa T.', 'Unter den Linden') findet eine Frau zu sich selbst, indem sie Vergangenheit verarbeitet und diese neue Bedeutung für die Gegenwart gewinnt. Menschen, die an - wie es zunächst scheint - individuellen Problemen leiden, 'sprechen die krankmachenden Sachverhalte aus'[1], und dadurch wird ihnen klar, daß ihre Probleme gesellschaftlichen Problemen entspringen, und zwar konkret Problemen der Übergangsgesellschaft der DDR. Christa Wolf behandelt immer wieder solche Themen, weil "die Quelle einer jeden Literatur (...) der Lebensstoff (ist), die Problematik des Landes und der Zeit, aus der heraus und für die sie entsteht"[2]. Deshalb muß der Autor "Klarheit (haben) über die grundlegenden Probleme der gesellschaftlichen Wirklichkeit, die er als die grundlegenden Probleme der Ästhetik begreifen muß"[3]. Aufgabe der Literatur einer "neuen Gesellschaft" - und damit meint Christa Wolf die ihre - ist immer, "gesellschaftlich Unbewußtes in die Sphäre des Bewußtseins zu heben"[4], "eben dieser (...) Gesellschaft zum Bewußtsein ihrer selbst zu verhelfen"[5].

Christa Wolf bestätigt so aus ihrer, der Konzeptionssituation heraus, daß es richtig war, Erinnerungs- und Schreibvorgang im Roman zu unterscheiden und gleichzeitig in Beziehung zu setzen, diesen Vorgang schließlich als einen auf gesellschaftliche Aktion hindrängenden Prozeß des 'Bewußt-Machens' zu interpretieren und ihm von Anfang an eine politische Dimension zuzuerkennen. Sie bestätigt allerdings auch, daß solche allgemeinen Sätze nur auf das literarische Phänomen

SINN + ÄSTHETIK.

---

[1] Wolf, in: Gespräch mit J. Walther, a.a.O., S. 125.

[2] Wolf, in: Joho, Notwendiges Streitgespräch, a.a.O., S. 101.

[3] Wolf, Eine Lektion, a.a.O., S. 123.

[4] Wolf, Gegenwart und Zukunft, in: NDL 1971, H. 1, S. 68-70, dort S. 70.

[5] Notwendiges Streitgespräch, a.a.O., S. 101.

hin- oder zurückweisen können, denn alle die zuvor genannten Momente
sind auf Einzelheiten, Konkretion, 'Leben' angewiesen und damit auf
den Roman als literarische Leistung selbst, dessen Qualität allein
'das Funktionieren' des nachträglich analysierten Modells zu bewirken vermag. Denn auch hierin - so meinen wir - werden Ansatz und Durch-
führung dieser Untersuchung den theoretischen Äußerungen und den
Selbstinterpretationen gerecht, die neben dem Buch selbst als Dokumente der Abfassungssituation vorliegen: Christa Wolf glaubt an ein
geordnetes und prinzipiell durchschaubares Zusammenspiel aller am
Entstehungsprozeß des Werks beteiligten Faktoren, das in die literarische Struktur eingeht und im Rezeptionsvorgang noch einmal seine
Wirksamkeit entfaltet. Bezeichnend hierfür ist die Art und Weise, wie
sie hier überall die vorwärtstreibende Kraft der Widersprüche her-
vorhebt, an der Einheit von ästhetischen und gesellschaftlichen Problemen festhält und sich dennoch weigert, beide zu vermischen.
So kann nicht überraschen, daß Christa Wolf mit ihrer ästhetischen gleichzeitig ihre politische Position verteidigt und auf die
bequeme Lösung verzichtet, beides - sei es durch Verschweigen von
Implikationen - voneinander zu trennen. Ihre scharfe, doch solidari-
sche Kritik begründet sie marxistisch: Jeglicher Dogmatismus entspricht weder dem fortgeschrittenen Stand der Produktionsverhältnisse[1] noch dem Bewußtseinsstand der Menschen in der DDR: "Unsere
Gesellschaft", sagt Christa Wolf, "wird immer differenzierter. Differenzierter werden auch die Fragen, die ihre Mitglieder ihr stellen
- auch in Form der Kunst. Entwickelter wird die Aufnahmebereitschaft
vieler Menschen für differenzierte Antworten."[2] Die Literatur nimmt
an dieser Entwicklung teil. Deshalb scheiden für Christa Wolf "Resignation, Mystizismus, Verzicht auf Erkenntnis" als Mittel ebenso aus
wie "Apologetik des Bestehenden (die nämlich auch ein Verzicht auf

---

[1] Vgl.: Wolf, Selbstinterview, a.a.O., S. 79.
[2] Ebd., S. 79 f.

Erkenntnis ist)"[1]. Somit darf der Begriff "'positiv'" gerade für die Literatur nicht auf das "Synonym 'unkritisch-optimistisch'" eingeengt werden.[2] Denn "aus der Genauigkeit der Beschreibung dessen, was heute ist,(müssen) die Veränderungen bewirkt werden (...), die uns unserem Ziel näherbringen"[3]. Um "den Mechanismus der Gesellschaft (...) 'durchschauen'" zu können, verhält sich Christa Wolf "produktiv zu den Widersprüchen (...), die (ihr) entgegentreten"[4]. Über solche Widersprüche nachzudenken, was im Falle Christa T. bedeuten kann, daß auch ihr Tod bedacht werden muß; daß - zunächst unfaßbar - auch er etwas bedeutet, wenn es dann über die widersprüchlichen Entwicklungstendenzen der DDR-Gesellschaft geht: das kann nach der Überzeugung der Autorin und soll nach deren Absicht vom Ausdruck des Mangels zu antizipatorischer Vergewisserung des Neuen führen. Dieses Neue aber kann sich schon im Ausdruck ankündigen, der sein Ausstehen beklagt. Daher kann Christa T.s "Und schafft nicht auch - Nachdenken Tatsachen?" (S. 74) auch auf Christa Wolfs Hoffnung und Überzeugung hinweisen, "daß wir, schreibend, die Welt neu erfinden müssen"[5]. Nachdenkend und schreibend nimmt sie die ersehnte Wirklichkeit vorweg[6] - wie Christa T. im Plan ihres Hauses dessen Vollendung. Bei diesem Vorwegnehmen geht es jedoch nicht darum, "etwas neu zu schaffen, sondern etwas, was als Struktur vorhanden ist, freizulegen"[7]. Durch Nachdenken wird 'Christa T.', die den 'neuen Menschen' verkörpert, 'hervorgebracht'.

---

[1] Wolf, Notwendiges Streitgespräch, a.a.O., S. 103.

[2] Wolf, Ein Erzähler gehört dazu, a.a.O., S. 130.

[3] Wolf, Notwendiges Streitgespräch, a.a.O., S. 103.

[4] Ebd., S. 99.

[5] Wolf, Lesen und Schreiben, a.a.O., S. 209.

[6] Vgl. dazu auch, was oben (B. IV. 4.) zur Bedeutung des Schreibens für Christa T. ausgeführt wurde.

[7] Wolf, in: Gespräch mit J. Walther, a.a.O., S. 119. - Dieser Aussage entspricht die Überlegung der Ich-Erzählerin im Roman: "Die Visionen der Leute erfindet man nicht, man findet sie, zuweilen." (S. 148)

"Neuerschaffung der Vergangenheit"[1] wird zur "Erinnerung an (...)
Zukunft"[2]. Das vergangene Leben der Christa T., der zurückliegende
Schreibakt und Selbstfindungsprozeß der fiktiven Ich-Erzählerin, der
abgeschlossene Schreibakt der Autorin, der im Prosawerk vorliegt,
sollen produktiv werden in der Aneignung durch den Leser, den das
Buch zum Handeln ermutigen, frei und offen machen will für die Zukunft, welche durch diese vermittelte Vorwegnahme gleichzeitig eine
neue Dimension erhält.

Wieweit es den Lesern gelingen kann, die Konflikte, denen sie
dabei begegnen, nicht zu verdrängen, sondern zu verarbeiten und
in diese Zukunft hinein produktiv werden zu lassen, hängt auch vom
A u t o r ab; zum einen von seiner "Zeitgenossenschaft". Sie bedeutet, daß "einer mit bloßen Händen (...) diesen radioaktiven Stoff erfaßt. Daß der Funke überspringt, daß der Punkt in mir als Leser be-
rührt wird, der auch radioaktiv ist."[3] - Ebenso wichtig für den
Leser ist die "Widersprüchlichkeit, zu der er (der Autor. C.T.) innerlich den Mut findet"[4]. Wie Christa T. das Leben der Gertrud
Born "in Frage gestellt" hat (vgl. S. 61), so ließ die Erzählerin
sich in Frage stellen und stellt Christa Wolf mit ihrem Buch ihre
Leser in Frage. Die dem 'Charakter' der Christa T. korrespondieren-
de offene Schreibweise, die Realität immer als unvollendet darstellt,
die Möglichkeiten ausprobiert, verändert und neue, noch unbekannte
Möglichkeiten in den Blick nimmt, fordert die Phantasie der Leser
heraus und ermutigt sie - so Christa Wolf -, "daß man um jeden Preis
versuchen muß, den Kreis dessen, was wir über uns selbst wissen oder
zu wissen glauben, zu durchbrechen und zu überschreiten"[5] - so wie

---

[1] Wolf, Der Sinn einer neuen Sache, a.a.O., S. 57.
[2] Wolf, Lesen und Schreiben, a.a.O., S. 220.
[3] Wolf, in: Gespräch mit J. Walther, a.a.O., S. 132.
[4] Wolf, Brief an Gerti Tetzner vom 23.8.1965, in: NDL 1975, H. 8,
S. 125-128, dort S. 127.
[5] Selbstinterview, a.a.O., S. 80.

Christa T. es versucht und wie die Ich-Erzählerin es von ihr lernt -, denn der Mensch ist das "Wesen, zu dessen Definition es gehört, daß es (...) fortschreitet"[1]. Zugleich versinnbildlicht diese Darstellungsweise das utopische Moment, das in der Wirklichkeit selbst liegt, indem es die "Frage" wachhält nach "Veränderung, nach ihren Formen, ihren Möglichkeiten; nach den Hindernissen, denen sie begegnet"[2].

Unter diesem Aspekt werden die Sätze des Prologs neu und anders lesbar als zu Beginn: Sie werden zu Zeugnissen für die gesellschaftskritischen Intentionen der Autorin: Die Furcht, die die Ich-Erzählerin am Anfang ihres Schreibaktes erfüllt - "Denn ich fühle, sie schwindet" (S. 7) -, deutet jetzt nicht mehr allein auf eine individuelle Schwierigkeit einer Frau, die einen nahestehenden Menschen verloren hat und fürchtet, ihn zu vergessen oder ihm in der Erinnerung nicht gerecht werden zu können; vielmehr will Christa Wolf ihren Zeitgenossen in der DDR sagen: Heute ist (noch) nicht die Zeit, in der jemand wie Christa T. leben kann. Man kann dem angestrebten Sozialismus nur gerecht werden, indem man die dynamischen Momente, die Christa T.s Charakter kennzeichnen, konkret gesellschaftlich verwirklicht. Sie droht zu "schwinden", jedoch: "Dies ist der Augenblick, sie weiterzudenken (...)." Es ist also höchste Zeit: "Fast wäre sie wirklich gestorben." (S. 8) Versäumen, sie "hervorzubringen", hieße, die Chancen zu verlieren, die die sozialistische Gesellschaft in sich birgt und die "heraus" müssen[3]. Daß man Christa T. 'leben lassen' soll, heißt: Es gilt eine Gesellschaft zu schaffen, in der sie 'leben' kann; es heißt aber darüber hinaus auch, daß diese Ge-

---

[1] Wolf, Ein Besuch, a.a.O., S. 177.

[2] Wolf, Tagebuch - Arbeitsmittel und Gedächtnis (1966), in: Lesen und Schreiben, S. 61-75, dort S. 69.

[3] Der Ausdruck stammt aus einem Diktum von E. Bloch: "Die Entscheidung ist noch nicht gefallen, und die Sache selbst ist noch nicht heraus." (Zit. nach: Martin Jänicke, Der dritte Weg. Die antistalinistische Opposition gegen Ulbricht seit 1953, Köln, 1964, dort S. 117).

sellschaft immer in Bewegung sein wird, selbst 'leben' wird von der Dynamik, die durch den 'Charakter' der Christa T. repräsentiert wird, denn wo sonst könnte diese 'leben', wo sonst wäre sie nicht zum Tode verurteilt vor der Vollendung ihrer Möglichkeiten? Ihr Leben aber muß vielen zunächst nur wie ein ständiger Protest erscheinen, Ausdruck des "Hungers" (E. Bloch) nach den noch ungewordenen Möglichkeiten der sozialistischen Gesellschaft.

Dies bedeutet aber, daß man ihr und schließlich dem Werk im ganzen nur h a n d e l n d gerecht werden kann. "Prosa schafft Menschen"[1] heißt nämlich bei Christa Wolf, daß sie modellhafte "Möglichkeiten vorführt, auf menschliche Weise zu existieren"[2]. Es heißt aber auch: Die Leser werden durch die Auseinandersetzung mit dem Werk genötigt, sich den gesellschaftlichen Problemen zu stellen, und nur wenn sie sich beteiligen an den historischen Veränderungen ihrer Zeit, kommen sie zu sich selbst, werden sie als 'Menschen geschaffen'.

Instrumentale Handlungsanweisungen jedoch gibt Christa Wolf ebensowenig wie sie die utopische Erfüllung inhaltlich ausmalt. Hier unterstellt sie sich in der Nachfolge von K. Marx und E. Bloch dem Bilderverbot der biblischen Tradition. In den Erzählungen und in den theoretischen Äußerungen führt dieser Ansatz schließlich zur Absage an das Konzept vom 'vorbildlichen Helden' und zur Darstellung jener wie Christa T. 'problematischen' Frauengestalten. Dem entspricht in unserem Ansatz der Versuch, Christa T. nicht als Vorbild zu beschreiben, sondern sie selbst wie die Ich-Erzählerin und endlich die Autorin als eine der Instanzen zu erfassen, die kennzeichnend sind für die innere Form des Werkes, die Art und Weise, wie durch einen werkimmanenten Prozeß von Bedeutungsübertragungen von einer Darstellungsebene zur anderen die 'Aussage' des Romans zustandekommt. Es wurde deutlich, daß einerseits schließlich der Leser von

---

[1] Lesen und Schreiben, a.a.O., S. 219.
[2] Ebd., S. 219.

diesem Vorgang erfaßt wird, andererseits bereits der Charakter der
Christa T. durch die spezifische Form, in der er Widersprüche produktiv macht, beispielhaft zeigte, wie diese Übertragungsakte zu
denken sind. Dieser 'Charakter' war angemessen als dynamisches Modell
zu beschreiben, ein Begriff, dessen Implikationen uns sowohl ge-
eignet erschienen, die dialektische Ablehnung des Vorbildkonzeptes
durch die Autorin zu beschreiben als auch den konkreten Formeigen-
schaften des Werkes gerecht zu werden. In der Konsequenz heißt das:
Christa T. hat nicht die oder auch nur eine 'Lösung' des fortdauern-
den Entfremdungsproblems gefunden, sondern sie ist insofern ein
Bild des 'Menschen im Sozialismus', als der Sinn ihres Lebens (und
Sterbens) sich demjenigen erschließen kann, der sich erinnernd verwandeln möchte und diese handelnd gewonnenen Erkenntnisse in die
Zukunft hineintragen will. Ein Muster, der Ansatz der so sich ab-
zeichnenden fortschreitenden Traditionskette ist der Roman selbst:
Die fiktive Ich-Erzählerin wird - modellhaft, analog - mit Christa T.
'identisch', indem sie auf sie eingeht wie diese einst auf ihre
Umwelt: So wie deren Schicksal endlich die Erzählerin herausforder-
te, so gibt diese die Darstellung des Erinnerungsprozesses in ihrer
Hinwendung an den fiktiven Leser des Berichts weiter, und so wendet
sich schließlich die Autorin Christa Wolf an uns, ihre Leser.

Diese schwebende Identität der 'drei' wird zum Schlüssel für
die Polyperspektivität, in der die vielfältigen Lektüremöglichkeiten
begründet liegen, und damit für die politische Aussage des Werkes.
Das Identitätsproblem wiederum weist zurück auf die A u t o r -
p e r s ö n l i c h k e i t :

Christa Wolf hat für ihre Intention die Figur der Christa T. benutzt, zu deren Historizität sie nie eindeutig Klärendes sagt. Der
Grund dafür, daß sie dies ständig vermeidet, wenn sie über das Buch
und über 'Christa T.' spricht, liegt eben darin, daß die Vielfalt
der Bezüge und der Deutungsmöglichkeiten in sich zusammenbrechen
würde, wenn e i n e Ebene isoliert würde, wenn die Autorin etwa
einfach behaupten würde, es handele sich bei den Erlebnissen der

Romanfigur um ein historisches Schicksal. Wenn sich dies eindeutig
an historischen Quellen verifizieren ließe, so gäbe es nur einen
einzigen Bedeutungsstrang: Die Autorin rekonstruiert ein indivi-
duelles Schicksal und zeigt auf, daß dieses - das wäre eine Folge
ihrer eigenen Interpretation jenes Schicksals - eine bestimmte Bedeutung für sie selbst gewonnen hat. Mit diesem Akt des Schreibens
wäre dann die ganze Geschichte für sie zu Ende. - Da Christa Wolf
aber nie zugegeben hat, daß es sich n u r um eine historische
Persönlichkeit handelt, da sie von "authentisch" spricht, da sie
auch 'Erfindungen' zugibt[1], ergeben sich verschiedene Möglichkeiten
mit je verschiedenen Folgerungen:

(a) Es hat Christa T. so gegeben, wie sie geschildert wird, und
auch die Beziehungen zwischen Christa Wolf und Christa T. waren so,
wie der Roman sie durch den Bericht der Erzählerin darstellt. Die
Konsequenzen dieser Möglichkeit haben wir soeben aufgezeigt.

(b) Es hat eine historische Gestalt hinter der Romanfigur der
Christa T. gegeben; diese hat aber in einer völlig anderen Beziehung
zu Christa Wolf gestanden, als es der Roman an der Ich-Erzählerin
zeigt, so daß das, was der Leser als das Spezifische an Christa T.
empfindet, auch schon Fiktion ist. In dem Fall hätte sich die enge
Beziehung Christa Wolfs zu diesem historischen Menschen, von dem
sie in außerliterarischen Quellen (Interviews, Briefe) spricht, erst
durch die Identifikation entwickelt, die im Akt des Schreibens entstand.

(c) Die Figur der Christa T. ist rein erfunden. Wenn die Autorin
behauptet, es habe eine historische Figur gegeben, die hinter der
literarischen 'Christa T.' stehe, so 'lügt' sie, d.h. sie begibt
sich in eine der Romanwelt analoge Fiktionalität. - Für diese Möglichkeit spräche etwa die literarische Gattung des 'Selbstinterviews'.

(d) Christa T. gab es nicht. Es handelt sich bei dem 'dokumentari-
schen' Material zwar um 'authentische', jedoch um autobiographische

---

[1] Vgl. die Belege oben in A.I.1.

Zeugnisse.[1] Christa Wolf verarbeitet durch die fiktionale Gestalt
der Christa T. ihre eigene Vergangenheit, spricht in der dritten
Person über sich selbst, wie es im Roman an der Ich-Erzählerin,
Christa T. und Th. Storm gezeigt wird.
(e) Eine historische Christa T. hat existiert oder nicht - die
Autorin gestaltet im Roman ein Alter ego ihrer selbst.

Diese letzte Möglichkeit enthält sicherlich Wahres, auch
wenn eine der anderen Möglichkeiten die primär richtige ist. Sie
würde bedeuten, daß Christa Wolf selbst Elemente der Christa T. be-
säße, etwa: Das Fragwürdig-Werden der Identität, das Christa T. erlebt, ist etwas, was Christa Wolf selbst ebenfalls schon als Kind
kennengelernt hat.[2] Oder: Der Antrieb Christa T.s beim Schreiben ist
ihr eigener, nämlich "(d)iese Sehnsucht, sich zu verdoppeln"[3].
Oder: Die Protestmöglichkeiten, die Christa T. erlebt und genutzt
hat, hätte sie selber gerne gehabt. Auch ihr ist es schwergefallen,
in "fremder Währung" zahlen zu müssen. Den Schrei des jungen Mädchens hätte sie selber gerne ausgestoßen, hat es aber nicht fertiggebracht.[4] Oder: Die Auseinandersetzung Christa T.s mit der faschistischen Vergangenheit ihres Volkes ist ein Problem, das auch Christa
Wolf bewegt.[5] Oder: Das 'notwendige' Sterben Christa T.s deutet auf
ein Absterben von Möglichkeiten, die die Autorin selbst besaß, die sie
aber hat verlorengehen lassen. Solche Anpassungen kennzeichnen ja eben

---

[1] Dies vermutet Hans Mayer, in: Christa Wolf/Nachdenken über
Christa T., a.a.O., S. 184.

[2] Als Beleg kann dienen: Christa Wolf, Einiges über meine Arbeit,
a.a.O., S. 12; vgl. auch die Kindheitserfahrung, die sie in der
- wohl autobiographischen - Erzählung 'Blickwechsel' beschreibt:
a.a.O., S. 35 f. sowie im Vorabdruck aus dem neuen Roman 'Kindheitsmuster', der unter dem Titel 'In der dritten Person leben' in
NDL 1976, H. 6, S. 9-29 veröffentlicht ist. Dort S. 12.

[3] So Wolf selbst in: Einiges über meine Arbeit, a.a.O., S. 12.

[4] Vgl. die Ich-Erzählerin: "(I)ch fühlte auf einmal mit Schrecken, daß
es böse endet, wenn man alle Schreie frühzeitig in sich erstickt,
ich hatte keine Zeit mehr zu verlieren." (S. 16)

[5] Vgl. dazu oben B.V.1.

auch die Ich-Erzählerin in der Handlungszeit des Romans: notwendige Anpassungen an die Gesellschaft, die immer bedeuten, daß bestimmte
persönliche Möglichkeiten getötet werden, sterben müssen, beerdigt
werden durch jene Gesellschaft.

Alle angedeuteten Möglichkeiten erlauben die Deutung des Romans
als "Versuch(s), zeitlich sehr nahen Lebensstoff durch Denkanstren-
gung auf Abstand zu bringen"[1]. Das Werk verweist durch seine literarische Struktur stets auf diese Vielfalt von Interpretationsmöglichkeiten. Diese Vielfalt wäre jedoch in dem Moment abgeschnitten, da
die Autorin sich selbst eindeutig auf eine dieser Perspektiven fest-
legte. Sie würde es dann mindestens sehr erschweren, von der rein literarischen Deutung her alle anderen dieser möglichen Verhältnisse der
Persönlichkeiten zueinander wieder denkbar zu machen. Hätte sie eindeutig gesagt, sie habe nichts anderes gewollt, als einen biographischen Bericht zu schreiben an Hand von dokumentarischem Material,
das ihr von der Toten vorliegt, so könnte man nur sehr mühsam wieder die anderen Bedeutungsperspektiven aufgrund des Romans rekonstruieren und hätte keine andere Legitimation dafür als die rein literarische, das heißt, die Evidenz, mit der das Literarische aus sich
hinaus verweist. Aber dann weiterzuverweisen auf die historische
Situation und konkret die Entwicklung der sozialistischen Gesellschaft - und darum geht es Christa Wolf ja letztlich - wäre äußerst
schwierig. Ebenso: Würde sie zugeben oder behaupten, Christa T. habe
keinerlei außerliterarisches Vorbild, so würde sie ebenfalls den
historisch-gesellschaftlichen Bezügen, die der Leser mit Hilfe der
Angaben im Roman herstellen kann, ihre Brisanz nehmen. Indem sie immer wieder in ihren außerliterarischen Äußerungen mit den verschiedenen Möglichkeiten spielt, kann sie die Bedeutungsvielfalt freihalten.
Und wenngleich sie kaum alle die verschiedenen Möglichkeiten bewußt
intendiert hat, so hat sie sich doch mindestens gehütet, etwas davon
auszuschließen. Sie selbst betont, daß

---

[1] Wolf, Tagebuch - Arbeitsmittel, a.a.O., S. 74.

(f)ür mich (...) augenblicklich ein wichtiges Problem beim Schreiben eben die Verbindung von Authentischem - den gegebenen Fixpunkten einer Figur - mit dem (ist), was ich an Freiheit dazugewinne, indem ich über sie schreibe, also die Möglichkeiten zur Veränderung in die Zwischenräume zwischen jene Fixpunkte lege[1].

Auch jene Rede vom Alter ego - das will stets bedacht sein - hat also nur Sinn, wenn an der l i t e r a r i s c h e n Existenz der Christa T. festgehalten wird, wenn wir jene Ursprungsfrage nicht zu Rückschlüssen auf die Autorin mißbrauchen, sondern hier noch einmal die modellhafte Integration dieser literarischen Gestalt in Gesamtstruktur und -aussage des Werkes als Bedingung und Voraussetzung ihrer Gestaltbarkeit begreifen.

So kann es sich schließlich der Autorin als ästhetisches Problem darstellen, daß Grenzen für zulässige Deutungen und Erkenntnisse nicht vorgeschrieben werden dürfen, und so will sie durch ihr Werk den Lesern Mut machen zu deren eigenen Erfahrungen.[2] Dann werden sie die Wirklichkeit, wie sie ist, nicht als selbstverständlich hinnehmen, sondern immer neue Aspekte an ihr entdecken, an der Wirklichkeit mit ihrem "In-Möglichkeit-Sein" (Bloch). "Geschriebenes" wird dann für sie "zu ursprünglicher Erfahrung".[3] Indem Christa Wolf den Lesern Christa T.s "Unruhe" und die durch diesen Menschen repräsentierte Utopie anbietet, lädt sie sie ein, selber gegen die Verfestigungen, die sie erleben, anzugehen und h a n d e l n d neuen Sinn zu schaffen. Wie die Autorin Schreiben erfährt als "Möglichkeit, intensiver in der Welt zu sein"[4], wie sie schreibend erfährt, daß sie den "alte(n) Widerspruch zwischen Leben und Schreiben, Betrachten und Handeln"[5] vermitteln kann, "daß man handelt, indem man erkennt"[6], so handelt auch der Leser, indem er

---

1 Wolf, in: Gespräch mit J. Walther, a.a.O., S. 120.
2 Vgl.: Lesen und Schreiben, a.a.O., S. 199.
3 Wolf, in: Gespräch mit J. Walther, a.a.O., S. 117.
4 Wolf, in: H. Kaufmann, Gespräch mit Christa Wolf, a.a.O., S. 95.
5 Wolf, in: Gespräch mit J. Walther, a.a.O., S. 116.
6 Ebd., S. 126.

sich mit dem Roman auseinandersetzt. Indem die Kunst "als Organ
ihrer Gesellschaft Bilder vom Menschen entwirft und die Möglichkeit
erweitert, sich selbst zu sehen und zu erkennen"[1], ist sie unent-
behrlich für das Zu-sich-selber-Kommen des Menschen. - Aber wie
"Schreiben (...) Verarbeiten von Erfahrung (ist), nicht Ersatz dafür"[2], so auch die Aneignung durch die Leser. An sein Ziel kommt
das Werk also erst, wenn die Leser es handelnd in ihrer realhistorischen Lebenswirklichkeit einlösen. Denn "(Prosa) ist revolu-
tionär und realistisch: sie verführt und ermutigt zum Unmöglichen."[3]

Christa Wolf erwähnt in einem Essay von 1971, wie sie ungefähr
neunzehnjährig[4] Friedrich Engels las: "An die Stelle des absterben-
den Wirklichen tritt eine neue, lebensfähige Wirklichkeit." Die
Autorin fährt an jener Stelle fort: "Das sollte der Vorgang werden,
der dann mein Leben ausfüllte."[5] Diesen Vorgang stellt sie in ihrem
Prosawerk 'Nachdenken über Christa T.' in einer künstlerischen
Realisation dar.

---

[1] Wolf, Ein Besuch, a.a.O., S. 179.

[2] Wolf, in: Gespräch mit J. Walther, a.a.O., S. 117.

[3] Wolf, Lesen und Schreiben, a.a.O., S. 220.

[4] Das hier vorausgesetzte Jahr 1948 deutet auf die Zeit, in der auch
Christa T. als Junglehrerin in ihrer Dachkammer die marxistischen
Klassiker las (vgl. S. 40 f.).

[5] Zu einem Datum (1971), in: Lesen und Schreiben, S. 47-53, dort S.53.

Bemerkungen zur Zitierweise:

Titelangaben werden in den Textanmerkungen bei ihrem ersten Auftreten vollständig, später meist durch Kurztitel wiedergegeben.
Im Literaturverzeichnis erscheinen sie im vollen Wortlaut.

Seitenzahlen, die sich auf Zitate aus 'Nachdenken über Christa T.'
beziehen, erscheinen im fortlaufenden Text in Klammern hinter dem
Zitat. Alle anderen Hinweise auf Seitenzahlen von Zitaten wurden
in die Fußnoten gesetzt.

Für die Literatur-Zeitschriften "Weimarer Beiträge" und "Neue
Deutsche Literatur" werden die Abkürzungen WB und NDL benutzt.

L i t e r a t u r v e r z e i c h n i s

1. Primärliteratur (Christa Wolf)

a) Werke

Moskauer Novelle, Halle/Saale, 1961

Der geteilte Himmel. Erzählung, Berlin-Schöneberg, 1967
(zuerst Halle/Saale, 1963)

Nachdenken über Christa T., Neuwied, Berlin/W., 1970[3]
(zuerst Halle/Saale, 1968)

Blickwechsel (1970), in: Lesen und Schreiben. Aufsätze und Prosastücke, Darmstadt, Neuwied, 1972, S. 31-46

Unter den Linden. Drei unwahrscheinliche Geschichten,
Berlin/DDR, Weimar, 1974 - Darin:

Unter den Linden (1969), ebd., S. 5-60

Neue Lebensansichten eines Katers (1970), ebd., S. 63-96

Selbstversuch (1972), ebd., S. 97-133

'In der dritten Person leben' (Vorabdruck aus dem Roman
'Kindheitsmuster'), in: NDL 1976, H. 6, S. 9-29

b) Aufsätze, Stellungnahmen, Rezensionen

Menschen und Werk. Rez. von Rudolf Fischer: 'Martin Hoop IV',
in: NDL 1955, H. 11, S. 143-149

"Freiheit" oder Auflösung der Persönlichkeit? in: Über Hans
Erich Nossack, hsg. Christof Schmid, Ffm., 1970, S. 98-111
(zuerst in: NDL 1957, H. 4, S. 135-142)

Kann man eigentlich über alles schreiben? in: NDL 1958, H. 6,
S. 3-16

Eine Lektion über Wahrheit und Objektivität, in: NDL 1958, H. 7,
S. 120-123

Ein Erzähler gehört dazu. Rez. von Karl-Heinz Jakobs: 'Beschreibung
eines Sommers', in: NDL 1961, H. 10, S. 129-133

Einiges über meine Arbeit als Schriftsteller, in: Junge Schriftsteller der DDR in Selbstdarstellungen, hsg. Wolfgang Paulick, Leipzig, 1965, S. 11-16

Lesen und Schreiben. Aufsätze und Prosastücke, Darmstadt, Neuwied, 1972 (zuerst: Berlin/DDR, Weimar, 1972). - Darin:

Brecht und andere (1966), ebd., S. 54-56

Tagebuch - Arbeitsmittel und Gedächtnis (1966), ebd., S. 61-75

Die zumutbare Wahrheit - Prosa der Ingeborg Bachmann (1966), ebd., S. 121-134

Eine Rede (1964), ebd., S. 19-22

Der Sinn einer neuen Sache - Vera Inber (1967), ebd., S. 57-60

Lesen und Schreiben (1968), ebd., S. 181-220

Nachwort zu: Anna Seghers: Glauben an Irdisches (1968), ebd., S. 83-111

Ein Besuch (1969), ebd., S. 149-180

Bei Anna Seghers (1970), ebd., S. 112-118

Zu einem Datum (1971), ebd., S. 47-53

Gedächtnis und Gedenken - Fred Wander: Der siebente Brunnen (1972), ebd., S. 135-146

Anmerkungen zu Geschichten. Nachwort zu: Anna Seghers: Aufstellen eines Maschinengewehrs im Wohnzimmer der Frau Kamptschik, Neuwied, Berlin/W., 1970, S. 157-164

Gegenwart und Zukunft, aus: Wortmeldung. Schriftsteller über Erfahrungen, Pläne und Probleme, in: NDL 1971, H. 1, S. 29-70, dort S. 68-70

Nachwort zu: Juri Kasakow, Zwei im Dezember, Leipzig, 1972, S. 215-218

Über Sinn und Unsinn von Naivität (1973), in: Eröffnungen. Schriftsteller über ihr Erstlingswerk, hsg. Gerhard Schneider, Berlin/DDR, Weimar, 1974, S. 164-174

Max Frisch, beim Wiederlesen oder: Vom Schreiben in der Ich-Form, in: Text + Kritik (Zeitschrift für Literatur, hsg. Heinz Ludwig Arnold) Nr. 47/48. Max Frisch. München, 1975, S. 7-12

c) Interviews, Diskussionen, Briefe

Diskussionsbeitrag in: Wolfgang Joho, Notwendiges Streitgespräch. Bemerkungen zu einem internationalen Kolloquium, in: NDL 1965, H. 3, S. 88-112, dort S. 97-104

Briefwechsel mit Gerti Tetzner von 1965, in: NDL 1975, H. 8, S. 121-128

Selbstinterview, in: Lesen und Schreiben, S. 76-80. Zuerst in: Kürbiskern. Literatur und Kritik (München), 1968, H. 4, S. 555-558

Christa Wolf liest aus 'Nachdenken über Christa T.', Berliner Rundfunk, 18.10.66. Tonband Nr. 2419, Gesamtdeutsches Institut, Bundesanstalt für gesamtdeutsche Aufgaben Abtl. IV, 1 Berlin 15, Bundesallee 216/218

Gespräch mit Joachim Walther (1972), in: Joachim Walther, Meinetwegen Schmetterlinge. Gespräche mit Schriftstellern, Berlin/DDR, 1973, S. 114-134

Diskussionsbeitrag beim VII. Schriftstellerkongreß der DDR, 14.-16.11.1973, Berlin, Protokoll Arbeitsgruppen, Berlin/DDR, Weimar, 1974, S. 147-152

Gespräch mit Hans Kaufmann, in: WB 1974, H. 6, S. 90-112

Gespräch mit Karl Corino, Sendung: 'Transit. Kultur in der DDR' im Hess. Rundfunk, 27.11.1974. (Eigene Tonbandaufnahme)

Diskussion mit Christa Wolf nach einer Lesung aus 'Kindheitsmuster' am 3.12.1975, in: Sinn und Form (Berlin) 1976, H. 4, S. 861-888

2. Weitere Primärliteratur

Becher, Johannes R., Auf andere Art so große Hoffnung. Tagebuch 1950. Eintragungen 1951, in: Ges. Werke, Bd. 12, Berlin/DDR, Weimar, 1969

Jakobs, Karl-Heinz, Beschreibung eines Sommers. Roman, Berlin/DDR, 1961

Makarenko, Anton S., Der Weg ins Leben. Ein Pädagogisches Poem, Berlin/DDR, 1958 (zuerst 1933-1936)

Mann, Thomas, Josef und seine Brüder, Ffm., 1965 (zuerst 1948)

Marx, Karl, Die Frühschriften, hsg. Siegfried Landshut, Stuttgart, 1971. - Darin:

Ders., Brief an Arnold Ruge vom September 1843, ebd., S. 167-171

Ders., Zur Kritik der Hegelschen Rechtsphilosophie. Einleitung (1843/44), ebd., S. 207-224

Ders., Nationalökonomie und Philosophie (1844), ebd., S. 225-316

Ders., Die deutsche Ideologie (1845/46), ebd., S. 339-417

Ders., Manifest der kommunistischen Partei (1848), ebd., S. 525-560

Reimann, Brigitte, Franziska Linkerhand. Roman, München, 1974 (zuerst Berlin/DDR, 1974)

Rilke, Rainer Maria, Die Aufzeichnungen des Malte Laurids Brigge, Ffm., 1973 (zuerst 1910)

3. Sekundärliteratur

a) Rezensionen zu: Christa Wolf, 'Nachdenken über Christa T.'

Beckelmann, Jürgen, 'Der Versuch, man selbst zu sein', in: 'Tages-Anzeiger' (Zürich) vom 15.7.1969. Auch in: 'Süddeutsche Zeitung' (München) vom 26.7.1969

Franke, Konrad, Ihrer Generation voraus. Christa Wolf: "Nachdenken über Christa T.", in: 'Frankfurter Hefte' 1970, H. 7, S. 524-525

Bilke, Jörg B., Die Wirklichkeit ist anders. Kritik und Pessimismus in drei neuen "DDR"-Romanen, in: 'Der Rheinische Merkur' (Köln) vom 10.10.1969

Jansen, Hans, Totenklage auf das Leben. Ein unpolitischer Roman über Politik: Christa Wolfs neues Buch, in: 'Westdeutsche Allgemeine Zeitung' (Essen) vom 13.12.1969

Mayer, Hans: Christa Wolf/Nachdenken über Christa T.. in: 'Neue Rundschau' (Berlin/W., Ffm.), 1970, H. 1, S. 180-186

Reich-Ranicki, Marcel, Christa Wolfs unruhige Elegie, in: 'Die Zeit' (Hamburg) vom 23.5.1969

Raddatz, Fritz J., Mein Name sei Tonio K., in: 'Der Spiegel' (Hamburg) Nr. 23, 1969, S. 153 f.

Sander, Hans-Dietrich, Die Gesellschaft und Sie, in: 'Deutschland-Archiv' (Köln) 1969, H. 6, S. 599-603

Steinbeck, Rudolf, Biographie eines gescheiterten Lebens.
In der DDR heftig befehdet: Christa Wolfs Buch "Nachdenken
über Christa T.", in: 'Der Tagesspiegel' (Berlin/W.) vom 18.1.1970

Tilliger, Günter, Als Beispiel nicht beispielhaft? In: 'Frankfurter
Neue Presse' (Ffm.) vom 11./12.10.1969

Werth, Wolfgang, Nachricht aus einem stillen Deutschland.
Christa Wolf: "Nachdenken über Christa T.", in: 'Monat' (Hamburg)
Nr. 253, 1969, S. 90-94

Wiegenstein, Roland, Verweigerung der Zustimmung? In: 'Merkur'
(Stuttgart) Nr. 23, 1969, H. 8, S. 779-782

Wohmann, Gabriele, Frau mit Eigenschaften. Christa Wolfs viel-
erörterter neuer Roman, in: 'Christ und Welt' (Stuttgart)
vom 5.12.1969

Zehm, Günter, Rückzug ins private Glück im Winkel, in:
'Welt der Literatur' (Hamburg) vom 3.7.1969

b) Weitere Sekundärliteratur

Autorenkollektiv Frankfurt, Probleme sozialistischer Kulturpolitik
am Beispiel der DDR, Ffm., 1974

Bilke, Jörg B., Auf den Spuren der Wirklichkeit. DDR-Literatur:
Traditionen, Tendenzen, Möglichkeiten, in: Der Deutschunterricht.
Beiträge zu seiner Praxis und wissenschaftlichen Grundlegung,
hsg. Robert Ulshöfer, Stuttgart, 1969, H. 5, S. 24-60

Bloch, Ernst, Spuren, Ffm., 1969 (zuerst 1930)

Ders., Das Prinzip Hoffnung, Bd. 1 (= Teil 1-3), Ffm., 1974
(vorher: 1959; zuerst erschienen die Teile 1,2,3 in der DDR,
1954, 1955, 1959)

Ders., Philosophische Grundfragen I. Zur Ontologie des Noch-Nicht-
Seins. Ein Vortrag und zwei Abhandlungen, Ffm., 1961

Ders., Tübinger Einleitung in die Philosophie I, Ffm., 1973[8]
(zuerst 1963)

Brettschneider, Werner, Zwischen literarischer Autonomie und
Staatsdienst. Die Literatur in der DDR, Berlin/W., 1972

Buck, Theo, Zur Schreibweise Uwe Johnsons, in: Positionen im
deutschen Roman der sechziger Jahre, hsg. Ludwig Arnold und
Theo Buck, München, 1974, S. 86-109

Buhr, Manfred; Kosing, Alfred, Kleines Wörterbuch der marxistisch-
leninistischen Philosophie, Berlin/DDR, 1974 (zuerst 1966)

Cosentino, Christine, Eine Untersuchung des sozialistischen
Realismus im Werke Christa Wolfs, in: The German Quarterly
(Appleton), März 1974, S. 245-261

Dokumente zur Kunst-, Literatur- und Kulturpolitik der SED,
hsg. Elimar Schubbe, Stuttgart, 1972

Durzak, Manfred, Der deutsche Roman der Gegenwart, Stuttgart,
Berlin/W., Köln, Mainz, 1971

Feitknecht, Thomas, Die sozialistische Heimat. Zum Selbstverständnis neuerer DDR-Romane, Bern, Ffm., 1971

Fischer, Ernst, Kunst und Koexistenz. Beitrag zu einer modernen
marxistischen Ästhetik, Reinbek, 1973[3] (zuerst 1966)

Geschichte der Literatur der deutschen demokratischen Republik,
von Autorenkollektiv unter Leitung von Horst Haase u.a.
(= Geschichte der deutschen Literatur von den Anfängen bis
zur Gegenwart, Elfter Band) Sonderausgabe, Berlin/DDR, 1976

Goldmann, Lucien, Soziologie des modernen Romans, Neuwied,
Berlin/W., 1970 (darin bsd.: Die strukturalistisch-genetische
Methode in der Literaturgeschichte, ebd., S. 233-256)

Gugisch, Peter, Christa Wolf, in: Literatur der DDR in Einzeldarstellungen, hsg. Hans Jürgen Geerdts, Stuttgart, 1972,
S. 395-415

Haase, Horst, Nachdenken über ein Buch. Christa Wolf: "Nachdenken
über Christa T.", in: NDL 1969, H. 4, S. 174-185

Hohendahl, Peter Uwe, Ästhetik und Sozialismus: Zur neueren Literaturtheorie der DDR, in: Literatur und Literaturtheorie in
der DDR, hsg. Peter Uwe Hohendahl und Patricia Herminghouse,
Ffm., 1976, S. 100-162

Huyssen, Andreas, Auf den Spuren Ernst Blochs. Nachdenken über
Christa Wolf, in: Basis. Jahrbuch für deutsche Gegenwartsliteratur Bd. 5 (1975), hsg. Reinhold Grimm und Jost Hermand, Ffm.,
1975, S. 100-116

Iser, Wolfgang, Die Appellstruktur der Texte. Konstanzer Universitätsreden 28, hsg. Gerhard Hess, Konstanz, 1970

Jäger, Manfred, Auf dem langen Weg zur Wahrheit. Fragen, Antworten und neue Fragen in den Erzählungen, Aufsätzen und Reden Christa Wolfs, in: Ders., Sozialliteraten. Funktion und Selbstverständnis der Schriftsteller in der DDR, Düsseldorf, 1973, S. 11-101

Ders., Kulturpolitik in der DDR nach dem VIII. Parteitag der SED, in: Sozialstruktur und Sozialplanung in der DDR, Sonderheft 1975 der Zeitschrift 'Deutschland-Archiv', Köln, 1975, S. 124-137

Jänicke, Martin, Der dritte Weg. Die antistalinistische Opposition gegen Ulbricht seit 1953, Köln, 1964

Johnson, Uwe, Gespräch mit Horst Bienek, in: Horst Bienek, Werkstattgespräche mit Schriftstellern, München, 1969 (zuerst 1962), S. 102-119

Kähler, Hermann, Selbstbesinnung der Poesie. Zur ästhetischen Position Johannes R. Bechers, in: Positionen. Beiträge zur marxistischen Literaturtheorie in der DDR, hsg. Werner Mittenzwei, Leipzig, 1969, S. 9-58

Ders., Christa Wolfs Elegie, in: Sinn und Form 1969, H. 1, S. 252-261

Ders., Christa Wolf erzählt, in: Weggenossen. Fünfzehn Schriftsteller der DDR, hsg. vom Institut für Gesellschaftswissenschaften beim ZK der SED unter Leitung von Klaus Jarmatz und Christel Berger, Ffm., 1975, S. 214-232 (zuerst Leipzig, 1975)

Kaufmann, Hans, Zu Christa Wolfs poetischem Prinzip. Nachbemerkung zum Gespräch, in: WB 1974, H. 6, S. 113-125

Kayser, Wolfgang, Wer erzählt den Roman? (1958) In: Zur Poetik des Romans, hsg. Volker Klotz, Darmstadt, 1969, S. 197-216

Kinder, Hermann, Nachdenken über Rita S., Christa T., Christa W. und Marcel R.R. Christa Wolf und die westdeutsche Literaturkritik, in: Hefte. Zeitschrift für deutsche Sprache und Literatur, 1970, H. 6, S. 14-23

Köhn, Lothar, Erinnerung und Erfahrung. Christa Wolfs Begründung der Literatur, in: Text + Kritik Nr. 46, Christa Wolf, München, 1975, S. 14-24

Lehmann, Günther, K., Grundfragen einer marxistischen Soziologie der Kunst, in: Deutsche Zeitschrift für Philosophie 1965, H. 8, S. 933-947

Lepenies, Wolf, Melancholie und Gesellschaft, Ffm., 1972 (zuerst 1969)

Lexikon deutschsprachiger Schriftsteller von den Anfängen bis zur Gegenwart, Bd. 2, hsg. von Autorenkollektiv unter Leitung von K. Böttcher, Leipzig, 1974

Luchterhand Programm-Vorschau, Darmstadt, Herbst 1969

Maihofer, Werner, Ernst Blochs Evolution des Marxismus (1967), in: Über Ernst Bloch. Mit Beiträgen von Iring Fetscher u.a., Ffm., 1971[3], S. 112-129

Marxismus und Literatur. Eine Dokumentation in drei Bänden, hsg. Fritz J. Raddatz, Reinbek, Bd. I 1973[3], Bd. II 1972[3], Bd. III 1971[2] (alle zuerst 1969)

Methodendiskussion. Arbeitsbuch zur Literaturwissenschaft, Bd. 1 und Bd. 2, von Jürgen Hauff, Lothar Köhn u.a., Ffm., 1972[2]

Meyer, Frauke, Zur Rezeption von Christa Wolfs "Nachdenken über Christa T.", in: alternative (Berlin) 1975, 100, S. 26-31

Migner, Karl, Theorie des modernen Romans. Eine Einführung, Stuttgart, 1970

Mohr, Heinrich, Produktive Sehnsucht. Struktur, Thematik und politische Relevanz von Christa Wolfs 'Nachdenken über Christa T.', in: Basis. Jahrbuch für deutsche Gegenwartsliteratur, hsg. Reinhold Grimm und Jost Hermand, Bd. 2, Ffm., 1971, S. 191-233

Motyljowa, Tamara, Spiegel der Wandlung. Literatur der DDR in sowjetischer Sicht, in: Sinn und Form 1969, H. 5, S. 1047-1067

Parkes, K.S., An All-German Dilemma: Some Notes on the Presentation of the Theme of the Individual and Society in Martin Walser's "Halbzeit" und Christa Wolf's "Nachdenken über Christa T.", in: German life and letters. A quarterly Review, Editors: Leonard Forster u.a., Okt. 1974, S. 58-64

Parteilichkeit und Volksverbundenheit. Zu theoretischen Grundfragen unserer Literaturentwicklung, hsg. vom Institut für Gesellschaftswissenschaften beim ZK der SED, Berlin/DDR, 1972

Pomps, Helga H., Christa Wolf: 'Nachdenken über Christa T.'
A Study in Human Development, Phil Diss, University of
Colorado, 1973, Masch.

Promies, Wolfgang, "Daß wir aus dem vollen leben...". Versuch
über Christa Wolf, in: Positionen im deutschen Roman der
sechziger Jahre. edition text und kritik, hsg. Ludwig Arnold
und Theo Buck, München 1974, S. 110-126

Raddatz, Fritz J., Zur Entwicklung der Literatur in der DDR,
in: Die deutsche Literatur der Gegenwart. Aspekte und Tendenzen, Stuttgart, 1971, S. 337-365

Ders., Traditionen und Tendenzen. Materialien zur Literatur
der DDR, Ffm., 1972

Redeker, Horst, 'Abbildung und Aktion'. Versuch über die
Dialektik des Realismus, Halle/Saale, 1966

Sachs, Heinz, Verleger sein heißt ideologisch kämpfen, in:
'Neues Deutschland' vom 14.5.1969

Salisch, Marion von, Zwischen Selbstaufgabe und Selbstverwirklichung. Zum Problem der Persönlichkeitsstruktur
im Werk Christa Wolfs, Stuttgart, 1975

Schlenstedt, Dieter, Ankunft und Anspruch. Zum neueren Roman
in der DDR, in: Sinn und Form 1966, H. 3, S. 814-835

Schmidt-Burgk, Brigitte, Gesellschaftlicher Außenseiter und
sozialistische Gesellschaft in Christa Wolfs "Nachdenken
über Christa T." Staatsexamensarbeit, Universität Münster,
1976, Masch.

Schober, Rita, Im Banne der Sprache. Strukturalismus in der
Nouvelle Critique, speziell bei Roland Barthes, Halle/Saale,
1968

Dies., Das literarische Kunstwerk - Symbol oder Modell?
In: WB 1971, H. 11, S. 155-162

Schuhmann, Klaus, Aspekte des Verhältnisses zwischen Individuum und Gesellschaft in der Gegenwartsliteratur der DDR,
in: WB 1975, H. 7, S. 5-36

Schulz, Max Walter, Das Neue und das Bleibende in unserer Literatur.
Hauptreferat auf dem VI. Schriftstellerkongreß vom 28.-30. Mai
1969, in: NDL 1969, H. 9, S. 24-51

Selbmann, Fritz, Parteilichkeit - das Entscheidende!
Diskussionsbeitrag auf dem VI. Deutschen Schriftstellerkongreß 1969, in: NDL 1969, H. 9, S. 100-105

Simons, Elisabeth, "Das Andersmachen, von Grund auf". Die
Hauptrichtung der jüngsten erzählenden DDR-Literatur, in:
WB, Sonderheft zum 20. Jahrestag der Gründung der
Deutschen Demokratischen Republik, 1969, S. 183-204

Sozialistischer Realismus - Positionen, Probleme, Perspektiven.
Eine Einführung, hsg. Erwin Pracht und Werner Neubert,
Berlin/DDR, 1970

Spinner, Kaspar H., Prosaanalysen, in: Literatur und Kritik
(Salzburg) 1974, H. 90, S. 608-621

Stanzel, Franz K., Typische Formen des Romans, Göttingen, 1969[4]
(zuerst 1964)

Stephan, Alexander, Die "subjektive Authentizität" des Autors.
Zur ästhetischen Position von Christa Wolf, in: Text + Kritik
Nr. 46, Christa Wolf, München, 1975, S. 33-41

Ders., Christa Wolf, München, 1976

Strukturalismus als interpretatives Verfahren, hsg. Helga Gallas,
Darmstadt, Neuwied, 1972 (darin bsd.: Helga Gallas: Strukturalismus als interpretatives Verfahren, ebd., S. IX - XXXI)

Zur Theorie des sozialistischen Realismus, hsg. vom Institut für
Gesellschaftswissenschaften beim ZK der SED, Gesamtleitung:
Hans Koch, Berlin/DDR, 1974

Thomas, Rüdiger, Modell DDR. Die kalkulierte Emanzipation,
München,1973[3] (zuerst 1972)

Träger, Claus, Studien zur Realismustheorie und Methodologie der
Literaturwissenschaft, Leipzig, 1972

Weimann, Robert, Erzählsituation und Romantypus, in: Sinn und
Form 1966, H. 1, S. 109-133

Ders., "Realismus" als Kategorie der Literaturgeschichte,
in: P.U. Hohendahl, P. Herminghouse (Hsgg.),Literatur und
Literaturtheorie in der DDR, Ffm., 1976, S. 163-188

ATHENÄUM
HAIN
SCRIPTOR

Postfach 1348
D - 6242 Kronberg

Literaturwissenschaft bei Scriptor

Kurt Bartsch / Uwe Baur / Dietmar Goltschnigg (Hrsg.)
Horváth-Diskussion
Monographien Literaturwissenschaft Band 28
1976, 167 S., DM 19,80. ISBN 3-589-20403-6

Rainer Dorner
Doktor Faust
Zur Sozialgeschichte des deutschen Intellektuellen zwischen frühbürger-
licher Revolution und Reichsgründung (1525–1871)
Monographien Literaturwissenschaft Band 26
1976, 147 S., DM 24. ISBN 3-589-2040-X

Gebhardt / Grzimek / Harth / Rumpf / Schödlbauer / Witte
Walter Benjamin — Zeitgenosse der Moderne
Monographien Literaturwissenschaft Band 30
1976, 145 S., DM 19,80. ISBN 3-589-20540-7

Christoph Helferich
Kunst und Subjektivität in Hegels Ästhetik
Monographien Literaturwissenschaft Band 27
1976, 112 S., DM 19,80. ISBN 3-589-20536-9

Robert Labhardt
Metapher und Geschichte
Kleists dramatische Metaphorik bis zur „Penthesilea" als Widerspiegelung
seiner geschichtlichen Position
Monographien Literaturwissenschaft Band 32
1976, 340 S., DM 48. ISBN 3-589-20508-3

Karl-Heinz Ludwig
Bertolt Brecht — Tätigkeit und Rezeption
Von der Rückkehr aus dem Exil bis zur Gründung der DDR
Monographien Literaturwissenschaft Band 31
1976, 114 S., DM 16. ISBN 3-589-20508-3

Peter Schütze
Peter Hacks
Ein Beitrag zur Ästhetik des Dramas. Mit einem Originalbeitrag von Peter
Hacks: „Der Fortschritt in der Kunst".
Literatur im historischen Prozeß Band 6, Taschenbücher S 110,
1976, 303 S., DM 19,80. ISBN 3-589-20400-1

Klaus L. Berghahn (Hrsg.)
Friedrich Schiller
Zur Geschichtlichkeit seines Werkes
Monographien Literaturwissenschaft Band 21
1975, 397 S., DM 48. ISBN 3-589-20118-5

ATHENÄUM
HAIN
SCRIPTOR

Postfach 1348
D - 6242 Kronberg

Literaturwissenschaft bei Scriptor

Gertrude Cepl-Kaufmann
Günter Grass
Eine Analyse des Gesamtwerks unter dem Aspekt von Literatur und
Politik
Monographien Literaturwissenschaft Band 18
1975, 313 S., DM 28. ISBN 3-589-20061-8

*Joachim Dyck / Heinrich Gossler / Hans-Peter Herrmann / Jan Knopf /
Hans-Harald Müller / Carl Pietzcker / Rüdiger Steinlein / Joachim Stosch*
Brecht-Diskussion
Taschenbücher S 37
1974, 283 S., DM 13,80. ISBN 3-589-20015-4

Dietmar Goltschnigg
Rezeptions- und Wirkungsgeschichte Georg Büchners
Monographien Literaturwissenschaft Band 22
1975, 330 S., DM 24. ISBN 3-589-20094-4

Norbert Haas
Spätaufklärung
Studien zu Johann Heinrich Merck
Monographien Literaturwissenschaft Band 24
1975, 218 S., DM 34. ISBN 3-589-20096-0

Gerhard Kaiser
Klopstock
Religion und Dichtung
1975, 374 S., DM 48. ISBN 3-589-20041-3

Hans-Georg Kemper
Vom Expressionismus zum Dadaismus
Eine Einführung in die dadaistische Literatur
Taschenbücher S 50
1974, 242 S., DM 18. ISBN 3-589-20009-X

Jurij M. Lotman
Die Analyse des poetischen Textes
Herausgegeben, eingeleitet und übersetzt von Rainer Grübel
Taschenbücher S 38
1975, 203 S., DM 19,80. ISBN 3-589-20016-2

Rüdiger Steinlein
Theaterkritische Rezeption des expressionistischen Dramas
Monographien Literaturwissenschaft Band 10
1974, 391 S., DM 44. ISBN 3-589-20026-X

Viktor Žmegač / Aleksander Flaker (Hrsg.)
Formalismus, Strukturalismus und Geschichte
Taschenbücher S 22
1974, 268 S., DM 14,80. ISBN 3-589-00059-7